名师工程

教研提升系列

丛书主编 朱德全 罗生全

以研立教

教师如何做课堂观测与评价

王天平/编著

西南大学出版社

国家一级出版社 全国百佳图书出版单位

图书在版编目(CIP)数据

教师如何做课堂观测与评价 / 王天平 编著. -- 重庆:西南大学出版社, 2021.7
ISBN 978-7-5697-0961-2

Ⅰ. ①教… Ⅱ. ①王… Ⅲ. ①课堂教学 - 教学研究 - 中小学 Ⅳ. ①G632.421

中国版本图书馆CIP数据核字(2021)第163632号

教师如何做课堂观测与评价
JIAOSHI RUHE ZUO KETANG GUANCE YU PINGJIA

王天平　编著

责任编辑: 张浩宇
责任校对: 张丽
装帧设计: 闰江文化
排　　版: 杨建华
出版发行: 西南大学出版社(原西南师范大学出版社)
地址:重庆市北碚区天生路2号
邮编:400715
印　　刷: 重庆市联谊印务有限公司
幅面尺寸: 170 mm×240 mm
印　　张: 20.75
字　　数: 300千
版　　次: 2021年7月第1版
印　　次: 2023年1月第2次印刷
书　　号: ISBN 978-7-5697-0961-2
定　　价: 58.00元

前言

PREFACE

课堂教学是学校工作的核心和关键。伴随着新课程改革的持续和深入进行，中小学的课堂教学从形式上和实质上较以往都发生了翻天覆地的变化。教师的教学观念得以转变，教学活动的设计和开展融入了更多的时代要求和领域特色，学生的学习状态、学习结果和评判标准都发生了一些实实在在的变化。然而在反思改革成绩的同时，发现作为学校教学工作重要一环的听评课，在课堂教学评价方面，仍然存在一些较为随意、不够规范，注重细节、忽略整体，维度不全、不够深刻等问题，不利于教师全面、宏观地把握整个教学过程。由此而来，教师对教学的反思往往容易关注教学中的一些环节和细节，而缺少整体层面的判断和考量，限制了教学评价改进教学的效果和功用。

鉴于此，本书力求从整体视角来看待课堂，聚焦教学目标、教学过程、教学效果几个基本问题，围绕三个主要核心深入挖掘其应然样态，并辅以诸多具体案例来对观点进行分析，以期全面准确地呈现其观测视角、观测标准和解读方法，为教师课堂教学的评价提供较为完整科学性和现实性较强的结构和标准体系。全书共分十章。第一章系统介绍了课堂教学观测与评价的整体化要求、基本体系及操作策略。第二章对教学目标的结构、表达进行了合理解释,并对二者清晰度的标准进行了全面分析。第三章对学生学习需求的含义、类型等基本问题进行了分析,厘清了教学目标符合学生学习需求的基本标准。第四章解读了课程标准的实质和构成,探讨了教学目标符合课程标准的基本特征。第五章界定了教学过程的内涵和实质,分析了教学过程匹配教学目标的各领域要求。第六章厘清了学生学习机会的基本内涵,分析了教学活动中给予学生学习机会的评判标准。第七章分析了以学定教的内涵和形式,提出了教学活动体现以学定教的基本标准。第八章探讨了教学效果对教学目标的达成度的基本问题,提出了教学效果达成教学目标的程度的多层次表征。第九章厘清了对学生自学效果的认识,提出了教学效果超过学生自学效果的样态。第十章探讨了学生获得切实收获的条件和教学要求,提出了教学活动让学生获得切实收获的各项表征。

总的来说,本书从教师现实需求出发设计撰写思路,秉持实践取向,语言文字简洁明了、深入浅出,案例丰富、实用性强,具有系统性、操作性和前瞻性特点,既能够为中小学教师提供急需且必要的课堂教学观测与评价操作指导,也可以为教育理论研究者提供相关研究参考。本书既适用于中小学教师、教育教学理论研究者,也可作为高等院校的教师教育和相关专业的本科生、研究生教学与学习用书,适用性和参考性较强。本书系国家社会科学基金教育学西部项目“基于多维数据挖掘的课堂深度学习发生机制研究”(课题批准号:XHA190291)的研究成果。在本书的写作过程中,陈文、王鑫、叶周、王玉凤、周玲、贾梦颖、王梦婷、张弛协助进行了资料的收集与整理工作，西南大学出版社的张浩宇编辑提出了诸多中肯的建议并给予了大力支持和帮助，在此一并表示诚挚的感谢！同时，恳请广大读者提出宝贵的批评意见，帮助我们继续改进和完善这本教材。

王天平

目录

CONTENTS

第一章

课堂教学观测与评价

学校是教书育人的场所，担负着为国家培养人才的重要职责。学校中的各项工作都紧紧围绕这个中心展开，在其中，课堂教学是学校这一社会功能得以实现的主要途径和环节。教师的课堂教学丰富多样、千变万化，而如何对其进行科学性和客观性的观察与评价，直接决定着教师工作的方向和改进。课堂教学的观测与评价，需要遵循一定的标准和原则，需要运用诸多方法、技术、策略，前者是方向上的把握，后者是手段上的要求。熟悉和掌握这些要求和技术，将有助于我们有效地对教师的课堂教学进行科学的评价。

第一节 课堂教学观测与评价的整体化

在教学实践场域中,课堂教学评价的核心功能是以学生发展为着力点真实而全面地反映课堂教学的面貌,进而有效地促进教师改进课堂教学。但是,审视当前课堂教学评价,对课堂教学的反映作用及改进功能并不让人满意。造成这一现象的重要原因之一是课堂教学评价方式繁复而抽象,难以有效而简约地评价课堂教学并基于评价结果而改进课堂教学。首先,评价过程过于烦琐冗杂,尤其是事无巨细的评价指标和繁杂多变的评价流程,使得这一过程的可操作性变得较为低下。其次,评价对象变得支离破碎,过于重视对课堂细节的挖掘,以至于在教学细节方面纠缠不清,从而忽视对课堂整体的把控,难以简洁明了地勾勒课堂教学的总体效果。再次,由于课堂教学的总体效果及其与教学细节之间的关系模糊不清,加之评价对象大多指向教师的课堂表现,相对忽视学生在课堂中的学习行为和发展状态,这在一定程度上影响了评价结论的真实性。此外,不少授课教师愿意作为被评价者而接受他人评价,很少主动地作为评价主体而积极地进行深度的自评,从而使得课堂教学改进的进程缓慢且效果不佳。对此,从极简主义视角审视课堂教学评价方式,可以引导课堂教学评价化繁为简,既把握课堂教学的整体概貌又突出其重点，也防止“为评价而评价”和“抽象性评价”，从而提升课堂教学评价的可行性和有效性。

极简主义原本存在于一个崇尚简约的艺术流派之中，主张摒弃作品中无用的细节，只保留作品中最本真的部分，以最原初的物的自身或形式展示在观者面前，意图消弭作者借着作品对观者意识的压迫，让观者成为作品在不特定限制下的作者，自主参与对作品的建构。后来，这种理念逐渐延伸到其他领域，演化成为被人们所奉行的哲学思想、价值观念及生活方式。在形式上，极简主义强调简约，要求以一种简单的形式表达较为丰富的内涵，在呈现事物本质的前提下使事物的表达形式尽可能简约，在确保活动功能的前提下让活动过程尽可能简明。在内涵上，极简主义强调本真，不加修饰，挖掘事物与活动的本质，向人们展示事物和活动的客观存在。在效果上，极简主义强调高效，规避由纷繁的细节所带来的过度干扰，以整体的眼光看待事物和活动，便于提纲挈领地快速把握事物和活动的本质，从而有效地引导人们建构起关于事物和活动的基本图景。

在极简理念的影响之下，课堂教学评价可以简约、真实而整体性地评价课堂教学，进而有效地利用评价结果促进教师改进课堂教学。首先，提升课堂教学评价的可操作性。极简理念影响下的课堂教学评价可以依据“形”简“神”不减的原则，简化课堂教学评价的工具与规程。这有利于一线教师摆脱由复杂的评价工具与烦琐的评价规程所带来的专业化“困扰”，结合自己对于课堂教学的实践感知，快捷而准确地判断课堂教学的基本样态。其次，降低干扰，凸显课堂教学评价对象的整体性。极简主义以整体的眼光看待事物和活动，课堂教学评价可以适度忽视课堂教学的细枝末节，抓住课堂教学的主体部分，清晰地勾勒课堂教学的总体概貌，比照课堂教学的主要目标而评估课堂教学的总体效果。这有利于改变课堂教学评价的零散烦琐状态，着重评估课堂教学系统中主要教学要素及其之间的必然联系，便于在整体上更为有效地把握课堂教学。最后，确保课堂教学评价结论的真实性。极简主义强调本真，挖掘事物的本质，课堂教学评价不仅可以以数字指标或者抽象概念简单地勾勒课堂教学的整体概貌，而且更为重要的是，还可以利用教学活动的关键事实更为准确、深刻地阐释课堂教学实际。具体而言，以特定的教育教学理论为指导，利用关于教学主体、教学内容、教学过程等的关键事实，有效地证实与丰富课堂教学的整体概貌，从而形成更加有理有据、真实可靠的课堂教学评价结论。由上观之，在快速而真实地把握课堂教学的整体概貌和关键事实的基础上，教师可以迅捷而准确地发现课堂教学存在的主要问题并确定课堂教学优化的方向，即时采取合情合理的行动而改进课堂教学，从而有效地提升课堂教学效果。

第二节　课堂教学观测与评价的体系

为了达到“系统的基本结构最简略”而“系统的必备功能不可少”的状态，极简主义视角下的课堂教学评价至少需要涉及教学目标、教学过程、教学效果三个维度，并且由这三个维度构成的系统可以描绘课堂教学的整体概貌和评估课堂教学的总体效果。首先，课堂教学评价需要判断教学目标的达成度，实质上就是考量教学目标与教学效果之间的关联性。因此教学目标和教学效果是课堂教学评价所必须关注的要素。其次，判断教学目标的达成度主要是对课堂教学实施静态的结果性评价。相比较而言，为了更为真实而全面地反映课堂教学的样态和更加有效地发挥课堂教学评价诊断、改进课堂教学的功能，对课堂教学进行动态的过程性评价也不可忽视。由于教学过程真实地反映课堂教学发生、发展的动态和细节，将教学过程引入课堂教学评价可以有效地支撑课堂教学的过程性评价，更为全面、细致而及时地反映课堂教学的实际情景。这也说明教学过程是课堂教学评价所必须关注的要素。在这一意义上，课堂教学评价至少涉及上述三个方面，并且每一方面在课堂教学评价中都发挥着必不可少的特殊作用。

一、教学目标维度旨在明确课堂教学评价的方向

目标是活动预期结果的主观设想，其基本作用是为活动指明方向，对活动主体产生激励作用。这表明对课堂教学目标的评价就是审视课堂教学目标对课堂教学活动的指引作用。有效地评估这种指引作用，需要做到以下几点：第一，课堂教学目标本身是否清晰明了，关乎教学主体能否准确地理解课堂教学目标的内涵和把它的实质内化于心，以此自觉地接受课堂教学目标的规约而构建教学活动和促进学生发展。在教学实践中，课堂教学目标主要涉及其结构与表达。因此，评估课堂教学目标结构与表达的清晰度，就是确保课堂教学目标发挥指引作用的必要前提。第二，学生具有基于自身的知识水平、能力倾向、兴趣爱好等因素而生发的学习需求，课堂教学目标评价就需要考虑教学目标是否符合学生

的学习需求,只有符合了才可能最大程度地激发学生的学习兴趣,进而让学生学有所得和促进学生发展。值得一提的是,对学生正常的学习需求,教学目标在内涵与形式上要尽可能满足;而对于学生失常的学习需求,教学目标需要发挥引领作用,将学习需求提到教学目标所期待的高度或拉回到教学目标所规定的轨道上来。第三,课程标准是对国家依据社会发展需求而制定的教育目的的具体化,是对学生接受教育之后的结果所做出的具体描述,也是学生发生改变之后需要达到的最低标准。于是,评估课堂教学目标是否符合课程标准的关键就是判断教育目的在课堂教学层面的具体体现,从而保证课堂教学在育人方向上的正确性和在育人效果上的有效性。由此看来,要保障课堂教学目标对教学活动发挥指引作用,至少需要估量教学目标结构与表达的清晰度、教学目标是否符合学生的学习需求、教学目标与课程标准的符合度三个方面。因此,简明而准确地把握以上评价教学目标的维度,能够更加快速有效地明晰教学目标对课堂的引领程度,达到以评价来反馈教学、进而改进教学的效果。

具体的评价实践还需遵循一定的评价要求。就教学目标本身的评价而言,相应的评价要求指在结构上通常要体现知识与技能、过程与方法、情感态度与价值观、核心素养等方面,且并不是每个方面都应该包括在具体、特定的教学目标中,而是需要根据现实条件、教学情景等有所取舍。在表述上,教学目标应该包括行为和内容两个方面,既要指出需要学生做出的行为,又要表明这种行为所运用的领域或者内容。这有利于教学主体,尤其是学生能够准确地把握课堂教学目标的内涵与要求。例如,《送宫花》一课的教学目标是简单介绍《红楼梦》其书及其作者,并分析林黛玉与薛宝钗的性格。有评价者在观察了一堂课之后,认为基本达成了教学目标，抓住了钗黛二人性格这个关键点，但存在一个很明显的缺陷，选文中周瑞家的是一个很重要的线索式的人物，对这个人物的深入分析较少使得对钗黛二人性格分析的依据有点单薄。（王调过，2013）显然，这种评价在一定程度上忽视了课堂教学目标的本意，以过度地强化个别、次要证据的方式对课堂教学目标的内涵与要求较为随意地做了大幅度的拓展与拔高。在这种评价的引导下，教师和学生如果不能准确地理解和把握教学目标的内涵与要求，就会低估自己的课堂教学效果，极有可能在后续的教学活动中出现较大程度的方向性偏差，对教学内容进行过度的解读。总之，评估课堂教学目标的结构和表述的清晰度就是判断教学主体，尤其是学生是否准确地理解课堂教学目标的内涵与要求。

二、教学过程维度着眼抓住课堂教学评价的事实

教学过程标示着活动发生的现场，为活动效果的判定提供最为重要的、直观的事实性证据，可以有效地调整和完善目标与效果之间的关系，提升评价结论的实践合理性。由此，课堂教学过程的评价就是评估课堂教学过程对课堂教学活动的支撑作用，可以更加准确地反映课堂教学实践的本真状态，还有利于一线教师发现课堂教学改进的着力点。过程由活动发展所经历的阶段或环节构成，阶段或环节的合理性会在操作层面上对活动的有效性产生很大的影响。为了确保特定的目标得以有效地实现，对过程做出适当的调整就非常有必要，相应地对过程的阶段或环节进行增减与完善、调整其出现的顺序与节奏等。这要求依据特定的课堂教学目标选择和设计课堂教学过程的环节，使得课堂教学环节与课堂

教学目标之间尽可能相互协调与匹配。于是，评价课堂教学过程的指标之一就是估量课堂教学环节与课堂教学目标的匹配程度。

教学过程是师生共同创生的活动过程，学生真正地参与创生课堂教学过程就可以体现课堂教学活动的本质。在这个意义上，首先要考虑的是否给予学生学习机会，以及是否将学习权利还给学生，这是对引导学生参与创生课堂教学过程的重要判断标准。当教师赋予学生的学习机会越多和学生的学习权利越大时，课堂教学促进学生学习的可能性就越大。

最后，由于真正的学习是内发的，是否从学生学习发生的角度设定和展开教学过程，就是判定课堂教学能否促进学生学习的最核心的实质性标准。一般意义上，当依于学生学习发生而设定和展开教学过程的水平越高，教学过程促进学生学习的成效就越显著。由此看来，课堂教学过程评价的指标至少包含课堂教学环节与课堂教学目标的匹配度、教师在教学过程中给予学生的学习机会和教学过程体现“以学定教”的程度。

具体而言，比如在教学过程中，给予学生学习机会并非指在表面上给予学生“展示”甚至“表演”的机会，而是给予学生成长的机会，其核心的判断标准是能否促进学生学习。这个环节重要的是，教师应当给予学生展示自己知识建构过程的机会，并且从中判断学生发展的情况和存在的问题，从而采取相应策略进一步支持学生的学习。在观摩小学英语三年级上册《Unit 5 Let’s eat!》的课堂教学之后，有教师认为教学过程中有3次小组合作，每次约2分钟，据此判断学生获得的学习机会较多、参与教学活动的程度较高。不过，有教师在小组活动时询问了学生，发现许多学生仍然没有真正地理解需要掌握的7种句型。这表明课堂教学过程评价不仅需要衡量给予学生多少次、多长时间的学习机会，还需要评估教师是否有效地关注学生利用学习机会的效果而有针对性地改进课堂教学。

因为学生利用学习机会的效果可以给教师“以学定教”的机会，促使教师根据学生的反应调整教学过程，从而真正地保证学生学有所获。

三、教学效果评价凸显课堂教学的价值

由于在一定程度上评价是一种价值判断，效果与价值之间有一定的关联性，不同的利益关涉主体站在不同的立场上和基于不同的需求，对同一活动的价值判断就呈现不同的价值取向，进而对同一活动的效果评价也就有所差别。对于课堂教学，基本的利益关涉主体有三类：设立课堂教学的国家与社会，执行课堂教学的教师、学校及教育行政管理部门，在课堂教学中获得发展的学生。这三类主体虽然对课堂教学效果评价的取向有差异，不过可以共同判断课堂教学的总体效果。首先，判断教学效果对于教学目标的达成度，这在一定程度上反映了国家和社会的育人目的在教学层面的实现程度。不过，这主要是一种比较笼统、外在的任务驱动式评价，更多地从社会分工的角度在行业层面做出评估。其次，依据教学要适度超前学生发展的理念，如果教学效果相当于学生自学的效果、甚至出现偏低的现象，那么教学活动的价值就会大打折扣，教师、学校及教育行政部门的工作也会受到质疑。在这个意义上，教学效果是否超过学生自学的效果就成为一个重要的评价指标。最后，由于课堂教学的最终目标是促进学生发展，将一切教学效果在学生身上体现出来才具有实质性意义。从有效学习的角度来看，教学活动需要让学生在自身的水平、能力、兴趣、爱好等基础上，实现有效率学习与有意义学习。这种学生获得的切实收获，有利于提升学生的学习获得感，真正体现课堂教学的内在本质，实实在在地促进学生发展。由此看来，课堂教学效

果评价至少涉及教学效果对教学目标的达成度、教学效果超过学生自学的效果、教学活动让学生获得切实收获三个方面。在观摩小学数学《面积与体积》一课之后，发现从知识目标来看学生基本掌握了面积和体积的相关知识，不过学生能否运用所学知识解开自己在生活中遇到的疑惑就不得而知。因为教师设置的教学目标及相应的教学过程着重强化知识学习以及学习过程中的情感体验，却对联系生活培养学生的问题解决能力方面轻描淡写。从教学目标的达成度来看，这堂课显然还需要有意识地强化“运用知识解决问题”方面的教学目标。从超过学生自学的效果来看，学生能够在教师的引导之下有效地理解面积的内涵，不过还需要引导学生结合自己对体积的日常感知及对面积的理解而深度理解体积的内涵。评价学生获得切实的收获主要判断学生是否真正地按照自己的认知方式理解和掌握有关面积与体积的知识，以及是否利用这些知识创造性地解决他们关心的实际问题，进而发现学生在这一系列教学活动过程中所表现出来的成就感与幸福感。

上述三个方面的分析显示，教学目标、教学过程和教学效果三者紧密关联，教学过程是为了实现教学目标而展开的，教学效果是依据师生在教学过程中的教学表现而描绘的，教学目标是参照师生发展的状态及水平而确认其达成度的。由此看来，课堂教学评价至少包含课堂教学目标评价、课堂教学过程评价、课堂教学效果评价三个内在连贯的维度（见表1-1），这简化了课堂教学评价的工具及流程，便于评价主体，尤其是中小学教师，快速而准确地描绘课堂教学的动态情景、真实概貌及关键事实，在兼顾结果性评价的基础上强化过程性评价，从而在教学实践中有效地发挥课堂教学评价的改进功能。

表1-1　课堂教学简约化评价标准的维度及要点

评价维度	评价要点
教学目标	教学目标结构与表达的清晰度
	教学目标符合学生的学习需求
	教学目标与课程标准的符合度
教学过程	教学过程与教学目标的匹配度
	教学活动中给予学生学习机会
	教学活动体现以学定教的程度
教学效果	教学效果对教学目标的达成度
	教学效果超过学生自学的效果
	教学活动让学生获得切实收获

第三节　课堂教学观测与评价的操作策略

课堂教学观测与评价是一项较为复杂和需要科学准确判断的活动，这项活动包括多个过程和环节，观察者首先需要采用一定的方法对课堂教学进行细致入微的观察，并运用合适的方式来对观察过程及其各种信息进行准确的记录，之后便是按照一定的标准对所记录的数据信息进行有效的归类整理，对整理结果进行系统化梳理和分析提炼，并运用合理方式对结果进行科学描述。这期间的各个环节都有其特定的做法和要求，熟练掌握每个具体环节的基本要求将有助于课堂教学观测与评价的有效展开。

一、观察策略

(一)观察方法

依据不同的分类标准,课堂观察可以划分为不同的类别,而分类的目的也是为了更清楚地认识和利用课堂观察做相关研究。如下表:(王陆、张敏霞,2012)

表1-2　课堂观察方法分类

类型编号	分类名称	分类依据	方法简介
1	自然观察	对观察的情境和对象是否进行严格控制	在自然的课堂情境中不对观察对象进行任何控制所进行的课堂观察研究
	实验观察		设计具有特殊要求的课堂情境并严格控制观察测量对象的课堂观测研究
2	直接观察	观察者是否借用观察设备	观察者亲临现场,凭借自己的眼睛、耳朵等感觉器官直接感知的课堂观察方法
	间接观察		观察者借助录音、录像等设备或专用教室等专用环境进行的观察活动
3	参与观察	观察者是否参与研究对象的活动	观察者参与被观察者组织的各种课堂活动,通过与被观察者的多项互动,深入了解被观察者的行为模式与文化特征的课堂观察活动
	非参与观察		观察者不介入被观察者的活动,只作为旁观者置身于课堂情境之外所进行的观察活动
4	开放式观察	观察情境的范围及观察系统化的程度	观察者持开放心态,尽可能开放地、真实地记录课堂情况,不做主观判断的一种观察
	聚焦式观察		观察者确定观察焦点,即某个具体问题,并针对这个焦点问题进行的一种观察

续表

类型编号	分类名称	分类依据	方法简介
	结构观察		观察者采用记号或符号对要观察的事件进行统计性观察与记录的观察方法
	系统观察		观察者利用编码量表等系统观察分析工具对课堂进行观察
5	定量观察	搜集课堂资料的特征及属性	以结构化方式收集资料,并且以数字化方式呈现资料的课堂观察
	定性观察		以质化的方法收集资料,并且以非数字化的形式呈现资料的课堂观察

上述关于课堂观察的分类比较全面,方法的介绍也比较具体。需要指出的是,任何一种观察方式都没有好坏之别和轻重之分,观察者可以根据自己观察和评价的要求、预期的目的、所具备的主客观条件等因素自行选择适宜和可行的方式,以此才能得到符合需要的结果。

(二)观察原则

1.以学生发展为中心实施课堂教学观察与评价

课堂教学的核心价值在于促进学生发展。以学生发展为中心的课堂教学评价,主要采取“以学评教”的方式,以学生学习为落脚点,抓住“教学目标符合学生的学习需求”“教学过程中给予学生学习机会”“教学活动让学生获得切实收获”等评价要点,综合考量学生在课堂上的学习状态与效果。立足于促进学生有效学习与发展而评估课堂教学状态,就是课堂教学评价的本真。真实地反映学生的发展状态以及教师应当如何促进学生的发展,就可以简明地形成基本的评价结论,有效地促使教师改进课堂教学,进而提升学生的学习效果。如在观摩小学英语课《Unit6 Happy birthday》之后,有教师做出这样的评价:学生在利用“I’m…

years old.”进行交流时显得吃力，教师注意到这一问题并及时去掉“years old”，告诉学生可以用“I’m …”句型简单地作答，从而降低了该句型在表达方面的难度，使得学生之间的交流逐渐多起来。这表明教师从学生发展的角度随时评价与监控自己的教学活动，有利于及时发现自己在引导学生有效学习与发展方面存在的问题，有针对性地改进自己的课堂教学。

2.以“目标–过程–效果”一体化方式构建课堂教学的整体概貌

实际上，教学活动是由教学目标、教学过程和教学效果三者相互关联、层层推进、内在连贯的系统。极简理念影响下课堂教学评价着眼这样一个系统，整体上简约地评估课堂教学，避免在课堂教学评价时有意或无意地遗忘教学目标而随意地切割教学过程和机械地强调教学效果，或者忽视教学过程开展的现实条件而盲目地贬损教学效果，又或者从教学目标的某个方面或教学过程的某个教学环节断章取义地判断课堂教学的整体情况。由此看来，课堂教学评价需要强化教学目标对教学过程的引领作用和对教学效果的标准作用，关注教学过程如何体现教学目标与产生教学效果，注意教学效果反映教学目标和依于教学过程，这有利于综合地描绘课堂教学的整体概貌。例如，在观摩小学语文课《军神》之后，有教师认为教学目标贯穿课堂的始终，首先围绕理解“这是一个怎样的军人”这一核心教学目标，按照“勇敢顽强”“从容镇定”“深爱祖国”三个层次有梯度地引导学生理解人物性格，并从动作、神态、语言三个角度引导学生构建人物形象。其次，在对刘伯承元帅和沃克医生的语言、神态、动作的众多描写中，教师选择了“这是一个怎样的军人”“为什么沃克医生的情绪会发生变化”为教学切入点，将全文有机地联系起来，做到全面把握与重点突出相互结合和印证。再者，结合学生在课堂教学中的表现与反应，可以判断学生有效地理解了刘伯承元帅由军人到军神的活动过程中所体现出来的高贵品格。由此看来，基于“目标–过程–效果”一体化方式观察与评价课堂教学，可以迅速地依据教学目标的核心之处，抓住教学过程的主要线索，评估教学效果的基本情况，从而准确地构建课堂教学的整体概貌。

3.以关键性事实真实地深描课堂教学

对于课堂教学这种因素复杂多样、过程变化不断的活动来说，教学事实纷繁复杂，任何细小的教学事实都可能影响评价者对于课堂教学的判断，尤其是受直觉推理和系统关联的评价方式的影响，这种情形可能更加容易使课堂教学评价的结论出现失真。因此，抓住和利用课堂教学的关键性事实，深度描绘课堂教学以高效地支持课堂教学评价，可以有效地提升课堂教学评价的真实度。基于课堂教学评价的主要要点来捕捉课堂教学的关键性事实，结合课堂教学的整体概貌分析这些关键性事实的价值与意义，将这些关键性事实作为课堂教学评价结论的有力论据，并且探索这些关键性事实之间的联系而力求发现新的课堂教学评价结论，可以更加准确地描绘与评估课堂教学的实际样态。例如，《咕咚》是一年级的一篇阅读课文，其基本的教学目标是让学生读懂“森林里的动物为什么发生大逃亡”，且课文的显著特点是依靠语言推动故事情节的发展。这就可以依据“教学过程与教学目标的匹配度”的评价要点，发现动物的语言变化与动物大逃亡之间存在联系。教师抓住小兔的语言“不好了，咕咚可怕极了”、小猴的语言“不好了，不好了，咕咚来了，大家跑呀”、其他动物的语言“快逃命啊，咕咚来了”等，引导学生对这些话语进行比较推敲，层层递进地感知事态的严重性，从而深刻地体味森林动物大逃亡的原因。（倪文锦，2015）由此看来，抓住教学过程中运用语言表现力让学生体悟动物大逃亡的原因这一关键性事实，可以更加准确地深度描绘与评估课堂教学。

4."以评促改"发挥课堂教学评价的核心功能

作为一种形成性评价与过程性评价，课堂教学评价在核心功能上就是基于其导向功能和诊断功能，发挥它的改进功能，具体指利用评价结论改进教学活动，促进学生发展。对于一线教师而言，极简主义视角下课堂教学评价的改进功能将发挥得更加有效。

首先，教师要在抓住课堂教学的整体概貌的基础上，通过关键性事实迅捷地找准引发课堂教学问题的关键之处，牵一发而动全身，将其作为课堂教学改进的突破口。作为课堂教学改进的主要实施者，教师需要在听课、评课、教研等活动中相观而善，发现自己在教学实践中不易察觉的不足之处及问题症结；更需要主动地结合他人对自己的课堂教学的评价，体悟自己的教学实践而发现自己的教学活动误区及教学思维定式，以便聚焦与思索其中的主要问题，有的放矢地实施课堂教学改进。其次，围绕课堂教学改进的突破口，结合学生的学习需求趋向、学习水平高低、学习能力取向等，教师基于自身的教学能力优势与教学风格偏好，精准地构建可行的课堂教学改进的行动方案及实施策略。例如，X中学数学教研组Z教师上了一节《圆的周长》的课。课后参与教研活动的教师一致认为存在以下问题：(1)教师在课堂上提出的问题90%左右都是教师自己回答的，没有给学生留出足够的时间去思考和回答；(2)整个教学过程都借助多媒体，以幻灯片的播放代替黑板板书，加快了整个课堂的教学节奏，学生根本没时间思考和消化；(3)三个例题都用同一种教学方式讲解，教师只是按部就班地向学生展现自己预设的解答过程，学生也只能机械地跟着教师的思路走。基于这一基本的整体评价，大家认为

“没有给学生足够的思考时间”是这堂课存在的主要问题,并针对性地形成改进方案。Z教师又选择了《扇形的面积》在其他班级进行改进性教学,虽然有所改进,但还没有完全解决。为此,教研组决定让另一位教师再上课,直到这一共性问题得以完全解决为止。(周坤亮,2011)这就是通过课堂教学评价发现课堂教学存在的关键问题,以此为突破口扎实地改进课堂教学。

(三)具体观察策略

课堂观测与评价从时间上看可以分为观察前、观察中和观察后三个阶段,这里的观察策略主要是指观察前的策略。这一阶段最重要的就是要明确观察目标、确定好观察对象、选择观察位置三个方面。

明确观察目标:课堂教学是一个整体,其中由各个教学环节组成,并涉及各种教学要素,如目标、内容、主体、方法、评价等。观察者进行课堂观察,首先要确定自己观察的目标是什么,是要观察课堂教学的哪种结果,从而根据自己的观察目标去选择观察对象。比如,观察的目的是为了考查课堂教学过程的科学性与合理性,就要把重点放在对教师各个教学环节的安排及彼此承接等问题上。如果观察的是学生的学习效果对教学目标的达成情况,就要考查学生在学习过程中的具体表现及任务完成情况等。

确定好观察对象:无论是对教学过程,还是教学要素等具体因素的观察,最终都是通过教师和学生的活动来判断,但是观察者需要根据观察目标来决定观察师生的何种活动。也就是说,教师和学生行为是多方面的,要依据目标来选择观察对象的行为。同时,课堂观察者往往是以课堂教学的“局外人”的形象进入课堂,可能会在一定程度上对师生正常的课堂教学形成一些干扰和影响,从而使观察结果失真。因此,观察者应事先与教师和学生进行密切沟通和接触,减少自己的参与对课堂的影响。

选择观察位置:在现代技术手段高度发展的今天,观察者可以采取多种方式进行课堂观察,比如在线观看课堂教学、观看课堂录像、亲身进入课堂等。但是由于前两者不能有效地涵盖整个课堂进程,会遗漏很多课堂情境,因此,观察者亲自进入课堂仍然是最为有效的观察方式。进入课堂时,观察者的位置要十分注意。为了不影响教学的正常秩序,防止学生因为观察者的参与而无心听课,最好把位置安排在学生之外更有利于观察,也就是最好坐在学生背对着的地方。

二、记录策略

进入课堂以后,围绕自己的观察目的,要及时记录下课堂中发生的事件行为,因此选择或设计合适的观察记录方式或工具,会取得事半功倍的效果。在具体记录策略上,可通过以下三种来进行分析。

(一)叙事性报告

叙事性报告是指将与观察目标相关的课堂教学事件的具体过程描述和呈现出来。叙事性报告的结构模式化的程度较低,没有过多的内容和指标标准的限定,要求教师根据自己的理解和观察记录具体事件。这种记录给予观察者较大的自由空间,观察者以记笔记的形式记录具体课堂事件。叙事性报告的方式有很多种,如故事型报告、人类学报告、主题型报告、直观图像型报告等。

1.故事型报告

故事型报告是观察者根据观察目的描述课堂中出现的一些重大而不寻常的事件，主要记录事件发生的时间、过程、人物、活动以及结果等。除此之外，还要对整个事件进行解释和分析。以此，故事型报告一般分为两个部分：事件的记录，事件的解释。

教师：诺宾斯
年级：五年级
科目：英语
日期：1月17日
地点：澳克里夫初级学校
观察目的：观察学生参与和课堂管理
观察人员：斯诺·霍肯斯
事件：开始上课，教师问是否有同学愿意读一下他们自己所写的故事，这是老师给他们布置的前一天晚上应当完成的作业。约翰举起手，要求阅读。教师同意后，他来到教室前面，开始读他所写的故事，声音很低。这样，他大约读了30秒钟的时间。教师要求他："大声点儿，这样读的话，你将来永远也不善于在公众场合讲话。"听到这些话，约翰停下来，回到了自己的座位上，在下面课堂教学的时间里，再也没有说话。
解释：约翰显然对他所写的故事非常满意，他愿意把作品展示给其他同学。然而，他有点儿敏感，轻微的批评就很容易使他沮丧和不安。这说明，他对自己或者对自己的公共演讲并无自信。教师对他说的话可能进一步降低了他的自信心，同时也会抑制他和其他同学将来自愿尝试的心态。
（资料来源：[美]Gary D. Borich. 教师观察力的培养——通向高效率教学之路[M]. 么加利，张新立，译. 北京：中国轻工业出版社，2006：89.）

故事型报告记录的内容较多，也需要观察者能够准确地对事件进行分析。其优点是：观察者的自由度较大，没有固定结构化内容的限制；具体事件的呈现较清楚，能够较好地解释和证明观察目标；适用于某一目标的长期观察，可以显示较长时期的表现和情况。其不足是：耗时较长，需要观察者花费大量的时间和精力进行观察；由于没有客观标准，观察者的个人习惯等主观因素影响观察记录的表达；被观察者的行为过程较为复杂，情况多变，因素较多，对观察记录较难进行客观、合理的解释和分析。

2. 主题型报告

主题型报告是指依据观察目标事先设计几个大的主题，然后对这些主题进行逐一具体考察。课堂教学需要观测的内容、环节和因素众多，观察者依据自己观察的目标和对象，确定几个主题，再对课堂教学进行观察，逐一考察这几个主题的情况，并进行系统的记录。

Ⅰ. 学习氛围
A. 这是一个开放式教室，有两名教师。
B. 教师讲话声音严肃，主张纪律约束，学生服从。她明确表示，不能在课堂上“调皮捣蛋”。
C. 教师与学生之间的对话交流像做生意谈判。
D. 课堂上显示出竞争的氛围，如作业都要经过检查；学生在课堂上表现出独立性，如阅读与检查作业都是以个体的方式各自进行。
Ⅱ. 教学目标定位
A. 在开始上课前10分钟里，一些学生即偏离了学习目标。
B. 教师在课堂上从事了非教学性活动，例如问学生：“谁丢了硬币？”
C. 教师一个个地告知学生他们的作业做得不错。
Ⅲ. 课堂管理
A. 学生进入教室，即开始漫无边际地独自学习。
B. 对一些作业完成得很好的同学进行反馈，例如，“做得不错”，没有进一步表扬。
C. 老师在课堂上来回巡视，指导学生课堂练习。
D. 当教师指导绿队的学习活动时，蓝队被搁置一边，没得到有效指导与监督。（蓝队位于教室的前面）
Ⅳ. 学生参与
A. 一些学生偏移学习目标之外达10分钟。
B. 学生被搁置一旁。例如，当老师指导绿队时，蓝队被搁置在教室的前边。
C. 教师没有引导学生对他们的作业进行深入探讨，交流很简短。
（资料来源：[美]Gary D. Borich. 教师观察力的培养——通向高效率教学之路[M]. 么加利，张新立，译. 北京：中国轻工业出版社，2006：96.）

主题型报告的优点是：主题鲜明直观，一目了然，可以直接呈现所要观察的内容；每个主题的记录内容比较简洁，清晰明了，且消耗时间少，有助于观察者集中精力观察教学；可以为日后进一步整理这些主题的情况呈现清晰的内容框架，便于分析。其不足是：记录的事件情况较为粗略，进行深入分析时显得资料和信息不够；每个主题的记录较为简单，且主题多样，对某个具体目标涉及事件的前因后果和内在逻辑体现不够；只针对预设性事件进行记录，对其他间接相关的事件容易引起忽视。

（二）课堂行为频度记录

叙事性报告是对课堂教学进行的一种描述性记录和分析，具有质性研究的性质。而课堂行为频度记录是对师生课堂教学过程中的某一特定行为进行的单一性记录，精确表现此行为出现的情况及程度，具有量化研究的性质。这种记录方法可以独立使用，也可以与其他观察记录方法结合使用，使用前提是必须确定要观察的行为。

1.罗列清单式测量

罗列清单式测量，是指将所要观察的内容罗列成行，设计成一个包含内容和表现情况的表格。内容是要观察的行为，表现是表示行为是否出现。出现与否可以用“是”“不是”或者“存在”“不存在”这样的标准来表示。如果被观察者出现了这种行为，就在“是”或者“存在”上标注，如果未出现这种行为，则在“不是”或者“不存在”上标注。具体权重上，可以“是”或“存在”加1，“不是”或者“不存在”减1。最后将各个内容的权重相加，再除以各个行为数的总和，即可得出相应结果。如果平均分是正向的，说明此行为在课堂上起到了正向作用，反之则说明情况较差，需要采取措施改进。例如：

表1-3　学生分组任务完成表现测量表

资料分享	是(+1)	不是(−1)
表达观点	是(+1)	不是(−1)
倾听别人	是(+1)	不是(−1)
遵守规则	是(+1)	不是(−1)
创造性解决问题	是(+1)	不是(−1)
完成小组分配任务	是(+1)	不是(−1)
对其他人的观点提出建议	是(+1)	不是(−1)

2. 累积量度式测量

累积量度式测量是将行为按照产生或具有的程度分成几个逐渐递增或递减的量，从这些量中选择其一来确定行为的程度。这种测量方式不仅要测量某一行为是否出现，而且要从行为表现中判定行为出现的频度或级别。

五级量度测量，就是我们平常所说的李克特测量。这种量表中，被测量的行为一般分为五个等级。比如，测量教师课堂教学的清晰度可以用：总是、经常、有时、偶然、从未；测量学生参与课堂的程度可以用：没有参与、不经常参与、有时参与、经常参与、一直参与。这种测量需要比较长的观察周期才能得出结论，如对教师讲课的清晰度、课堂管理、学生参与度等情况，只是几分钟的观察不太能获得更多的结论。因此，每次测量的材料需要保存，并最后求出一个长时期内多次观察的平均值。

七级量度测量与五级量度测量相似，但在七级量度测量中，定性的语言更简洁。在评判的过程中，如果最正向的量度处于左侧，那么这一量度就标示为“7”；如果最负向的量度处于左侧，那么这一量度则标示为“1”。如果是前者，其他的量度依次递减；如果是后者，其他的量度则依次递增。最后把所得的值相加再求平均数。

累积量度式测量不论是几级，都具有比较明显的优点：呈现形式简洁清晰，思路框架明显；便于对教师和学生整体进行比较；利于特殊目标的观察，观察结果更细致、严谨。其不足是：对课堂行为过于细致划分的科学性不好把握；肢解课堂教学的做法不利于对课堂教学的整体把握；如果评判的领域过多，或者两极的规定比较极端，容易出现观察者做出倾向于中性的判断。

（三）课堂行为量度记录

课堂行为量度记录是指对不同教师或学生的课堂行为在某一时段内出现的次数的记录，指向课堂上非常具体而特定的行为，如教师提问、教师在教学中举例子等行为。这种记录有两种方式：计数式测量和符号式测量。计数式测量就是观察者记录某段时间内某一行为出现的次数。比如，观察教师在五分钟内与学生进行了多少次互动，在五分钟内，如果教师与学生出现了一次互动，就打上一个符号，然后将每个符号相加，就可判定这位教师五分钟内与学生的互动频次。对多位教师这种行为进行观察，看每位教师最后的符号的总和，就可以判定不同教师与学生活动的情况了。这种记录的要求是所观察的行为一定要很具体，同时也要在选定的时间内很容易分辨出来。符号式测量是在观察时间内，不管某种行为出现的次数有多少，只要出现就用符号进行标记。前者注重对某种行为出现频次的考察，后者注重这种行为是否出现。符号式测量记录的时间段时长要多于计数式测量，并且在同一时间段内可以同时对多个行为进行记录。

三、整理策略

在记录的整理上，叙事性记录与课堂行为频度或量度的记录有所区别。总的来说，主要是两种整理方式，一是定性的资料整理，具体是叙事性记录；二是定量的资料整理，具体是对课堂行为频度或量度的记录。

（一）定性的课堂观察资料分析

定性的课堂观察资料分析包括编码和整理两个大的步骤。

首先是对原始资料进行编码。一般来说，观察者通过叙事性记录得来的资料是一些事件的呈现，有讲故事的性质。对这些资料进行分析，需要观察者设置诸多主题，并对每个主题进行细化，得出关于观察对象的诸多项目或类目，然后再对观察记录进行分析，将记录中与每个主题相关的内容进行编码。

与课堂教学相关的主题主要有：(1)背景资料：关于研究对象的相关资料，包括其个人背景、个性特点、思维观念等。(2)活动过程：这个范围比较大，会产生诸多小的项目，如教学环节、教学内容、教学方法等。以教学要素为小项目，并且每个小项目还可以进一步划分为更为具体的项目。(3)成员关系：主要是师生、生生之间的正式和非正式的人际关系。(4)特殊事件：是指发生在研究场所或研究对象中的特殊的事件。(5)有效策略：是指研究对象完成各种事情的有效或独特、有价值的方法、方式和技巧。例如，国外的研究者希区柯克和休斯(G.Hitchcock & D.Hughes)对一所学校社会生活和社会组织结构进行了研究，确定了如下项目(陈瑶，2002)。

在资料收集之初，他们将观察项目分为：问题儿童、理查德与格菲雷、对失败的解释、处理纷争对家长的态度、俱乐部夜晚、学校的假期、教职员的关系、对开放观察计划的态度、使用空间、建筑物的界限、家长的参与、学校与外部机构的关系、研究者的社会化。而后，研究者在资料收集的基础上进行了分析、综合、调整，将新的类别容纳进去。

表1-4　田野笔记资料分析样表

编码类别	子项目	观察评注
教师对情境定义的编码	对儿童的态度 对学生父母的态度 对开放观察计划的态度 和其他教职工的关系	
关系编码	教师与研究者的互动 领导与教师的互动 史密斯夫人与教职员 低年级教师与高年级教师的关系 学生父母之间的关系 学生父母与教师的关系 学校与校外机构的关系 本地社会工作者 教育心理学家 家庭—学校联络工作者	
活动编码	课间休息 教职员会议 午餐时间 雨天游戏时间 俱乐部夜晚 运动会 学校假期	
特殊事件编码	挑选庆祝节日的儿童 对理查德与格菲雷的处理 学校的旅行 家长的参与	

续表

编码类别	子项目	观察评注
物理情境编码	雨天活动区 设施安排 教师休息室 操场布局	
社会的以及组织的过程编码	对研究者的安排 善意和敌意 对空间的安排 角色的忠诚 处理纷争	

上述这些主题是从较为宏观的与课堂教学相关的角度来提出的，具体课堂观测中观察者可能是只针对某个主题，或者某个主题下的小主题进行研究，这个因观察者研究目标和研究对象而异。

其次是对编码后的资料进行归类整理。在对每个原始记录进行了分析和编码后，就需要将关于此问题的所有记录都统一归纳起来，整理出最终结果。由于原始记录以叙述的形式进行，有大量无关信息，与观察者要观察的内容不符合，就需要通过这一整理的环节剔除无关内容，保留有关内容，并将有关内容归类整理。

整理的方法有多种，比如，可以用笔在原始记录上划分，在相应的内容旁标注编号等，然后将相同类别的记录资料剪下来放在同一类别的资料夹中，形成分类整理的档案系统；可以利用计算机，将所有的原始记录录入计算机，通过计算机的功能来进行定位、查找等。

（二）定量的课堂观察资料分析

定量的方式获取的资料信息因其经常以数字化的形式进行呈现，因此不易进行质性分析，一般需要通过数理统计方法对其进行量化分析。

常用的统计技术有:(1)简单计算。一些简单的、目的单一的观察记录,可以通过百分比、频数或是评定的分数就可以得出结论。(2)相关关系。探究两种变量或者两组数据之间的相互关系,可以用相关系数的统计技术,关系程度由两种变量数据的分布就可以确定。例如,要了解学生课堂中的不当行为的总量与投入学习任务的学生数之间的关系,就可以运用相关关系分析,相关系数取的是-1到+1之间的任意值,+1表示完全正相关,-1表示完全负相关,0表示二者没有关系。(3)组间差异性比较。如果研究者要了解两组测量数据之间有没有显著性差异,可以选择T检验。利用一些简单的统计技术,如果课堂观察记录少,可以直接手工或计算器分析。如果需要复杂统计分析且数据量比较大,就可以运用专门的统计软件,如Excel软件、SPSS,以及专业人员开发的各种专门化的软件。

四、提炼策略

根据以上对观察记录的整理,不论是记号式的统计,还是软件的统计,都是反映出一些规律,现有的提炼策略则是如何解释和分析这些数据或符号所表现的深层含义。提炼就是根据观察记录整理后所得出的一些规律进行观点的提炼。首先思考这些数据从哪些角度展开,每个角度的总体情况如何;然后思考这些数据反映了什么样的问题,把问题梳理出来;最后是形成观点和结论,根据对问题的分析,得出关于问题的解决方式和策略。此过程可以自行梳理,也可以与他人合作进行。

下面以在重庆市巴南区使用课堂观测量表的活动为例,具体说明提炼策略。

活动流程:

1. 上课前一天授课教师将教学设计、PPT发给观测团队，便于参与者提前研讨；

2. 观课过程中，使用量表观测课堂；

3. 课后教学研讨（授课教师说课、所有听课教师运用量表评课、教研员与观测团队评课）；

4. 授课教师根据研讨意见，撰写课例报告，二次备课；

5. 所有听课教师撰写教学反思；

6. 观测团队修改教学反思与教学案例；

7. 修改意见进行二次反馈。

此过程中有一核心的研讨环节，"所有听课教师运用量表评课、教研员与观测团队评课"，实际上就是所有听课教师提炼课堂观测结论的过程。在这个过程中，所有听课人员会对授课教师课堂教学的各个环节、要素和效果等方面进行各自的分析和判断，分析其优劣、存在的问题，得出各自的结论。全体人员共同讨论授课教师的课堂教学情况，针对问题从不同角度给出具体意见和看法，达成共识，作为授课教师教学改进的建议。这个例子表明，听课人员在观课过程中有效地记录了授课教师课堂教学的表现，通过合作交流，共同讨论和判断授课教师的授课情况，整理提炼出来最后的观课结论和改进建议。

五、描述策略

对于已经提炼出来的观点和内容，如何更好描述，需要一定技巧。主要的一种写作模式是"论点+论据"，即提炼的观点加上课堂观测过程中某一具体事件或行为的深描。以下提供一些实例对其进行论述。

案例1:教学内容是适应教的需求还是满足学的需求,这是值得深入审视的问题。由于学案导学立足于学生的学,教学内容就需要满足学的要求,按照学生的思维逻辑和学习水平进行重构。这里至少有两点值得重视。一是,根据知识迁移的原则,剔除教学内容中重复出现的部分,保持教学活动的神秘性,呵护学生的好奇心,激发学生的学习兴趣。在小学四年级数学的教学内容中,对于乘法交换律"$a\times b=b\times a$",教学起点通常是预设为学生不懂这一规律。但是在很多情形下,学生们显然对这一教学内容缺乏学习兴趣,导致课堂教学效率低下。究其原因,在小学二年级时,学生已经学习过加法交换率"$a+b=b+a$"。于是,学生可以很快地在形式上从加法交换率迁移到乘法交换律,而真正有意义的学习是有效地区分"+"和"×",正确理解"×"在乘法交换率中的意义,这才是可以激发学生学习兴趣的教学内容。

案例2:为了让班级中不同学习水平的学生都有事情可做,都能获得进步,设置具有不同难度的梯度练习题。笔者调研发现,在一份小学五年级数学关于《商的近似数》的学案中,教师设置了难度不断提升的练习题:常见题、重点题、难点题、易错题、易混题、变式题、创新题。常见题是为了检测学生据案自学的效果,要求每一个学生都必须会做,并且做得又快又好。重点题是为了判断学生达标的程度,要求每一个学生都会做。难点题是为了训练学生运用知识的灵活性,要求大部分学生通过自学、同伴帮助、教师辅导等教学方式来完成。易混题、变式题、创新题则是为了鼓励一部分学习兴趣浓、能力强和水平高的学生积极探索而设置的。

案例3:是否比较充分地占有关于话题的资源直接影响着师生在对话教学中是否有话可说。在学习负担较重的情形下,学生通常不可能有太多的时间和精力充分地掌握关于某个话题的丰富资源。尤其是在学生的理解能力较低或者话题难度较大的情形下，这种情况就更加明显。因此，如果教师在教学活动中不做充分的铺垫，让学生占有较多的关于话题的资源，对话教学无疑将是低效的。在某小学四年级的科学课上，为了讲解“一杯水里能溶解多少食盐”，教师创设了一个情境：在一杯水里不断地加盐，同时询问学生“一种物质在水中的溶解能力到底有多大？”学生既没掌握溶解能力这一概念，也不知道如何计算溶解能力，对教师的提问只能默不作声。

总的来说，这些都是技术问题，比较容易掌握，但本书所探索的课堂观测与评价更多是想提供一种课堂观测思维，一种整体视野的课堂观测思想，一种全面的评价方式，只有当这些思想浸入到教师心中，才能在平时的课堂观察与评价的过程中自觉使用。

第二章

教学目标结构与表达的清晰度

教学目标是教学活动的起点，对教师的教学和学生的学习起着指引和方向性作用，因此，教学活动必须有明确而具体的教学目标，这样教师才能够目的明确、有针对性地开展教学。在现实教学中，存在着教学目标结构不合理，表述不清晰等问题，对教学活动产生了或多或少的影响。因此，明晰教学目标的结构组成，掌握教学目标的正确表述方式，是教师有效开展教学的必备条件。

第一节 教学目标的结构

一、教学目标的内涵

“教学目标”是什么？它与教育目的、课程标准又有什么关系？教学目标具有哪些特点？这些问题需要首先进行澄清和说明。

(一)教学目标的含义

教学目标就是指教学活动主体事先确定的在具体教学活动中所要达到的教学结果和标准。它规定当教学活动结束时,学生在教师指导下其知识与技能、情感、态度和价值观等方面所取得的变化。(李森,2011)可见,教学目标是师生双方共同的目标。这是教师的教学目标,也是学生的学习目标。它着眼于教而落脚于学,具有可操作性,教学目标表达的是师生主观上对教学结果和标准的期望。

首先,教学目标侧重教学活动主体。教学目标面向教学活动的主体,即教师和学生,是为师生的活动而预先确定的教学结果和标准。教学目标规定了学生在学习活动结束后应达到的结果和水平,体现了对学生的要求，同时也规约着教师主体的活动，教师的教学应以学生达到目标要求为重点，紧紧围绕目标要求。在这个过程中，教师的活动当然也可以是灵活多样的，一切有益于促进学生发展的有效教学活动设计都可以为教师所运用。

其次，教学目标是对教学具体、明确的要求。教学活动是丰富多彩和各具特色的，教师可以根据自己的理解设计形式各异的教学，而教学目标就对教师的教学活动起到方向和规约的作用。如果没有明确具体的教学目标，教师的教学活动就会凌乱而缺乏重心。因此，某门课程、某一单元、某一课时的教学目标都是对学生在每个阶段要掌握的知识、应具备的能力以及情感与态度等作出清晰和可检测的要求，在特定范围对教师的教学活动起指导作用。

再次，教学目标是教学结果和标准。教学目标是某一单元、某一课时的指导目标，它是课程评价的标准，也是检验教学效果的标准，它确定着每一课时的底线。如果缺少了明确具体的教学目标规约，教学效果就不容易进行判断和评价。正因有了清晰的教学目标，课程结束后教师就可以从教学目标出发来对学生的学习进行考查和检测，确定其目标的达成情况。可以说，教学目标不仅为教师确定了教学的方向和重点，也为教师进行教学效果判断指明了路线。

（二）教育目的、课程标准、教学目标三者关系

目的是人类活动的出发点，也是归宿。学校教育的所有活动都是有目的的，因此教师的课堂教学也必须符合目的要求。要设计出正确的教学目标，必须要厘清教育目的、课程标准、教学目标这三者的关系，见表2-1。（崔允漷，2004）

表2-1 教育目的范围的层级关系

层级	陈述名称	制定者	特点
一级（教育目的）	教育方针或培养目标	政府/国家	抽象；笼统；比较关注“应该如何”
二级（课程标准）	九年义务教育的课程目标	学科专家	从“抽象”逐步过渡到“具体”
	九年义务教育语文课程目标		
	一至二年级语文课程目标（阅读领域课程）		
三级（教学目标）	学年（学期）目标或单元（主题）目标或课时目标	教师	比较具体；比较关注实际的状态

从该表可以看出，教育目的是最上位的概念，是由国家制定提出，体现了国家对人才培养的质量和规格的总体要求。它具有概括性和抽象性，适用于国家的各级各类教学。课程标准中规定的课程目标包括各阶段教育的总体目标，以及各阶段各学科的课程目标和具体学段的学科课程目标，由学科专家制定，体现的是学生在完成相应阶段相应学科的学习后应达到的学习结果。它是教育目的的具体化，指向特定教育阶段和特定学科。教学目标则直接与学校的实际教学活动有关，由教师确定，体现的是学生在某一教学时段，如一个学年、学期、单元、课时等的学习之后预期所发生的变化，也就是希冀学生在某一时段学习后预期达到的学习结果。教学目标是将学科课程标准的目标进行分解，以教学内容为载体，通过具体的课时目标、单元目标、学期学年目标的完成，而最后达成课程标准中规定的阶段课程目标。

（三）教学目标的特点

厘清了教学目标的基本定位之后，要讨论教学目标的基本特点，主要有四个基本特征。（李森，2011）

1.系统性

教学目标的系统性是指教学目标不单单是一个个具体的目标,而是一个自上而下的完整的系统。教学目标由学年教学目标、学期教学目标、单元目标和课时目标等组成,每个部分都有其特定的指向和具体要求。因此,在确定教学目标时,必须清楚地认识到教学目标的系统构成,针对每个部分的特殊要求编制符合实际的特定的目标,并注意整体协调一致。

2.层次性

教学目标的层次性是指教学目标的具体要求不是全部在同一层面上,而是对学生的发展有不同层次的要求。各具体目标之间尽管存在内在联系,但是其中也体现了一些层次关系,比如有些目标是识记,有些目标是理解,有些目标是应用等等。这些目标之间层次清楚,具有递进关系,后续目标是前面目标的进一步提升,需要在前面目标达成的情况下才能实现。

3.可操作性

教育目的和课程目标具有概括性特点,教师要将其实践需要在教学中具体化,变为自身可操作和实现的教学目标。因此,教学目标的可操作性就意味着教学目标相对于教育目的和课程目标而言是清晰、明确和具体的,便于在教学实践中操作。教学目标需要教师将教学内容一一解读,制订具体到每一节课的目标,这样笼统概括的教育目的和课程目标在实践中才能得以一步步展开和达成。

4.自主性

教育目的和课程目标体现在国家的教育法规政策和课程标准中,不能轻易变动,但是教师在教学中所进行的教学目标设定则可根据实际进行调整。尽管教学内容都有特定的目标要求，也是预先确定和规定了的，但是在教学实践活动中，教师可根据学生情况、自身理解、学校设施条件、实际需要等因素对其进行适当的调整和变动，使其在基本要求不变的情况下能够更好地适应学校、师生的现实状况，因此具有较大的自主性和灵活性。

二、教学目标的构成

我国2001年开始的新一轮基础教育课程改革，提出了“知识与技能、过程与方法、情感态度与价值观”三维目标。可以说，我国在新时期确立的三维目标涵盖了以往提及的一些教学目标，并融入了时代对人的发展的新需要。伴随着新课程改革的深入人心和稳步发展，“三维目标”已经被学校高度认可并在实践中积极践行，三维目标的具体内涵如下。（梁靖云、吕素巧，2014）

（一）知识与技能

知识，主要包括陈述性知识和程序性知识两种类型。陈述性知识是指“是什么”的知识，即各个学科中的事实、概念、定理、法则、规律等。程序性知识是指“怎么办”的知识，即关于技能的知识。广义的知识包括二者，狭义的知识则专指陈述性知识。这里采用狭义的知识，新课程改革将“知识”分为“了解水平、理解水平和应用水平”。

技能是指掌握和运用专门技术的能力，最终是形成一定的动作方式和智力活动方式。因此，技能包括动作技能与智力技能。动作技能专指肢体活动方式，例如数学工具的运用、体育的运动、生产劳动技术等。动作技能也需要运用已有的知识、经验，并通过持续特定的练习形成。智力技能是指借助于内部言语在人脑内部进行的认识方式，是以思维为核心的认识加工的具体方式。智力技能以学科的概念和规则等知识为基础，在头脑中进行认知活动，获得能力。例如语文的阅读、写作技能，数学的推理、运算技能等。新课程改革将技能(包括动作技能和智力技能)划分为模仿水平、独立操作水平、迁移水平等三个层次。

(二)过程与方法

《基础教育课程改革纲要(试行)》指出：使获得基础知识与基本技能的过程同时成为学会学习……的过程。上述文件还指出：培养学生搜集和处理信息的能力、获取新知识的能力、分析和解决问题的能力以及交流与合作的能力。这实际上就蕴含着过程与方法目标，旨在使学生除了获取知识技能外，还要在学习过程中学会学习、体验过程、掌握方法。过程目标，指应答性学习环境和交往、体验，注重学生学习过程的积极体验，强调学生的智力水平，即观察力、记忆力、思维力、想象力和创造力的提升。方法目标，指学科科学方法的掌握与内化。每门学科都蕴含着学生解决学科问题的特定方法，除此之外，对于学生解决其他问题也大有裨益。学生学习某门学科的过程，也应该是运用知识与技能解决学科问题、获取学科方法的过程。

(三)情感、态度与价值观

1.情感

在学校的课程中，情感目标包括对所学学科的情感(理智感)、道德情操(道德感)、审美情趣(美感)三个方面。每门学科除了知识技能方法等能力传授外，在情感方面也能够对学生的发展有所帮助。不同学科有独特的情感传递，但一些情感因素在诸多学科中都有所蕴含。因此，无论是何种性质的学科都蕴含着情感目标，可以通过本学科对学生进行某类情感的培养和发展，而这些情感对于学生完整人格的形成起着至关重要的作用。

2.态度

态度决定一个人对某事物的热爱关注和投入程度。心理学认为，态度是个人对他人或事物持有的较持久的肯定或否定的倾向。态度由三种成分构成，即认知成分、情感成分和行为倾向成分。认知成分指对相关对象的认识和理解，也就是个人如何看待对象。情感成分指基于对相关对象的认识和理解而对相关对象产生的情感体验，如喜欢、讨厌、追求、支持、回避等。行为倾向成分指对相关对象的反映倾向，也就是个体行为上是否表现出了对于相关对象所持有的情感。在学校教学中，态度目标一般包括对所学学科的态度，如兴趣、热爱、接受、思考等；科学的态度，如实事求是、诚实守信等学习、研究或为人原则；合作的态度，如倾听他人、交流互助、任务分工等。

3.价值观

价值观是基于人的一定的思维感官之上而作出的认知、理解、判断或抉择，也就是人认定事物、辨别是非的一种思维或取向。学科中都蕴含着特定的价值观念，意在通过学校教育将社会认可的人类历史上优秀的价值观念传递给下一代，从而使之成为学识丰富、品德高尚的社会建设者。

第二节 教学目标的表达

教学目标的表达,主要是指教学目标如何表述和呈现的问题。严格的教学目标表述包含诸多构成要素,需要进行细致的思考和准确的表达。在教学目标的表述上,ABCD模式更合适,这是因为该模式具有准确性、全面性、主体性和可测性特点,能够较为准确地表述目标要求,全面反映目标内容,便于教师在实际教学中操作和把握,ABCD模式有其特殊的内涵和具体结构。(崔允漷,2004,2013)

一、ABCD模式的内涵

教学目标陈述的ABCD模式主要是指目标陈述一般包括四个基本要素:主体(audience)、行为(behavior)、条件(conditions)和程度(degree)。

1.主体

主体是目标发生的主体,即目标是发生和表现在谁身上。教学目标是希冀学生学习活动结束后所达到的要求和发生的变化,主体是学生,而不是教师。因此,目标的陈述必须从学生的角度出发,陈述学生行为结果的典型特征，而不能像以往教学目标强调教师教学行为一样，如“使学生……”“提高学生……”“培养学生……”等。这些方式都是围绕教师教学展开的，是强调教师怎样做，而不是学生要达到什么样的学习结果，在新时期是不符合陈述要求的。一般情况下，教学目标陈述中行为主体“学生”二字经常会被省略，但是也必须是隐含的，表明的必须是学生的学习结果。

2. 行为

确定了主体后，接下来就要确定主体的具体行为，也就是学生要做什么、做到什么。行为表现主要涉及两个问题：一是行为动词，也就是学生的动作行为，需要根据学习活动要求确定准确的行为动词；二是行为内容，即对动词所产生的学习结果，也就是具体内容进行准确的说明。比如，教学目标“背诵课文的第三自然段”中，“背诵”是行为动词，“课文的第三自然段”是行为内容。需要注意的是，行为动词要避免运用一些笼统、模糊的术语，如“提高……”“灵活运用……”，这样的动词表达缺乏质和量的具体规定性，不能准确表明学生最终的学习结果，会令教师的教学不好把握程度，对学生学习结果的评价也没有准确的依据。因此，教学目标采用的动词应该是具体、明确、可操作、可把握的。

3. 条件

学生主体的行为不是在任何时候或者任何程度上都能发生的，在制定目标时，需要明确地界定或者指出行为发生的条件。也就是说，行为条件是指学生产生某种学习结果的特定的限制或范围。行为条件是教师判断学生学习结果的一个标准，在何种情况下发生某种学习结果才是达成了预期目标。对条件的表述有四种类型：一是关于辅助手段，如“借助计算器”或“利用高倍显微镜”；二是提供信息或提示，如“在中国行政区划图中，能……”“根据下列一组图，能……”等；三是时间的限制，如“在3分钟内，能……”“通过两课时的学习，能记住……”等；四是完成行为的情景，如“在课堂讨论时，能……”。

4.程度

在教学目标的表述上，行为动词体现了学习的不同要求和程度上的差异。而表现程度也是对学生学习达到某种程度的进一步说明和要求。表现程度是指学生学习活动结束后所产生的行为变化的最低表现水准或学习水平。如假设一道题目有五种解题方案，但作为面对全体学生的标准，不能要求所有的学生都能回答五种解题方案，那么就可以这样来陈述，“至少写出三种解题方案”“80%的学生都能答出五种解题方案”等。基于这种表现程度，教师可以具体进行操作，方便教师对学生的学习表现或学习结果所达到的程度进行准确评价。

二、ABCD模式的结构

以上四个方面的基本要素是就一个完整的教学目标陈述而言的，一般说来，这四个要素有时根据具体情况可以进行省略。比如，教学目标的主体是“学生”，在表述时就不必要每个目标都写明“学生……”，而是往往将“学生”二字省略。另外，有些目标有时不需要条件，有时也会将其省略。但是，任何教学目标的陈述都必须是清晰的、可操作的，便于教师对学习结果进行评价。所谓清晰，就是指目标能清楚地表达出学生学习活动结束后应取得的学习结果是什么。所谓可评价，是指目标指向明确，必要的要素齐全，便于教师对学生的学习结果进行评价。根据上述讨论，目标的语法结构大体上有如下四种：（崔允漷，2013）

第一种:(主体)+行为(动词或动词+名词),如能用自己喜爱的乐器参与表演;会创作一首诗。

第二种:(主体)+行为+程度,如能写出至少500字的小短文。

第三种:条件+(主体)+行为,如在课堂讨论中,能复述发言同学的主要观点;通过对实际问题的分析,体会二次函数的意义。

第四种:条件+(主体)+行为+程度,如通过有感情地朗读相关段落,体会作者热爱父亲的情感,至少能说出五句话的感受;利用教师提供的相关材料,制作简单的脸谱;在地形图上,能识别五种主要的地形类型。

第三节 教学目标结构与表达清晰的标准

上面论述了教学目标的基本构成,以及教学目标表述的可行模式,对这两个问题的澄清有助于教师合理制定每节课的教学目标。根据学生学习特点、教学内容的专门性、教学情境的复杂性,好的教学目标结构和表达应符合一些基本的准则。

一、教学目标体现“三维目标”

每门学科尽管因学科特点在培养人才方面有所倾向和侧重，但不可否认的是，任何学科的构成都包含着知识、技能、方法和价值几个方面的要素。正因如此，学科教学应完整地看待各科的目标和任务，力求实现整体的育人目的。新课程改革的“三维目标”较好地诠释了教学的基本功能，从三个维度为各学科设定了目标方向。因此，教学目标的陈述必须完整包含知识与技能、过程与方法、情感态度与价值观。首先，“三维目标”并不意味着只有三个教学目标，教师需要根据教学内容的特点和“三维目标”的三个方面设计多个详细的具体目标。其次，教师在陈述教学目标时不能简单地将“三维目标”割裂开来，“三维目标”是一个整体，彼此相互联系，它们因应学生实际和发展需要而各有侧重，且互为手段、互为目的、互相促进、相机为用、相互转化。再次，“三维目标”的维度依据教学内容和需要而定，并非每节课力求面面俱到。

二、行为主体是学生而非教师

在教学实践中，受传统教学观念的影响，一些教师在教学目标陈述上仍然存在行为主体是教师的情况。产生这种现象的原因是，教师仍然过多地关注自身的教学，即如何教，而忽视对学生学的关注。需要注意的是，教学目标陈述的是学生的预期学习结果，其行为主体应该是学生而不是教师，应该是学生在学习活动结束后要达到怎样的程度和水平。因此，教师一定要转变以“教”为中心的观念，将教学要求与教学目标区分开，从学生的“学”出发来制定教学目标，表明学生通过学习后产生的行为变化、内在能力提高和情感变化等。也就是说，判断教学结果的直接依据是学生是否获得具体的进步，而不是教师是否完成任务。

三、教学目标表述明确具体

教学目标尽管表述的是学生学习活动的预期结果，但是对教师的教学同样具有规约和指向作用。因此，教学目标的表述一定要明确具体，清楚地表明学生的学习活动结果，这样便于教师安排和组织教学，同时也便于教师评价学生的学习结果。为了便于对学习结果进行观察和测量，教学目标应尽量避免用含糊的和不切实际的语言进行陈述。一些表明内在意识和心理状态的动词都是比较笼统和含糊的，是抽象的内在感觉，并且没有可观察、可测量的特性，因此不适合用来表述具体的行为。可以在教学目标陈述中更多地使用行为动词，这些动词可以对学习结果做出明确而具体的规定，是可操作的，并且易于观察和衡量。同时，根据目标需要清楚地表明行为表现，并对行为条件和行为程度有客观的界定和说明。

四、教学目标反映学习类型

学习类型是指需要学生运用不同策略而进行学习的类别。不同的学习类型需要学生运用的学习策略不同，发展学生的能力水平也有差异。教学目标的陈述要准确表明学生的学习类型，便于教师明确教学的任务，准确评判学生的学习结果。可以通过不同能力动词的恰当运用来表明学生的学习类型，即教学目标陈述中不同类型的知识采用不同的能力动词来陈述，如陈述性知识（陈述），辨别（区分），具体概念（识别），定义性概念(分类),规则(演证),高级规则(生成),策略性知识(采用)等。这样,根据教学目标的特定要求使用恰切的能力动词,就可推知目标所反映的学习类型,从而发挥其指导教学、便于测评的功能。

第四节 教学目标结构与表达清晰的案例

案例一:小学数学《统计》(崔允漷,2004)

该案例是针对小学数学教师所写的教学目标修改而来的。

1. 结合统计图,说明"以1当2"的含义及其意义。

2. 能从自己的生活中举出含有统计内容的例子。

3. 独立或合作将一组数字变成统计图。

分析:

1. 崔允漷教授所写的教学目标并未直接点明行为主体是谁,而是隐含行为主体是学生。比如"说明"是谁来说,不是教师,是学生。

2. 目标1中"说明'以1当2'的含义及其意义"与目标3中"将一组数字变成统计图"都是属于"知识与技能"目标;"举出含有统计内容的例子"是运用统计思维来审视现实生活中有关的数学问题,属于"过程与方法"目标。因此该教学目标涉及了诸多层面的目标。

3. 目标1中"说明"是行为动词,"以1当2的含义及其意义"是行为内容,"结合统计图"是行为条件。目标2中"举出"是行为动词,"含有统计内容的例子"是行为内容,"从自己的生活中"是行为条件。目标3中"将……变成"是行为动词,"数字变成统计图"是行为内容,"独立或合作"是行为条件。三个目标都符合ABCD模式,明确具体。

因此,按照标准进行分析,此教学目标行为主体是学生,体现了"三维目标"的要求,行为动词具体,教学目标详细,教学目标是清晰的。

案例二:初中数学《平面图形及其位置关系》(梁靖云、吕素巧,2014)

1. 经历从现实世界中抽象出平面图形的过程,感受图形世界的丰富。

2. 在具体的情境中认识线段、射线、直线、角等简单平面图形,认识并能够辨别出线段、射线、直线,提高观察与概括能力。

3. 能用字母表示角、线段、互相平行或垂直的直线,初步体会数形结合的思想。

4. 了解平面上点与线及两条直线的平行和垂直关系,进一步认识平面图形间的关系。

5. 会进行线段或角的比较,能估计一个角的大小,会进行有关角度的换算;通过在活动中探索图形性质的过程,了解线段、平行、垂直性质,丰富数学学习的体验,积累操作活动经验,发展有条理地思考与表达的习惯。

分析:

1. 五个目标中虽然没有明确指出行为主体,但是都隐含的是学生。

2. 目标2中"认识线段、射线、直线、角等简单平面图形""能够辨别出线段、射线、直线",目标4中"了解平面上点与线及两条直线的平行和垂直关系”“认识平面图形间的关系”,目标5中“会进行线段或角的比较”“能估计一个角的大小”“会进行有关角度的换算”“了解线段、平行、垂直性质”属于“知识与技能”目标;目标1中“经历从现实世界中抽象出平面图形的过程”,目标2中“提高观察与概括能力”,目标3中“能用字母表示角、线段、互相平行或垂直的直线”“体会数形结合的思想”,目标5中“丰富数学学习的体验,积累操作活动经验,发展有条理地思考与表达的习惯”都属于“过程与方法”目标。目标1中“感受图形世界的丰富”属于“情感态度与价值观”目标。该教学目标体现了三维目标。

3. 目标1中“经历”“感受”是行为动词,“从现实世界中抽象出平面图形的过程”“图形世界的丰富”是行为内容。目标2中“认识”“辨别”“提高”是行为动词,“线段、射线、直线、角等简单平面图形”“线段、射线、直线”“观察与概括能力”是行为内容,“在具体的情境中”是行为条件。目标3中“表示”“体会”是行为动词,“角、线段、互相平行或垂直的直线”“数形结合的思想”是行为内容,“用字母”是行为条件。目标4中“了解”“认识”是行为动词,“平面上点与线及两条直线的平行和垂直关系”“平面图形间的关系”是行为内容。目标5中“比较”“估计”“换算”“了解”“丰富”“积累”“发展”是行为动词;“线段或角”“角的大小”“线段、平行、垂直性质”“数学学习的体验”“操作活动经验”“有条理地思考与表达的习惯”是行为内容,“通过在活动中探索图形性质的过程”是行为条件。五个目标符合ABCD模式,明确具体。

根据教学目标清晰的标准进行分析,该教学目标符合行为主体是学生,教学目标包含“三维”,行为动词具体,教学目标详细的特点,因此,初中数学《平面图形及其位置关系》的教学目标是清晰的。

案例三：初中音乐《走进非洲》(赵国强，2010)

1. 能说出马林巴、非洲鼓等非洲民间代表性乐器，并能辨认这些乐器的音色。

2. 聆听《咿呦嘞啦》和《寻找朋友》，能说出这两首歌曲的风格特点。

3. 以积极的态度欣赏、感受非洲民族民间音乐的风格特点。

分析：

1. 三个目标中，行为主体都是学生。

2. 目标1中"说出马林巴、非洲鼓等非洲民间代表性乐器""辨认这些乐器的音色"，目标2中"说出这两首歌曲的风格特点"都属于"知识与技能"目标；目标2中"聆听《咿呦嘞啦》和《寻找朋友》"属于"过程与方法"目标；目标3中"欣赏、感受非洲民族民间音乐的风格特点"属于"情感态度与价值观"目标，体现三维目标。

3. 目标1中"说出"、"辨认"是行为动词，"代表性非洲民间乐器""乐器的音色"是行为内容。目标2中"聆听""说出"是行为动词，"《咿呦嘞啦》和《寻找朋友》""两首歌曲的风格特点"是行为内容。目标3中"欣赏""感受"是行为动词，"非洲民族民间音乐的风格特点"是行为内容。三个目标符合ABCD模式，明确具体。

根据教学目标清晰的标准进行分析，该教学目标符合行为主体是学生，教学目标包含"三维"，行为动词具体，教学目标详细的特点，因此，初中音乐《走进非洲》教学目标是清晰的。

案例四：高中语文《兰亭集序》(吴亮奎，2013)

1. 掌握本文中的重点实词和虚词。

2. 有感情地诵读并能背诵全文。

3. 了解兰亭宴的起因、经过，认识作者感情由乐转悲的原因及其在深沉的感叹中暗含的对人生的眷恋和热爱之情。

4. 学习本文情景交融、叙议结合的写作手法，感受其幽远的文思、清新的辞藻。

分析：

1. 四个目标中，行为主体都是学生。

2. 目标1中“掌握本文中的重点实词和虚词”，目标2中“有感情地诵读并能背诵全文”，目标3中“了解兰亭宴的起因、经过”“认识作者感情由乐转悲的原因”都属于“知识与技能”目标；目标4中“学习本文情景交融、叙议结合的写作手法”属于“过程与方法”目标；目标3中“对人生的眷恋和热爱之情”，目标4中“感受其幽远的文思、清新的辞藻”属于“情感态度与价值观”目标。教学目标中“三维目标”齐全。

3. 目标1中“掌握”是行为动词，“重点实词和虚词”是行为内容。目标2中“诵读”“背诵”是行为动词，“全文”是行为内容；“有感情地”是行为条件。目标3中“了解”“认识”是行为动词，“兰亭宴的起因、经过”“作者感情由乐转悲的原因及其在深沉的感叹中暗含的对人生的眷恋和热爱之情”是行为内容。目标4中，“学习”“感受”是行为动词，“本文情景交融、叙议结合的写作手法”“其幽远的文思、清新的辞藻”是行为内容。四个目标符合ABCD模式，明确具体。

根据教学目标清晰的标准进行分析，该教学目标符合行为主体是学生，教学目标包含“三维”，行为动词具体，教学目标详细的特点，因此，高中语文《兰亭集序》教学目标是清晰的。

案例五：高中生物《基因突变》（曹广忠，2013）

1. 学生能够解释基因突变的原因，能根据镰刀型细胞贫血症的实例，从现象开始，追根溯源，寻求并理解基因突变的根本原因。

2. 根据镰刀型细胞贫血症的实例，学生用类比推理的方法理解基因突变的类型，并能够总结出基因突变的概念。

3. 学生在教师的举例引导下推断出基因突变的特征，并且能够结合生活中的具体事例独立举例深化。

4. 教师提供适当的材料，学生在讨论探究的基础上扩展基因突变的意义，至少说出两点。

分析：

1. 四个目标中行为主体都是学生。

2. 目标1中“解释基因突变的原因”属于“知识与技能”目标；目标2和目标3中“理解基因突变的类型”“总结出基因突变的概念”“推断出基因突变的特征”在最终结果上属于“知识与技能”目标，但同时，由于强调的是“学生用类比推理的方法”“学生在教师的举例引导下”“能够结合生活中的具体事例独立举例”，蕴含着从某种方法或途径下获取前面提及的知识技能，或者是知识技能的进一步运用，因此又具有“过程与方法”目标的性质；目标4中“扩展基因突变的意义”属于“情感态度与价值观”目标。教学目标总体上体现了三维目标。

3. 目标1中“解释”、“寻求并理解”是行为动词，“基因突变的原因”是行为内容，“根据镰刀型细胞贫血症的实例”是行为条件。目标2中“理解”“总结”是行为动词，“基因突变的类型”“基因突变的概念”是行为内容，“根据镰刀型细胞贫血症的实例”“用类比推理的方法”是行为条件。

目标3中“推断”“深化”是行为动词，“基因突变的特征”是行为内容，“在教师的举例引导下”“结合生活中的具体事例”“独立举例”是行为条件。目标4中“扩展”是行为动词，“基因突变的意义”是行为内容，“教师提供适当的材料，学生在讨论探究的基础上”是行为条件，“至少说出两点”是表现程度。四个目标符合ABCD模式，明确具体。

根据教学目标清晰的标准进行分析，该教学目标符合行为主体是学生，教学目标包含“三维”，行为动词具体，教学目标详细的特点，因此，高中生物《基因突变》教学目标是清晰的。

第三章

教师目标符合学生的学习需求

教学目标具有导向性，对教学设计和教学过程有指导性的作用，贯穿于教学的始终。制定教学目标的标准不仅包括国家的发展要求、课程目标的要求、学科课时目标的要求，还必须包括学生的学习需求。在大力提倡核心素养的时代，学生作为课堂教学的主体，教师的教学工作必须以学生为主体进行组织和安排。在本章中主要是探讨教学目标符合学生学习需求的标准，主要是通过对学习需求的理论论述结合前文教学目标的具体要求提出教学目标符合学生学习需求的标准，最后通过实例论证该标准在教学设计过程中的具体应用。

第一节 学生的学习需求

在长期的教育教学实践中，教学首先是以教师的“教”为中心，强调教师如何把书本上的知识内容有效地传递给学生，使学生达到教育目标要求。学生在教学过程中的主体地位，或者说对学生作为一个完整的个体所具有的特点、所产生的期待和要求关注较少。伴随着基础教育新课程改革的稳步开展和推进，这种现象得到极大转变，教师作为“平等中的首席”更多地关注学生的主体性、学生的特点和需求，这也使得教师的教学能够更好地促进学生的个体发展。

一、学习需求的概念

（一）需求

关于需求的定义有多种观点，较为常见的有这样两种。一种观点认为需求是一种差距，是“是什么”和“应该是什么”之间的差距，也就是“实然”与“应然”的差距。这种观点侧重于预期结果的呈现，关注个体现存状态与预期结果的距离，旨在缩短现实与期望之间的差距。另一种观点将需求看成是一种心理倾向，是个体意识到自身的缺失而产生的一种内在的希望得到满足的心理倾向。这种观点倾向于将需求看成是个体自身的一种欲望、意愿，是个体的心理活动与行为的根本动因。基于教学研究的需要，我们对需求的定义更偏向于第一种观点，即需求是“是什么”和“应该是什么”之间的差距。教学活动是有明确目标的系统、科学活动，教学目标需要依据国家课程标准以及学生学习情况进行确定，因此，了解学生的学习需求，明确学生实然状态与期待的应然目标之间的差距，是教学活动必须面对和处理好的问题，也是教学活动得以开展的前提。

（二）学习需求

基于对需求的分析，学习需求就是指学习者学习的目前状况与期望达到的状况之间的差距。目前状况是指学习者当前在知识、技能、态度、能力等方面的实际情况，而期望达到的状况是指社会期望学习者在完成相应的学业后应该达到的状况。期望的状况主要反映在国家制定的课程计划、学科课程标准中，需要教师依据教学内容，分析学生目前实际状况，确定好每个学年、学期、单元和课时目标，从而通过教学活动逐步达到课程计划和课程标准的要求，也就是达到期望的状况。

总的来讲，人类的学习需求可以分为两类：一类是个体性的学习需求。也就是说，从学习对个体的意义出发所产生的学习需要。个体为了实现自身的个人价值，为了在未来社会中生存和发展，就会产生强烈的学习需要。另一类是社会性的学习需求。也就是说，个人从社会发展、人类命运的角度出发来看待自身的学习和发展，即认识到人是社会的人，社会需要每个成员的良好发展和贡献个人力量才能不断进步。因此，学习不仅仅是个体自身的自我实现，对个人自身具有意义，从更高的层次来讲，个体的学习是为国家、社会、人类的发展做出贡献。这也正是人类主动学习、自我实现的需要与动物的生存需要的本质区别。

二、学习需求的类型

关于学习需求的类型，徐英俊在《教学设计》一书中对伯顿（J.K.Burton）和梅里尔（M.D.Merrill）的需求类型进行了详细的阐述。为了便于对学习需求进行分析，二人把与教育有关的学习需求分成六类，如下表3-1所示。（徐英俊，2001）从现实来看，伯顿和梅里尔的分类较为全面地阐释了教育领域学习需求的总体情况，与现实较为贴切。只有清楚地了解学习需求的各种类型，教育者才便于对学生的学习需求进行科学分析。

表3-1　学习需求分类

学习需求的类型	具体阐述
标准的需求	标准的需求是指个体或集体在某方面的现状与既定标准比较而显示出来的差距。既定标准包括国家各种类型的标准测试。例如：计算机和英语的等级考试、会考、高考等。也包括国家认可的各种各样教学大纲等。
比较的需求	是同类个体或集体通过相互比较而显示出来的差距。例如，甲同学在一次数学测试中发现与自己同一水平的乙同学数学成绩较好，便产生出下次自己也要考取如此成绩的需求。
感到的需求	是指个体认为的需求，是个体必须改进自己的行为或者某个对象行为的需求和渴望。这种需求显示出在行为或技能水平与渴望达到的行为或技能水平之间的差距。比如，有的学习者为了改进自己的社交能力，产生改进自己社交技能的"需求"。

续表

学习需求的类型	具体阐述
表达的需求	可以看成是个体把感到的需求表达出来的一种“需求”。人们常常愿意尽力满足表达的需求。例如,某高中准备开设一些选修课程,请学生将自己想学习的选修课程写在登记表上,这就是一种表达的需求。它表达了学生要学习某门课程的需求。
预期的需求	是指将来的需求。预期的需求一般是相对于现在的需求来说的,比如,一个学校的校长要在学校中改革现行的教学方法,他的预期需要是全体教师将来能够掌握合作学习的方法来教学。
批评性事件的需求	这种需求是一种很少发生,但一旦发生却可能引起重大后果的需求。在教育中主要是表现在学生犯错,如:考试作弊、上课迟到早退、欺负同学等情况。

三、学习需求分析的目的

在教学设计的前期,需要进行学习者分析,这是教学设计的一个必要的环节和步骤。对学习者的学习需求进行准确的定位和分析,有助于教师精准地确定教学目标,找准教学重难点,制定可行的教学策略等,这对于有效和高效的课堂教学必不可少。如果教师将大部分精力放在教学内容的分析和知识的传递上,缺少对学生需要的分析,其教学针对性就可能欠缺,教学效果就会受到影响。具体来说,对学生的学习需求进行分析的主要目的是:

1. 了解学习者目前的学习准备状况,包括已有的知识经验、能力水平等,发现学习者学习存在的主要困难。

2. 根据课程标准、教学内容安排,结合学习者的学习准备情况,确定适切的教学目标。

3.根据学习者的情况确定教学设计的重难点，哪些问题需要重点讲解和解决，哪些问题学习者接受较为困难，从而进行下一步设计。

4.基于前期学习者学习情况、教学目标和教学重难点的分析，依据学校自身的条件和现有教学资源，设计可行的教学方式和教学策略，从而使学习者通过教学活动达到预期或理想的教学目标要求。

四、学习需求分析的依据

科学而准确地判定出学生的学习需求情况，是教师开展后续教学工作的前提和基础。教师对学生的学习需求进行判断，不能单凭自己的主观意识和实践感悟进行，要运用教育学、心理学、社会学相关知识，结合教育实践要求和学生实际情况进行全面的分析和整体把握。

（一）理论依据

1.教育学依据

教育的起源问题是教育学研究的一个重要问题，对这个问题的深入研究具有重要的学术价值。目前学术界对教育起源的问题持有不同的观点，代表性的有：(1)生物起源说。认为教育是一种生物现象，教育起源于动物界中各类动物的生存本能活动。(2)心理起源说。认为教育起源于日常生活中儿童对成年人的一种无意识的模仿。(3)劳动起源说。认为教育起源于人类所特有的生产劳动。除了以上三种常见的教育起源论以外，还有一种需求起源说。其具有代表性的几种观点是：教育起源于生产劳动的需求；教育起源于社会生产和社会生活的需求；教育起源于人类自身身心发展的需求。这几种观点尽管提及的角度有所区别，但无论从个体社会化角度，还是从个体发展角度来说，都是认为教育起源于人类的某种需求，为了满足这种需求人类才产生了教育活动，以通过这种手段来实现自身的某种需要。因此，关注学习者的需求成为教育的一项活动和任务。

2.社会学依据

在社会学中，"个体社会化"是非常重要的概念。社会是由一个个的个体组成，而个体是社会中的人，要在未来融入社会、成为能够适应社会的成员，需要逐步进行社会化。这种社会化的一个方面就是个体需要掌握知识、发展能力，能够在未来社会的某一领域从事职业活动，从而不仅为社会发展做出贡献，也同时实现个人自身的价值，而掌握知识、发展能力就是个体最为根本的学习需求。在当代社会，个体这种学习需求的满足主要是通过正规的学校教育实现的。个体在不同阶段有不同的学习需求，学校教育能够根据其需要制定符合其需求特点的教育目标、教育内容，并通过合适的教育方法、教育手段促成其实现目标，发展自身的知识和能力。正是通过日复一日学生学习需求的不断满足，学生个体逐步获得发展，并最后成为走向社会的合格的社会成员。

(二)现实依据

1.新课程改革的要求

2001年，教育部颁布了《基础教育课程改革纲要(试行)》(以下简称《纲要》)，标志着我国新一轮基础教育课程改革正式开启。本次课程改革结合新时代的特点，在学生发展上提出了诸多新的要求，受到了高度重视。《纲要》中多个方面论及学生需求并要求对其需求予以满足。在改革的具体目标中提出:改变课程结构过于强调学科本位、科目过多和缺乏整合的现状,整体设置九年一贯的课程门类和课时比例,并设置综合课程,以适应不同地区和学生发展的需求,体现课程结构的均衡性、综合性和选择性。这是在课程设置和课程结构上提出的关于对学生学习需求的关注和重视。此外,在教学方面还规定:教师应尊重学生的人格,关注个体差异,满足不同学生的学习需求,创设能引导学生主动参与的教育环境,激发学生的学习积极性,培养学生掌握和运用知识的态度和能力,使每个学生都能得到充分的发展。这是从课程结构及教师教学方面提出的对学生学习需求的关注。可以看出,新课程改革将学生作为学习和教学活动的主体,课程的设置安排和教师的教学活动都需要遵从学生身心发展之特点的特殊规律,充分满足学生的学习需求。同时,在学科课程标准中,也提出要满足学生的学习需求。比如,2011年由教育部制定的《义务教育数学课程标准》,在课程的基本理念中提出:数学课程应致力于实现义务教育阶段的培养目标,要面向全体学生,适应学生个性化发展的需求,使得:人人都能获得良好的数学教育,不同的人在数学上得到不同的发展。可以看出,学科教学中尊重学生的个体差异,满足不同学生的学习需求成为课程的基本理念。这就要求教师在实际教学过程中要明确了解学生的学习情况和学习需求,关注每个学生的发展和成长,把握不同学生的独有特点,采用灵活多样的教育教学方式方法,从而实现每个学生最大限度的发展。

2.学习者的个体诉求

根据马克思主义的观点,人的发展就是人的个性自由而充分的发展,而人的个性是共同性和差异性、统一性与特殊性的统一。正如哲学常说的“世界上没有两片完全相同的树叶”,同样,世界上也没有完全相同的两个人。随着时代的变迁、社会的发展,新时期学生的特征也发生新的变化,他们的性格特征、兴趣爱好及行为方式都表现着鲜明的时代特征。同时,学生个体又都有着独立的思想、不同的个性特点,这也对教育提出了新的要求。教育有三大要素:教育者、受教育者、教育影响。其中,受教育者是处于主体地位,教育者及教育影响最终都需要通过受教育者的自觉接受和领悟才能实现。并且,在不断演进的现代社会中,受教育者的主体地位日益突出,满足受教育者的学习需求,促进受教育者的个性发展及自我实现,已成为教育的主要价值诉求之一。因此,教育得以有效实现的一个重要条件就是要充分考虑学生群体的整体需求以及学生个体的个性化需求,从而在教学活动中准确确定教学目标、选择教学内容,确定教学方法、教学策略等,以最大程度地实现全体学生的整体发展和个性化发展。

第二节 教学目标符合学生学习需求的标准

前述对学习者的学习需求进行了详细的分析,就本节而言,究竟教学目标符合学生学习需求的标准是什么呢?或者说,如何判定教学目标与学生的学习需求是符合的呢?可以将一个问题分为两部分进行解决,即在教学中,教师如何根据学生学习需求来制定教学目标?教学目标又怎样体现学生学习需求?

一、根据学生学习需求制定教学目标

(一)确定学生下一阶段的发展目标

学校教育是有系统、有计划、有组织的育人活动,学生在不同发展阶段都面临着不同的发展目标。正是通过完成一个个的目标,学生的各个方面才不断获得相应的发展。在实际教学中,教师需要不断为学生制定出各个阶段的发展目标。要制定出科学合理的学生阶段性发展目标,教师需要做很多工作。首先,要进行课程标准解读。学科课程标准是立足于国家、社会、学生发展的角度来制定的,对学科的课程目标和课程内容进行了明确的规定。教师要确定学生下一阶段要达到的目标,首先必须深刻了解课程标准的要求,明确课程标准中学生在某一学习阶段需要达到的目标,以及在此阶段需要掌握的内容及内容的程度。其次,要进行教材分析。教材分析是教师必须做好的一项工作,是教师制定教学计划、安排内容进度、做好教学准备的关键。教材分析要求教师立足于课程标准、教科书和教师参考用书,对所要教学的内容进行深入的了解和分析,把握每部分内容的核心和关键点,以及教学难点等。再次,制定学生下一阶段的发展目标。教师根据课程标准的要求和对教材内容的解读,确定学生在下一个阶段要达到哪些发展目标。这些发展目标应该是明确清晰有层次的,涉及多个方面,需要教师在未来的教学中逐一完成。

(二)分析学生学习需求,找出差距

确定了学生下一阶段的发展目标之后,接下来要做的就是考查学生的学习需求,找到学生目前状况与下一阶段发展目标之间的差距。可以说,能否发现教学中的学生实际需求及存在问题,搞清楚问题的性质,并找到最为适合的方案,是教育工作成功之关键所在。这个阶段包括两个

环节，一是对学生的学习现状进行分析，二是找出学生学习现状与发展目标之间的差距。学习现状分析也就是学情分析，是指教师为了促进学生下一阶段发展目标的达成而开展的对学生已有知识经验、能力水平、情感因素等的了解和分析，其目的是为之后的教学目标确定和教学工作开展提供准确的数据和信息。教师在此阶段应该重点关注学生的学习状况，从学生的角度出发来考查其现实情况，而不是从教师如何教的角度来预设教学方式和策略。在准确把握了学生的学习现状之后，接下来就是要将学生的现状和已经确定的学生的发展目标进行比较，确定二者之间的差距。这个过程，实际上就是确定学生"实然"与"应然"之间的差距，判断学生与应该达到的目标之间有多大的距离，需要通过学习内容获取哪些知识技能、能力发展到何种程度等。分析学生的学习需求可以通过多种方法来实现，比如通过课堂听课对学生的学习情况进行系统的观察、标准化测验、面对面访谈等，也可以对学习者行为进行非正式评估。其最终目的都是获取准确的学生学习现状的信息，把握学生学习情况，从而确定学生的学习需求，为教师的教学工作提供依据。

（三）基于差距进行原因分析

分析了学生的"实然"状态和"应然"状态的差距之后，就是要找到形成此差距的原因。分析学习需求最重要的目的是要了解差距及差距产生的原因，只有这样才能把握学生学情的总体情况，并基于此展开后续教学目标的确定和方案的设计。教师依据课程标准、教学内容等确定了学生下一阶段的发展目标之后，要对学生的学习状况，即学生的准备状态、知识经验、能力水平等进行全面和准确的把握，判断学生现状与要达到的发展目标之间的差距。然后要对形成这种差距的原因进行分析，这个原因是教师教学方面的，还是学生自身方面的，等等。

（四）基于差距和原因确定教学目标

在确定了学生现状和学习目标之间的差距，并分析了形成差距的原因之后，教师要做的就是为自己下一步的教学工作确立教学目标。学校的教学工作以学年、学期计量，并最后具体到单元、课时上，教学目标也是逐层展开并最终落实到教师每节课的目标上。教学目标就是教师针对学生的差距，并结合产生差距的原因，确定的学生发展的具体目标。教师的每节课都会有教学目标，通过每节课的完成，最终实现学生的学期、学年发展目标。学校教学活动的作用就在于此，通过教师不断的教学活动，学生不断的学习活动，从而实现了学生的一个又一个的发展目标。这样，学生的现状和要达到的目标之间的差距就通过教师的教学弥补和消除了，学生的发展目标得以实现。

二、教学目标符合学生学习需求的表征

教学目标是否符合学生的学习需求，可以通过教学中多个方面来进行判断。教学活动包括多个环节，教师在每个环节都会有这个环节设计的目标和意图，正是通过一个个环节目标的完成，才能最终实现整节课目标的达成。因此，教学目标符合学生学习需求，不仅可以从整体上进行判断，也可从课堂环节上加以具体的说明。

（一）教学目标对学习需求的表述准确

这是指教学目标准确地表述出了学生各个方面的学习需求。一是

教学目标在维度上能够反映学生多个方面的学习需求。按照三维目标的特点,学生的学习需求应该包括三维目标的三个维度,学生在各个阶段都需要这三个方面的发展。因此,教学目标在内容上也应该包括学生这三个方面的学习需求。二是教学目标能够准确地表述学生多个方面的学习需求。教学目标需要把笼统的教学目的转化为具体的、具有明确针对性的目标,应该具有精确性、可观察性、可测量性,避免模糊性和不确定性,这样便于教师后续教学工作的开展和对学生学习结果的评价。一个明确的教学目标包括以下四个部分:一是主体,二是行为,三是条件,四是程度。

例1:在楷书书写中,学生 能迅速无误地 读出和写出10个生字。

条件　主体　程度　行为

首先该教学目标具有准确性,包含主体、行为、条件和程度四部分。在该目标中,教师明确地提出学生在楷书书写中要达到的具体要求即“能迅速无误地读出和写出10个生字”,教师可以通过学生的读和写两种呈现方式来进行观察和测量,即可判定该教学目标是否符合学生学习需求,学习者能否达到教学目标的要求。

(二)学习者能够达到教学目标的要求

判断教学目标是否符合学生学习需求的另一标准是学生通过学习后能否达到教学目标的要求。一般来说,教师制定教学目标之前,都要对学科课程标准有深入的把握和理解,熟悉标准对所学内容的要求,并且要对教学内容十分熟悉,把握所学教学内容及内容所处单元的总体任务要求,再基于学生的实际情况来制定教学目标。而课程标准和教科书是国家或地方组织专门的团体进行研制和编写的,制定过程中分析和结合了学生的发展特点，对于绝大部分学生来说是可以达到要求的。但是教学设计的另一个环节就是学情分析，这也是教学工作的重要一环。由于学生个体有差异，在一些方面需要教师进行客观地了解，学习需求就是其中的一个方面。如果教师对学生学习需求分析的不够透彻，教学目标的设定就可能与学生的实际不相符合，容易脱离现实情况，甚至发生方向偏离，就会使教学工作陷入僵局，导致教学效果不佳，不能有效促进学生的发展。因此，只有学生通过教师的教学能够达到设定的教学目标的要求，才能说明教师设定的教学目标符合学生的学习需求，这种现实与理想的差距才是真正解决了。

（三）教学过程中学生的表现良好

教学目标是否符合学生学习需求还可以通过学生在课堂教学中的实际表现来判定。课堂教学是师生双边的活动，而不仅仅是教师自我表现的活动。教师的教学活动效果也可以通过学生参与课堂，在课堂活动中的认知、情感、行为表现等方面来判定。如果学生在课堂中思维活跃，能够跟得上教师的节奏，对教师教授的内容都理解并掌握了，且这些内容正好在学生的能力范围内，可以说明教学目标比较符合学生的学习需求。反之，如果大部分学生对教师教授的内容难以理解，无法参与进课堂，或者全体学生都觉得内容太过简单，没有难度，有些浪费时间，则可以说明教学目标与学生的学习需求不太符合。因此，对于教师来说，学生的表现是反映其教学目标制定合理与否的一个关键指标。

（四）作业及考试学生的反馈良好

作业及考试，是检查学生对学习内容掌握情况的重要手段和指标。一般情况下，教师在课堂上都会布置一些当堂作业或者课后作业，用以检查学生对所学知识的理解和掌握情况。在单元结束以及期中期末，还会进行统一的水平考试，以检查学生对本单元及整体内容的掌握情况，从而发现学生在知识掌握上存在的问题，对下一阶段的教学工作进行调整和安排。学生作业的完成情况和考试情况，也可以较好地反映出所制定教学目标是否符合学生实际的需求。如果学生作业完成得较好，考试成绩也比较好，则可以说明教师对学生学习需求判断的较为准确，所确定的教学目标符合学生的学习需求。当然，前提是“学生跳一跳就能摘到桃子”，而不是过于简单的教学目标。如果大部分学生都不能很好地完成作业，且考试成绩较差，则说明教师设定的教学目标偏离了学生的学习需求。

第三节　教学目标符合学生学习需求的案例

教学目标符合学生学习需求不仅表现在教学目标的制定，同时也可以体现在教师执行教学目标的课堂教学过程、教学方法、教学评价等多个方面。当然在案例分析部分，主要是从教学目标的书面文字呈现出发，结合教师教学过程、教学方法和教学评价来分析教学目标符合学生学习需求的情况。

案例一：小学语文《葡萄沟》教学设计（节选）（袁昌仁，2016）

一、教学目标

1.通过虚拟的情境，让孩子在葡萄沟游览一番，在情感的世界里深深体会：葡萄沟真是个好地方。

2.识记“最、坡、梯、够、修、味、留”等字，运用多种方法感悟“梯田”“山坡”“茂密”“五光十色”“热情好客”等词语。

3.运用采访、角色朗读、节目表演、导游等形式，在整体感悟课文的过程中进行口语交际训练。

二、教学片段

1.听说新疆的吐鲁番有个好地方（板书：好地方），想去吗？要想去，事先要对葡萄沟有些了解，课文会告诉你。下面同学们借助拼音自由读课文，做到正确流利，遇到难读的句子要多读几遍，生字更要多读几遍。

2.检查朗读情况。（板书生字带出来的词语：最喜爱、山坡、梯田、留着、味道、茂密）这样，为下一步借助词语定位联想生字做铺垫，注意指导第二段中描写葡萄的长句子。

3.采用猜字、定位联想等游戏识字，重点指导“最”的结构和最后一笔，同时趁热打铁指导书写。用引读的方法让学生知道葡萄沟出产水果：五月有杏子，七八月有沙果、蜜桃，到九十月份有人们最喜爱吃的葡萄。（以上环节从兴趣入手，总体上把握全文，认识生字）

4.采用角色扮演方式，教师扮演新疆老乡，学生扮演小游客，教师提出问题“你们猜猜我是哪个民族的？你知道‘维吾尔’是什么意思吗？”“大家对葡萄沟的葡萄印象如何？”等。通过双方对话，让学生进行口语表达，并引导学生用上刚刚学习的好词佳句。

分析：

(一)教学目标对学习需求表达的准确性

基于第二章对教学目标的分析，该教学目标中既有识字写字等知识与技能的目标要求，也有口语交际的方法类目标，还有感受“葡萄沟真是个好地方”此类的情感态度与价值观目标。三维目标较为齐全，且相互融合、互相联系。教学目标的表达清晰易懂，清楚地写明了行为动词和行为内容，有的还包括了行为条件，不是泛泛而谈的假大空，对学生的学习要求有明确的规定，如：识记、采访、朗读、表演等，运用多种形式来表现需要学生达到的学习要求。

(二)教学过程中教学目标符合学生学习需求的表现

教学过程中，课堂导入是教师进行教学的第一步，而教师导入的方式对学生学习本节课的知识有重要的影响，教师的导入能否吸引学生的注意，能否满足学生基本的学习需求对本节课至关重要。教学过程中教学目标符合学生学习需求具体分析如下(袁昌仁,2016)：

1.窦桂梅老师设计的导入语“听说新疆的吐鲁番有个好地方，想去吗?”带有极大的诱惑力，激发了学生的阅读兴趣，语言的巧妙质疑，引起学生的好奇心，启发学生求知和探究的学习需求；同时该导入是教学目标1的具体体现。

2.“借助拼音自由读课文”，是用以前学过的拼音知识来阅读新课文，解决生字新词。她把“了解学生”放在了导语的重要位置，做足了钻研教材、查阅资料、选择教具和了解学情等一系列未雨绸缪的教学准备工作。

3.她在导语中都“了解学生”什么呢?

①了解思想感情：“要想去，事先要对葡萄沟有些了解，课文会告诉你。”

②了解阅读能力:“做到正确流利”;

③了解朗读能力:“检查朗读情况”;

④了解思维能力:“借助词语定位联想生字”;

⑤了解理解能力:“第二段中描写葡萄的长句子”;

⑥了解独立识字能力:“采用猜字、定位联想等游戏识字”;

⑦了解学生的信息采编能力:“用引读的方法让学生知道葡萄沟出产水果”。

通过分析可见,本课根据导入中对学生基本情况的了解,掌握学生目前状况与本节课教学所要达到的差距,结合教学目标来开展正式的教学。在教学形式上,该教学采取了多样的教学方法,不仅仅是要求学生朗读,更有角色扮演、导游等多种方式,课堂中多样的教学方式能打开学生的思维,丰富学生的想象,这是在充分了解学生学习需求的基础上制定的教学目标。同时,在课文学习中,窦桂梅老师非常注重对学生交际能力的培养,语文的性质之一就是“重要的交际工具”,满足学生的语言表达和展示自我的需要。比如环节4的角色扮演就是教学目标3的具体体现,在这一环节中,教学目标得到具体的呈现和实行,学生通过和教师的对话能够将所学的词语运用到口语表达中,在了解知识的同时锻炼和发展了口语表达能力。在此过程中,学生的求知、获得他人尊重和自我表现的需要得到满足,很好地激发了学生的学习热情。

案例二:小学数学《小数的意义》教学设计(节选,有改动)(王丽华,2015)

一、教学目标

1.理解小数的意义,认识小数的计数单位,知道相邻两个计数单位之间的进率。

2.借助学生熟悉的米尺和格子图等实物,学生多角度理解小数与分数的关系,经历探索小数意义的过程,在探索交流中体会数学学习的乐趣。

3.培养学生迁移、类推的能力及良好的数学学习品质。

二、教学片段

1.交流资料,出示图片。教师在学习新知识之前,提前安排学生搜集生活中的小数,在新课学习时让学生分享收集到的小数并进行交流,接着教师展示含有小数的图片,引导学生读并结合图片说一说小数表示的含义。由此引入对小数的进一步学习,即“小数的意义”。

2.观察猜测,实践体验。教师首先介绍度量工具——米尺,并让学生尝试度量课桌的高度,通过度量学生发现课桌的高度不能用整数表示,由此激发学生用小数来表示的需求。

3.直观感受,理解一位小数的意义。教师通过演示将1米平均分成10份,其中的一份是几分米(1分米),写成分数是几分之几米(十分之一米),由此直接点出:像这样的分数也可以用0.1米表示。教师继续追问:那3分米、7分米,如果用米做单位,用分数和小数怎样表示呢?接着教师提问:0.3米里面有几个0.1米呢?0.7米里面有几个0.1米呢?要求学生独立思考后进行汇报,并让学生在米尺上指出0.3、0.7、0.9的位置。通过上述的学习,老师引导学生观察分数和小数,你发现什么?引导学生发现:像这样十分之几的分数可以用一位小数表示。

4.直观迁移,理解两位小数的意义。教师演示将1米平均分成100份,其中的一份是多少厘米?若1厘米用米做单位,用分数怎么表示?(一百分之一米)由此直接点出:像这样的分数也可以用0.01米表示。教师继续追问:那4厘米、8厘米,如果用米做单位,用分数和小数怎么表示呢？要求学生独立思考后进行汇报，并在米尺上指出相应的位置。通过学习你有什么发现呢？引导学生发现：像这样百分之几的分数可以用两位小数来表示。

5.迁移推理、独立探究，理解三位及以上小数的意义。通过知识迁移学生尝试完成课件练习题，学生通过独立练习交流后发现：分母是1000的分数可以用三位小数表示。教师继续引导学生迁移，什么样的分数可以用四位小数来表示？五位小数呢？总结：分母是10、100、1000等等这样的分数可以用小数表示(板书)。

6.认识计数单位。从整数的计数单位引入小数的计数单位，学生通过观察尝试说一说，教师在学生的基础上进行讲解：相邻两个计数单位之间的进率是10。

分析：

(一)教学目标对学习需求表达的准确性

以上三个教学目标将知识与技能、过程与方法、情感态度与价值观三维目标体系融为一体，在教学目标的制定过程中，从三维目标的全局出发，突出教学的重难点，明确学生学习的需求。

1.结合学生在三年级时对小数的初步认识，学生已经知道小数是什么。在四年级来说，着重让学生理解小数的意义，满足学生对知识从低到高的需求。

2.在目标2中明确本节课中所需要使用的学具，从学生现有的认知需求出发，立足于学生的认知状态，结合外在的物质来激发学生的学习需求，强调调动学生学习数学的兴趣。

3.通过目标1和目标2的学习，学生要善于运用迁移和类推的方法。数学的学习不仅仅是知识的学习，更重要的是培养学生的数学学习能力，并将其运用到其他学科和生活中的过程，这也满足学生学校学习和社会生活的需求。

总的来说该教学目标指向清楚，不仅体现教学要求，也体现学生的学习需求。另外，从表述上看，准确地说明了对知识技能（目标1和目标3）、学习方法（目标2）及情感态度（目标2）的要求。

（二）教学过程中教学目标符合学生学习需求的表现

在教学过程中，教师主要将新知识的学习分为四大步，在这四步的学习中，体现教师尊重学生知识由浅入深、由易到难、循序渐进的过程。首先，在导入部分以生活中的小数入手，包括两种形式：一是让学生自行收集生活中的小数，二是教师展示课件小数图片并解释图片中小数表示的意义。第一种形式有利于加深学生对数学来源于生活的认识，第二种形式则有助于加深学生对小数的认识，通过对旧知识的回顾来为新知识奠定基础。其次，通过让学生在教室中用米尺来测量课桌的高度，教师选择学生熟悉的教室环境，结合学生的实际动手操作来激发学生进一步理解和感受小数产生的必要性，激发学生对新知识学习的需求。再次，引导学生理解一位小数的意义，这里所采取的例子与导入中的米尺相对应，从同样的测量工具出发，易于帮助学生理解知识，符合学生现有知识水平。从知识学习的过程发现，教师在此过程中扮演的是引导者的角色，教师放出线索，由学生通过交流思考得出结论，这里体现教师满足学生求知的需求，也满足学生自我表现的需求。最后，根据前一步中对一位小数的意义的推导，在两位小数、三位小数以及多位小数意义的学习中，学生通过迁移、类推，即像这样分母是10、100、1000等等的分数可以用小数表示，进一步掌握小数与分数之间的关系。并且，在学生理解并掌握小数的意义是什么的基础上，从整数的进率出发，学生通过观察，可以自行发现相邻两个小数之间的进率是10。这个阶段学生的思维得到进一步扩展，对小数的意义理解更为深刻，其能力提升的需求得到满足。统观整个教学过程，可以说其流程非常清晰，学生对知识的需求、喜欢表现的需求、能力提升的需求等皆可以满足，这也说明该教师在进行《小数的意义》教学设计时立足于学生的学习需求。

案例三：高中生物"生物的多样性、统一性和进化"教学设计（有删减）（张志祥、赵沛荣，2020）

一、教学目标

1. 通过资料分析和论证，能用结构与功能相适应的观念和生物进化观念解释生物的多样性和统一性。

2. 通过证据、推理、主张，掌握科学论证的基本要素，能用科学的思维方式探讨阐释生命现象及规律。

3. 通过"进化论对生物统一性和多样性的解释"模型的构建和评价，领悟合作交流与分工操作的重要性。

4. 通过生物多样性下降及保护等社会议题的讨论，形成通过科学实践解决问题的意识、想法和方案。

二、教学片段

1. 创设情境，激发兴趣——调查分析宁波常见鸟类

情境：教师课前布置体验式实践活动"宁波常见鸟类的调查和分析"。学生利用周末观测和调查校园、公园、居民小区等地出现的鸟类。

问题：1）宁波常见的鸟类有哪些？2）全世界的鸟类已发现有超过1万种，是怎么分类的？3）麻雀、白头鹎、乌鸫是否为同一物种？它们之间有什么界限？4）马和驴是否为同一物种？

活动：学生成立3个调查小组，分别观测学校周边、公园和居民小区

3地区的鸟类，并在课上简单介绍调查成果。调查发现：宁波常见鸟类有麻雀、白头鹎、乌鸫、白鹭等10多种，生活习性和形态特征具有较大差异。教师引导学生从鸟类的生活、繁殖习性等角度着手，思考自然界鸟类及动物的分类原则，归纳物种的定义，并总结得出：判断生物个体是否属于同一物种的标准为是否存在生殖隔离。

2.证据推理，科学论证——论证“生物具有共同祖先”

情境：用PPT展示多种植物、动物、微生物的图片，说明当前地球上的生物约有800多万种；用PPT展示特创论和达尔文进化论的观点。

问题：1)从图中你能获得什么信息？2)地球上如此多的生物是如何形成的？它们是否存在联系？3)你支持哪种观点？你的理由是什么？4)你的主张是什么？你的证据是什么？你的证据和主张有什么联系？你的推理是什么？

活动：教师引导学生根据学历案和教材中的相关资料及学生搜集的其他证据，论证“生物具有共同祖先”这一观点。提示学生：注意所给资料的分析与鉴别；使用证据构建论证，解释证据如何支持主张的推理过程；需在小组合作的基础上，以小组为单位进行陈述。学生通过小组合作，从所给的资料中排除不相关证据“寒武纪生命大爆发”，并分别从化石记录（马的进化）、胚胎学（脊椎动物早期胚胎）、比较解剖学（同源器官）、细胞生物学（细胞器）和分子生物学（DNA杂交）5个角度收集、记录、分析证据、推理解释、形成主张。每组由一位代表汇报阐述（图1），其他组评判、反驳或补充他人的论证。

3.案例分析，理解新知——论证“达尔文雀”的进化过程

情境：用PPT展示加拉帕戈斯群岛的不同岛屿地理环境，简单介绍“达尔文雀”的类型、喙的形状大小等相关情况。用PPT展示拉马克进化

学说和达尔文进化学说的观点。

问题:1)同一祖先的后代为何有不同类型的喙？2)你支持哪种观点？你的理由是什么？3)拉马克进化学说和达尔文进化学说的主要区别是什么？4)拉马克进化学说和达尔文进化学说的相同点是什么？5)你能否用达尔文进化学说解释“达尔文雀”的进化过程?

活动:教师引导学生从PPT和学历案资料中获取信息,比较分析拉马克进化学说和达尔文进化学说的相同点和主要区别(变异出现的原因和环境对进化的作用)。学生搜集合适的证据,进行适当的推理,尝试用2种生物进化的观点解释“达尔文雀”的进化过程。教师通过追问,引导学生分析喙的形状大小差异是先有变异还是先有自然选择展开辩论,并要求学生补充进化的其他实例。

4.模型构建,内化概念——构建“进化论对生物的统一性和多样性的解释”模型

情境:教师板书补充本节课重要概念,带领学生回顾本节课重要知识点,引导学生构建“进化论对生物的统一性和多样性的解释”概念模型。教师为每组发放磁性板、彩色软磁片、记号笔等工具。

问题:1)进化的这些概念之间是否具有联系?存在什么联系？2)你能否用小组构建的模型再次对“达尔文雀”的进化现象进行解释？3)该组概念模型是否存在科学性或逻辑性错误？如有,怎样修正?

活动:学生利用准备好的磁性板和材料(由彩色软磁片制作的各种概念:例如,原物种、进化、自然选择、生殖隔离及新物种形成等),各小组将相关概念摆放在磁性板上建构“进化论对生物的统一性和多样性的解释”模型(图2)。每组派代表将模型作品进行展示,运用科学术语阐明科学内涵。师生一起作出评价,对存在科学性的模型提出质疑并修正。

5.应用提升,责任担当——讨论生物多样性下降及保护等社会议题

情境：教师播放视频《生物多样性——物种减少》，并讲解自己在生物多样性保护特别是浙江省的濒危植物南方铁杉调查与保护方面所做的相关研究，邀请学生一起加入濒危动植物的保护行列。

问题：1)你知道全球每年有多少物种会消失？2)全国有哪些物种已灭绝或濒临灭绝？是什么原因导致其消失的？3)从学生角度出发，保护生物多样性需要做什么？你可以做什么？

活动：学生观看视频，小组讨论生物多样性下降及保护的相关问题，明确全球环境的破坏是导致生物多样性下降的主要原因，并就如何保护生物多样性提出了多种方案。个别小组课堂上成立了调查小分队，准备积极参与生物多样性及环境保护等相关实践活动，希望通过课后的资料查找、实地调查、访谈等形式，进一步了解浙江省濒危动植物的现状并提出更好的保护方案。

分析：

(一)教学目标对学习需求表达的准确性

本节课的主要内容是“生物的多样性、统一性和进化”，教学设计中对教学目标的表述主要从三个方面进行：目标1是知识与技能目标，强调学生对基本原理的解释说明；目标2和目标3兼具知识与技能目标和过程与方法目标，如“阐释生命现象及规律”“构建和评价‘进化论对生物统一性和多样性的解释’模型”是知识与技能目标，“证据、推理、主张，掌握科学论证的基本要素”“领悟合作交流与分工操作的重要性”是过程与方法目标。目标4中“形成通过科学实践解决问题的意识、想法和方案”兼具了知识与技能目标和情感、态度与价值观目标。因此，该教学目标在不同的目标中对学生的要求非常明晰具体，由此对教师的教学有较强的方向性指导，同时对学生知识的学习也有明确的指向。该目标对学生学习需求的表达体现在：用词的准确性和针对性，诸如分析、论证、解释、掌握、证据、推理、主张等字眼对学生学习需求提出明确的要求，用语符合高中生的思维特点和能力水平；行为内容涵盖的全面性，对主要教学内容要达成的目标一一做了阐述，包括了三维目标的各个维度，包含了本内容对学生发展要求的各个层面。总的来说，三维目标清晰齐全，表述准确，较好地阐明了学生的学习需要。

（二）教学过程中教学目标符合学生学习需求的表现

本节课教师课前布置了体验式实践活动“宁波常见鸟类的调查和分析”，在课堂的第一个环节，让学生简单介绍调查成果。这一活动教师课前为学生抛出了诸多问题，涉及生物的多样性和统一性。将教学内容与学生生活中常见事物相联系，调动了学生的学习兴趣，学生带着问题去展开调查并进行汇报，增强了学生的探索欲望和研究热情，满足了学生探究新知识的求知欲需求。

从整个教学过程来说，教学思路层次清晰，具体环节为：“学生调查汇报（生物的多样性）—论证‘生物具有共同祖先’（生物的统一性）—论证‘达尔文雀’的进化过程（进化）—模型构建（进化）—社会议题讨论（应用）”，体现了逐层递进的教学特点。一方面，教学过程紧紧围绕教学内容“生物的多样性、统一性和进化”三个方面展开，通过学生自主的问题解决和探究活动，学生对知识和原理的理解比较深刻，获取知识的学习需求得到了较大满足；另一方面，除了知识原理的习得外，第五环节中应用部分，学生针对社会议题进行思考、探索，提出解决方案，能够发挥学生作为社会成员改进社会问题的积极作用，学生的社会责任感和使命感也得到了一定程度的体现。在教学方式上，本节课主要是教师精心创设情境、提出相关问题，学生以小组合作形式自主活动，分析问题、解决问题、提出方案等，并伴有师生评价和反驳、补充。这些充分尊重了学生的主体地位，伴随着学生的自主思考和问题解决，学生解决问题的能力得到了极大提高，在探究过程中体验到了探索和解决问题的乐趣和成就感，其自我实现的需要得到了较大程度的满足。在教学效果上，学生获得了对知识和原理的理解，通过自身参与和探究能够深刻把握其实质，在此过程中发展了自身的观察能力、分析能力、解决问题能力及应用能力等，同时也增强了保护生物、保护环境的社会意识和社会责任。

总的来说，本篇教学设计目标清晰明了，环节步步紧扣、环环推进，学生的多种学习需求能够得到有效的满足，学生的能力也获得了更进一步的发展。

第四章

教学目标与课程标准的符合度

教学目标的制定，要以课程标准、教材内容、学生学习需求为依据。可以说，学科课程标准规定着这门学科在某一教育阶段的基本理念、课程目标、课程内容，以及教学、评价、教材编写、课程资源开发与利用等建议。教学目标的制定必须基于对课程标准的深刻领会和分析，遵循课程标准的基本理念、目标要求和内容标准等来确定。关于教学目标是否符合课程标准的要求，可以总结出一些基本特征，用以判断教学目标与课程标准的符合度。教师在制定教学目标的过程中，可以依据这些特征来审视自己设计的教学目标是否符合课程标准的规约和要求。

第一节 课程标准与学科课程标准

在我国教育发展历程上,教学计划、教学大纲、课程标准这些术语先后出现,不同称谓的转变实际上反映了不同时期的教育观念以及由此而带来的教育教学领域的改变。新中国成立至今,教学计划、教学大纲、课程标准都对我国教育教学领域产生了直接和明显的指引和推动作用,规定着不同时期教育教学的方向,为教育教学确立了标准和准则。2001年新课程改革之后,课程标准被广泛提及并在实践中发挥重要作用,这里对其进行全面介绍。

一、课程标准

在我国第八次新课程改革的准备阶段,教育部组织大量的专家学者对当时的课程文件进行修改,并于2001年和2003年分别颁布了义务教育阶段和普通高中课程标准的实验稿。那么,课程标准的实质是什么呢?

从我国课程发展的历史来看,在近代,课程标准主要用于规范教的内容,并规范相应的管理秩序。而在20世纪初期,课程标准开始朝向更为明细化和具体的方向发展，既涉及宏观层面的课程整体设置问题，还涉及每一门学科自身的内容和教学方法的规定问题以及相应的考试等课程管理问题。关于课程标准，顾明远主编的《教育大辞典》(第1卷)中对其界定为:课程标准是确定一定学段的课程水平及课程结构的纲领性文件。其结构一般包括课程标准总纲和各科课程标准两部分。前者是对一定学段的课程进行总体设计的纲领性文件，规定各级学校的课程目标、学科设置、各年级各学科每周的教学时数、课外活动的要求和时数以及团体活动的时数等;后者根据前者具体规定各科教学目标、教材纲要、教学要点、教学时数和编订教材的基本要求等。在我国，1952年后，称前者为“教学计划”，后者为“教学大纲”。(顾明远，1990)可见，这一历史时期的课程标准，其主要表现形式仍然是关于“教什么”的规范。

20世纪80年代以来，世界各国都在教育质量监控的名义下纷纷立法或制定国家标准，产生了“基于标准的运动”。在此次浪潮的冲击下，我们国家所呈现出来的课程标准必然带有这个时代特殊的印记，是为了解决教学大纲所不能解决的问题。从国家课程纲要来看，课程标准体现国家对不同阶段的学生在知识与技能、过程与方法、情感态度与价值观等方面的基本要求，规定各门课程的性质、目标、内容框架，提出教学和评价建议。很明显，此次的课程标准反映了国家对学生学习结果的统一的基本要求，是对学生在校期间应掌握的特定知识、技能和态度的清晰明确的阐述。因此，课程标准的实质是对于学生学习结果的基本规范。当前的课程标准限定的是学生的学习结果，而非教学内容，而且这一学习结果是包括知识、能力、态度价值观等在内的全面而基本的考察。

二、学科课程标准

学科课程标准是国家教学指导性文件，规定的是每个教育阶段每门学科的课程目标、课程内容等，是人才培养规格的学科化表述。有了规范的学科课程标准，教科书的制定、教师的教学就有了依据和准则。教师可以明确学科教学目标、内容、教学方式等方面的基本要求，能够从更高层次思考和分析自身教学，对“教什么”“怎样教”“为什么教”“教到什么程度”等问题有清晰和准确的认识和判断。

学科课程标准的内容一般包括前言、课程目标、课程内容、实施建议和附录这几大部分。前言是对课程的性质、地位、课程的基本理念等作出定性描述，并对课程标准的设计思路进行说明。课程目标包括总体目标和学段目标，明确了学科在知识与技能、过程与方法、情感态度与价值观等方面应该达到的总目标和学段目标。义务教育阶段学段的划分大致是按照1–3年级、4–6年级、7–9年级来划分。内容标准即为各学段所学的内容要求，这一部分按照学习领域、主题、目标要素等形式来阐述学生在不同阶段应该实现的具体的学习目标。如数学按照四个学习领域，即数与代数、图形与几何、统计与概率、综合与实践来阐述目标；生物按照生物与环境、生物圈中的人、生物的多样性、健康地生活等10个一级主题来阐述课程目标，而英语按照语言技能、语言知识、情感态度、学习策略、文化意识几个目标要素来阐述课程目标。课程实施建议一般包括各学段的教学建议、评价建议、教材编写建议，还包括课程资源的开发与利用等内容（如表4–1）。我国义务教育阶段和普通高中的各个学科都有相应的课程标准，并随着时代的发展对一些课程标准进行了重新修订，新的课程方案和课程标准进一步强化了学科的育人功能，体现了鲜明的育人导向，思想性、科学性、时代性、整体性等明显增强。

表4-1 《义务教育数学课程标准(2011年版)》结构框架

前言	课程性质
	课程基本理念
	课程设计思路
课程目标	总目标
	学段目标
内容标准	数与代数
	图形与几何
	统计与概率
	综合与实践
实施建议	教学建议
	评价建议
	教材编写建议
	课程资源开发与利用建议
附录	有关行为动词的分类
	课程内容及实施建议中的实例

第二节 教学目标符合课程标准的特征

教师教学目标的制定,需要以课程标准、教科书内容和学生学习需求为依据。但是在实际教学过程中,教师由于有自己对课程标准等的不同理解方式和教学习惯,因此即使是同一教学内容,在具体教学目标的设计上也往往不尽相同。那么,如何判定教学目标是否体现了课程标准的要求呢?可以从以下几个方面来考量。

一、教学目标应体现以“学生为本”的课程理念

在学科课程标准的前言部分,一般都会说明该门课程的基本理念,这是教师进行教学设计时需要了解和把握的。比如,《义务教育语文课程标准》提出此阶段语文教育的理念是:工具性和人文性的统一,是语文课程的基本特点,语文课程必须面向全体学生,使学生获得基本的语文素养,学生是学习和发展的主体。《义务教育数学课程标准》提出:人人都能获得良好的数学教育,不同的人在数学上得到不同的发展。《义务教育英语课程标准》提出英语教学“以学生为主体”,鼓励“学生通过体验、实践、参与、探究和合作等方式”参与课堂英语学习活动。可以说,学科课程标准的出发点体现了对学生的关注,“以学生为本”,是从学生的学习和发展出发来设计课程标准,而不是将重点放在教师如何教上。以往的出发点是教师的教,称为“教学计划”“教学大纲”,都隐含着是为教师教学制定的计划和纲要,关于教师如何更好地把知识教下去,把学生当作学习的机器、知识的容器。新课程改革就是要打破这种局面,改变教学“目中无人”的情况,强调从学生的多方面和完整发展出发,注重学生学习结果和过程,以及学习兴趣、主动性的提升。因此,教学目标的制定上,也要体现出“以学生为本”的理念,教学目标描述的对象应该是“学生”,而不是“教师”,表述为“能……”“理解……”等,而不是“教授……”或“使学生……”,等等。

二、教学目标要符合全面性和整体性

我国的教育目的是培养德、智、体、美、劳全面发展的人才，从素质教育到新课程改革，都极力提倡注重人的发展的全面性，改变单纯注重智力发展的实践倾向。新课程改革《基础教育课程改革纲要（试行）》提出的六大具体目标之一就包括课程目标的改变，改变课程过于注重知识传授的倾向，强调形成积极主动的学习态度，使获得基础知识与基本技能的过程同时成为学会学习和形成正确价值观的过程。这也由此确定了“三维目标”的提出和推行，即课程目标包括知识与技能、过程与方法、情感态度与价值观三个方面。具体到学科课程标准中，也体现出了对三维目标，即学生全面发展的重视。比如，《义务教育数学课程标准》从四个方面提出了数学学习的总目标：知识技能、数学思考、问题解决和情感态度。知识与技能主要包括数学事实、数学概念、数学定理和公式、数学问题解决、数学思想方法等。其中没有过分强调“了解……、理解……、掌握……”，而是把重点放在“经历……的过程”，“掌握……的基础知识与基本技能，并能解决简单的问题”。如对第一学段“数的运算”的要求，除了知识技能方面的表述外，还提出：能结合具体情境，选择适当的单位进行简单估算，体会估算在生活中的作用。经历与他人交流各自算法的过程。能运用数及数的运算解决生活中的简单问题，并能对结果的实际意义作出解释。这些都体现了对学生发展不仅仅要求掌握知识技能，还注重学生学习过程体验、方法获取及知识应用等方面，让学生真正理解数学、体验数学、运用数学，观察数学的特征、总结数学的规律、体验到数学的概念和定理等知识领域中所蕴含的独特的理性精神与思想方法等。可以说，这些目标体现了新课程改革要求的三维目标取向，注重学生发展的多方面性和整体性。因此，要实现课程标准的目标要求，教师的教学就要依据课程标准来进行教学目标设计。每节课的教学目标,不能只关注知识技能目标,应注重从整体出发,全面设计教学目标,将三维目标落实贯彻进具体的教学实践,使教学对学生多方面的发展有所裨益。

三、教学目标的内容应体现层次性

课程标准尽管制定的目标和要求是面向大部分甚至全体学生的,但是其规定中也提出要关注学生的个性差异和特点。因此,要将这一理念落实,教师在制定教学目标时,就要注意目标的层次性,尽量面向不同层次的学生,使各个不同层次的学生都能感到自己是可以达到一定要求的,能够不断取得进步。如若用单一的标准要求全体学生,制定的目标内容整齐划一,而不考虑一些学生的能力情况,势必无法满足不同学生的学习需求。如果目标过低,全体学生都能达到,对于能力较强的学生来说则有“吃不饱”的情况,而目标过高,对于能力较低的学生来说,又会出现“够不到”的情况。这两种情况对学生的发展都会造成不良影响。因此,在定位教学目标的时候,就要注意努力关注学生的个体差异。例如,有位教师对于5A Unit 2《A new house》第一课时的目标定位就比较有层次性:(1)全体学生都能正确地听、说、读单词a study,a bedroom,a bathroom,a kitchen,a dining- room,a sitting- room,并且多数的同学能当堂拼出这些单词。(2)多数同学能听得懂、会说、会读句型There is... There are...,一半以上的同学能在老师的引导下正确使用。(3)多数同学能正确理解、掌握对话内容,并能很好地朗读对话。(4)部分同学能根据板书的提示,带动其他同学一起创编对话。(徐博,2012)这样的目标定位,没有不切实际地要求全体学生整齐划一地掌握具体的知识点,而是体现了由浅入深、注重差异、共同发展的教学理念。

四、教学目标应倡导学生自主、合作、探究学习

新课程改革强调“学生是学习和发展的主体”，每一门课程必须根据学生身心发展和学科学习的特点，注重学生的个性差异，培养学生主动探索、团结合作和开拓进取的精神，积极倡导自主、合作、探究的学习方式。《义务教育语文课程标准》中，教学建议部分就提出：学生是语文学习的主体……语文教学应激发学生的学习兴趣，培养学生自主学习的意识和习惯……为学生创设有利于自主、合作、探究学习的环境。《义务教育数学课程标准》中也提出，学生是数学学习的主体，在积极参与学习活动的过程中不断得到发展。教师应成为学生学习活动的组织者、引导者、合作者，为学生的发展提供良好的环境和条件。因此，教学目标应充分体现课程标准所阐明的上述新理念、新要求，设计上应具有开放性特点，从而能够给予学生充分的自主、合作、探究的时间和空间。以往教学目标的设计过于注重学生知识技能方面，教师确定了要求，学生只要跟着走，就算达到了预期结果。学生即使有不同的想法和问题，教师也不给予更多的关注，而是仍然引导学生朝着自己的方向和要求去做。学生的主动性和新思考被压抑和遏制，成为教师统一生产的“产品”。基于新课程改革的新要求，教师教学目标的设计应体现和给予学生自主的空间，在目标要求和表述上应能够给学生的自主、合作和探究留有余地，从而能够引导学生在学习过程中发挥其主体作用，真正成为学习和发展的主人。

第三节 教学目标符合课程标准的案例

案例一：设计《三角形的面积》教学目标

课程标准与内容标准分析：

首先，理清数学课程标准中的课程理念，数学课程标准的课程基本理念在上一节已经展示，此处不再赘述。

其次，在课程标准中找出与“三角形的面积”相关的内容标准：探索并掌握三角形的面积公式，并能解决简单的实际问题。

再次，对内容标准进行分析。内容标准中有两个动词“探索”“掌握”，动词指向的内容是“面积公式”。分析“掌握”，有“能记住”“能推导”“能运用”的含义。“面积公式”则包含“公式本身”“公式的推导过程”“公式的运用原理”。

最后，通过上面的分析，结合课时需要，可以确立这节课的教学目标为：

1.学生能理解和掌握三角形面积计算的公式，至少90%的学生能记住三角形的面积公式，能够应用公式计算三角形的面积，并能解决三角形面积运用的简单的实际问题；

2.经历探索三角形面积计算方法的过程，能够逐步提升抽象概括能力；

3.在解决实际问题的过程中体验数学与生活的联系。

案例二：语文五年级《钓鱼的启示》教学目标分析

教学目标：(刘欣欣，2017)

1.借助拼音，正确认读本课“翁、饵、鲈”等11个生字，着重读好“翁、诫”两个生字；会写14个生字，能够正确读写“捕捞、告诫、实践”等词语，了解ABCC构词法并积累相关词语。

2.读出“放鱼”过程中“我”的急切、恳求的语气以及父亲的那“不容争辩”的语气，深入理解并读出课文最后一部分对父亲感激之情的表达。

3.借助课题“启示”的特点，理解把握文章“先叙事、后说理”的特点。

4.抓住关键词，理解重点句子的深刻含义。

5.抓住含义深刻的句子，联系上下文，并结合生活的实际，从中感悟到几个重要的启示，比如：a、b、c、d……

6.领会表达叙事说理这类文章的特点，借助这一课几个方面的启示(主要是四个启示)联系生活的实际与大家交流。

分析：

首先，了解课程标准中的基本理念。《义务教育语文课程标准(2011年版)》规定的语文课程基本理念主要有：一是全面提高学生的语文素养；二是正确把握语文教育的特点；三是积极倡导自主、合作、探究的学习方式；四是努力建设开放而有活力的语文课程。其中，第一条中具体规定：九年义务教育阶段的语文课程，必须面向全体学生，使学生获得基本的语文素养。语文课程应激发和培育学生热爱祖国语文的思想感情，引导学生丰富语言的积累，培养语感，发展思维，初步掌握学习语文的基本方法，养成良好的学习习惯，具有适应实际生活需要的识字写字能力、阅读能力、写作能力、口语交际能力，正确地理解和运用祖国语言文字。语文课程还应通过优秀文化的熏陶感染，促进学生和谐地发展，使他们提高思想道德修养和审美情趣，逐步形成良好的个性和健全的人格。

其次，找到相应的内容标准。语文课程标准中第三学段(5-6年级)“识字与写字”“阅读”方面的内容标准要求有：1.有较强的独立识字能力。累计认识常用汉字3000个左右，其中2500个会写。2.能用普通话正确、流利、有感情地朗读课文。3.能联系上下文和自己的积累，推想课文中有关词句的意思，辨别词语的感情色彩，体会其表达效果。4.在阅读中了解文章的表达顺序，体会作者的思想感情，初步领悟文章的基本表达方法。在交流和讨论中，敢于提出看法，作出自己的判断。

再次，根据前述所说的符合课程标准的四个特征，可以发现这节课的教学目标将学生放在首位，所有目标围绕着学生来展开，体现了以学生为本的课程理念。从教学目标的具体内容上来看，目标1体现了课程理念和内容标准中“识字写字”的要求，目标2体现了课程理念中培养语感、阅读能力和内容标准中目标2和目标3的要求，目标3体现了课程理念中“写作能力”和内容标准中目标4的要求，目标4、5、6体现了课程理念中“阅读能力”“思想道德修养”和内容标准中目标4的要求。并且，这6个目标从知识与技能、过程与方法、情感态度与价值观三个维度提出，如目标1属于知识与技能目标，目标3和目标4属于过程与方法目标，目标2、目标5和目标6属于情感态度与价值观目标。可以说，这些都准确地体现出了该教学目标符合课程标准要求，注重学生发展的多方面性，考虑到了学生发展的全面性和整体性。并且，目标6中有借助这一课几个方面的启示联系生活的实际与大家交流，教学过程会设计相应环节给予学生自主交流的时间，因此符合课程基本理念中“积极倡导自主、合作、探究的学习方式”和内容标准中“在交流和讨论中，敢于提出看法，作出自己的判断”的基本精神。

案例三：数学三年级《长方形和正方形的认识》教学目标分析

教学目标：（姚春香，2018）

1. 通过观察、操作和抽象概括，知道长方形的基本特征：有四个角且都是直角、有四条边且对边相等，并结合具体图形认识“对边”的含义；

2. 借助长方形特征的认知经验，自主探究正方形的基本特征，学会从边和角两个方面认识图形的一般方法；

3. 通过探究活动知道正方形的基本特征：有四个角且都是直角、有四条边且四边相等；

4. 在具体操作过程中，借助直观，学会长方形、正方形特征的正确检验和推导过程，培养思维的逻辑性和严密性，形成认真、严谨的研究态度；

5. 通过对比分析，感受长方形和正方形的关系，知道正方形具备长方形的所有特征，另外还具有四边都相等这一特征；

6. 在长方形和正方形特征对比的过程中，结合具体图形认识长方形长和宽、正方形边长的含义；

7. 通过测量、估计、拼三角尺、围钉子板及折纸等操作过程中感受图形的特征和图形之间的变化关系，发展空间观念；

8. 在操作活动中学会用语言描述具体的图形，能根据语言文字想象并创造出相应的图形，培养空间想象能力；

9. 在学习活动中能够积极思考、主动尝试操作，并乐于与同伴交流合作，体验活动成功的喜悦，提高学习数学的兴趣和信心。

分析：

首先，了解课程标准中的基本理念。《义务教育数学课程标准（2011年版）》中规定的数学课程基本理念有：数学课程应致力于实现义务教育阶段的培养目标，要面向全体学生，适应学生个性发展的需要，使得人人都能获得良好的数学教育，不同的人在数学上得到不同的发展。教学活动是师生积极参与、交往互动、共同发展的过程，有效的教学活动是学生学与教师教的统一，学生是学习的主体，教师是学习的组织者、引导者与合作者。要求学生学习应当是一个生动活泼的、主动的和富有个性的过程。……学生应当有足够的时间和空间经历观察、实验、猜测、计算、推理、验证等活动过程。教师要发挥主导作用，……引导学生独立思考、主动探索、合作交流。关于课程总目标的表述是：通过义务教育阶段的数学学习，学生能：1. 获得适应社会生活和进一步发展所必需的数学的基础知识、基本技能、基本思想、基本活动经验。2. 体会数学知识之间、数学与其他学科之间、数学与生活之间的联系，运用数学的思维方式进行思考，增强发现和提出问题的能力、分析和解决问题的能力。3. 了解数学的价值，提高学习数学的兴趣，增强学好数学的信心，养成良好的学习习惯，具有初步的创新意识和科学态度。

其次，找到相应的内容标准。《标准》中关于"长方形和正方形"的内容标准有：能辨认长方形、正方形、三角形、平行四边形、圆等简单图形。通过观察、操作，初步认识长方形和正方形的特征。会用长方形、正方形、三角形、平行四边形或圆拼图。

再次，根据前述所说的符合课程标准的四个特征，可以发现这里的教学目标设计围绕的是学生的学习活动进行，重点是学生学习活动结束后能够达到的具体要求和获得怎样的发展，体现了以学生为本的理念，且面向的是全体学生。从教学目标的具体内容上来看，目标1、目标3、目标5中的知道正方形具备长方形的所有特征，另外还具有四边都相等这一特征、目标6和目标7中的“感受图形的特征”体现了课程总目标1发展所必需的数学的基础知识的要求；目标2、目标4中的学会长方形、正方形特征的正确检验和推导过程、目标8体现了课程总目标1中基本技能、基本活动经验的要求；目标5中的通过对比分析，感受长方形和正方形的关系体现了课程总目标2中的体会数学知识之间的联系的要求；目标4中的形成认真、严谨的研究态度和目标9体验活动成功的喜悦，提高学习数学的兴趣和信心体现了课程总目标3的要求。并且，九个教学目标涉及三维目标，目标1、目标3、目标4的学会长方形、正方形特征的正确检验和推导过程、目标5、目标6、目标7属于知识与技能目标，目标2属于过程与方法目标，目标4的形成认真、严谨的研究态度和目标9属于情感态度与价值观目标。可以说，这些教学目标对学生不同方面的发展都提出了具体要求，体现了教学目标满足学生发展的全面性和整体性表征。从整个教学目标来看，包括了对长方形和正方形基本特征的认识，符合内容标准中能辨认长方形、正方形、三角形、平行四边形、圆等简单图形的要求；教学目标1和目标3中提及了通过观察、操作和抽象概括、通过探究活动来认识长方形和正方形的基本特征，符合内容标准中通过观察、操作，初步认识长方形和正方形的特征的要求；目标7提及了通过测量、估计、拼三角尺、围钉子板及折纸等操作过程中感受图形的特征和图形之间的变化关系，符合内容标准中会用长方形、正方形、三角形、平行四边形或圆拼图的要求。此外，教学目标1、目标2、目标3、目标4、目标7、目标8都提及了观察、操作、探究、测量等类似教学活动，表明教学过程会结合此类活动展开，符合课程标准中学生是学习的主体、经历观察、实验、猜测、计算、推理、验证等活动过程、引导学生独立思考、主动探索、合作交流的相关要求。

案例四：语文八年级《水调歌头 明月几时有》教学目标分析

教学目标：（李碧梅，2015）

知识与技能：

1. 能掌握文体知识“词”；
2. 记住两大流派“豪放派”和“婉约派”及代表词人；
3. 了解苏轼生平及词作。

过程与方法：

1. 采用诵读法熟悉课文；
2. 通过概括词的上、下片内容来初步掌握词作的大意；
3. 分组讨论词作的艺术手法，从而进一步掌握词的特色；
4. 鉴赏名句，在经典句中学会领悟其意境，加深对全词的把握；
5. 拓展延伸，能举一反三，在其他词作中较好地领悟其意境。

情感态度与价值观：

1. 感受词中浓浓的别离之情，从而珍惜身边之情；
2. 认识苏轼在该词中流露的情感有个人和社会等多种因素。

分析：

首先，了解课程标准中的基本理念。见前述案例二《义务教育语文课程标准（2011年版）》的具体阐述。

其次，找到相应的内容标准。语文课程标准第四学段（7–9年级）“阅读”方面的内容标准要求有：1. 能用普通话正确、流利、有感情地朗读。2.

在通读课文的基础上，理清思路，理解、分析主要内容，体味和推敲重要词句在语言环境中的意义和作用。3.对课文的内容和表达有自己的心得，能提出自己的看法，并能运用合作的方式，共同探讨、分析、解决疑难问题。4.欣赏文学作品，有自己的情感体验，初步领悟作品的内涵，从中获得对自然、社会、人生的有益启示。对作品中感人的情境和形象，能说出自己的体验；品味作品中富有表现力的语言。

再次，根据前述所说的符合课程标准的四个特征，可以发现这节课的教学目标都是从学生角度提出的，注重学生不同层面的发展，因此体现了以学生为本的特征。从教学目标的具体内容上来看，知识与技能目标体现的是课程理念中提高学生的语文素养及丰富语言积累的要求；过程与方法目标中的目标1“采用诵读法”体现的是课程理念中“丰富语言积累”“培养语感”和课程标准中目标1的要求，目标2–5体现的是课程理念中“阅读能力、写作能力、正确理解祖国语言文字”和课程标准中目标2的要求；情感态度与价值观目标体现的是课程理念中“提高思想道德修养”和课程标准中目标3和目标4的要求。并且，这些目标清晰地从知识与技能、过程与方法、情感态度与价值观三个维度提出。这些都准确地体现出了该教学目标符合课程标准要求，具有全面性和整体性的特征。同时，该教学目标中过程与方法目标提出“分组讨论词作的艺术手法”，符合前述所提及的课程基本理念“积极倡导自主、合作、探究的学习方式”及内容标准“能运用合作的方式，共同探讨、分析、解决疑难问题”的基本精神。

案例五：数学八年级《分式的意义》教学目标分析

教学目标：（罗新兵、徐慧玉、恩斯特姆，2014）

1. 知识与技能目标:

(1)理解分式的概念:90%的同学能复述分式的概念;80%的同学完全准确地判定所给代数式是否为分式;

(2)80%的同学能完全正确地求出随堂练习中分式有意义的条件。

2. 过程与方法目标:

(1)通过对分式与分数的类比,学生亲身经历探究整式扩充到分式的过程,初步学会运用类比转化的思想方法研究数学问题;

(2)在类比的过程中,初步感受能够进行类比的条件以及从哪些方面进行类比,从而积累类比的活动经验。

3. 情感态度与价值观目标:

(1)在参与分式与分数的类比活动中,感受数学思维的魅力,进而发展对数学的好奇心;

(2)在感受能够进行类比的条件过程中引导学生养成积极思考、反思质疑的学习习惯。

分析:

首先,了解课程标准中的基本理念。见前述案例三《义务教育数学课程标准(2011年版)》的具体阐述。

其次,找到相应的内容标准。《标准》中关于"分式"的内容标准有:了解分式和最简分式的概念,能利用分式的基本性质进行约分和通分;能进行简单的分式加、减、乘、除运算。

再次,根据前述所说的符合课程标准的四个特征,可以发现整个教学目标都是从学生出发,围绕学生要达到何种要求来阐述,体现了以学生为本的特征。从教学目标的具体内容上来看,知识与技能目标体现了标准中课程总目标1对"基本知识和基本技能"的要求,过程与方法目标体现了标准中课程总目标1"基本思想、基本活动经验"和总目标2"运用数学的思维方式进行思考"的要求,情感态度与价值观目标体现了标准中课程总目标3"学习兴趣和学习习惯"的要求。并且,教学目标分别从三维目标的角度进行思考和撰写,对学生不同方面的发展都提出了具体要求,体现了教学目标满足学生发展的全面性和整体性表征。目标1中的知识与技能目标主要为分式的理解,符合《标准》中对"分式"的内容要求。从教学目标的层次性来看,对全体学生、90%的学生、80%的学生提出了不同的要求。过程与方法目标和情感态度与价值观目标是针对全体学生而言,全体学生都需要达到此要求,而知识与技能目标分别就分式的概念和分式有意义的条件对不同学生提出了不同要求,因此该教学目标体现了课程标准"适应学生个性发展的需要""不同的人在数学上得到不同的发展"的基本理念,具有尊重学生差异的层次性特征。同时,过程与方法目标中提到学生亲身经历探究整式扩充到分式的过程,符合课程标准中学生是学习的主体、经历观察、实验、猜测、计算、推理、验证等活动过程、引导学生独立思考、主动探索、合作交流的相关要求。

第五章

教学过程与教学目标的匹配度

教学过程与教学目标的匹配度是课堂教学观察的又一重要维度，如果说教学目标是一堂课的指明灯，那么教学过程就是大海上航行的帆船，只有跟着教学目标这座灯塔，才不会在茫茫大海中迷失前进的方向。因此，本章着重讨论教学过程的本质内涵，试图通过对教学过程的历史梳理，厘清教学过程的本质与特点。在明晰教学过程内涵的基础上，探讨教学过程在开展过程中如何围绕教学目标而展开，如何与教学目标相互匹配，重点讨论了教学过程中的方法、教学过程环节的衔接逻辑、教学过程的生成与目标预设等要素。同时，为了使教学过程与教学目标之间的匹配真正落实到课堂中，本章还选取了一些实践中比较典型的案例进行探讨，以期为一线教师带来一些实践性的支持策略。

第一节　教学过程

“教学到底是什么”是教学论研究一直探索的问题，尽管从教学论产生之初这个问题就一直被提及和探讨，但是百年来由于研究者的立场、视角和持有的理论等不同，至今难以达成统一的意见。本节对教学过程的探讨是站在各学说的基础上，通过对教学过程内涵的历史梳理，找寻共同要素，找到教学过程的一般概念和特点，为后面教学过程与教学目标匹配度的探讨奠定理论基础。

一、教学过程的内涵

自有了人类的教学活动，由此也就产生了教学过程。时至今日，探讨教学过程的本质成为教学论研究的焦点和需要重点解决的问题。多年来，学者们形成了诸多关于教学过程的学说，如特殊认识说、认识发展说、学习说、实践说、交往说、认识实践说等。从已有研究的倾向来看，学界认为教学过程既是一种认识过程，也是一种实践过程，同时还是一种特殊的交往过程。从教师活动层面来看，教材是教师进行教学活动的重要文本和内容，教师需要对教材进行重新认识和适当的调适，全面了解教材意旨和每个单元的作用意图，并结合课程标准、教学经验等对教材进行二次“加工”，重新认识教学内容。在教学过程中，教师将自己对教学内容的认识转化为教学活动，通过有效的教学活动实现课时目标，引发和帮助学生取得预期的学习结果。同时，教学过程中时刻会发生诸多变化，教师需要根据课堂中学生的表现情况及适当的作业反馈来对自己的教学实践活动进行调整和改变，包括目标、教学策略、方法、手段等的调整。从学生活动层面来看，学生的主要任务是学习人类历史上的优秀文化知识，掌握基本技能，获得学习方法，形成正确的情感态度和价值观。其中，学科文化知识体系是学生学习活动的重要内容。学生在教师的引导和帮助下，学习教材内容，获取必要的知识，促进自己认知结构的不断重组和改造，发展智力，形成能力。这个过程是一个螺旋式上升的认识过程，持续伴随着学生的发展。在这个过程中，学生不仅仅是被动的吸取知识，需要运用自身的智力技能和实践能力，诸如社会调查、实践体验、研究报告、实际操作等形式将知识经验通过自身的直接或间接的实践活动转化为自身认知、想象、思维等能力。因此，总的来说，教学过程就是学生在教师的指导下，对人类已有知识经验的认识活动和改造主观世界、形成和谐发展个性的交往实践活动的统一过程。(李秉德、李定仁，2000)

尽管教学活动由教师的教和学生的学组成，在空间上也往往局限于课堂这一有限的环境，但是就是在这样一个时间和空间内，教师和学生的教与学的活动却又可以形成多种多样、丰富多彩的样态，且每种样态发挥出的作用和功能也不尽相同。在课堂时空内，教学过程可以具体化为一个一个的教学环节，即完成一项教学任务所经过的阶段步骤。由于教学过程涉及教学主体、教学方式、教学组织形式等诸多要素，要素之间的联系比较紧密和复杂，其不同关联和结构形式会使教学过程呈现出紧密联系又具有独立性的不同环节，且这些不同的教学环节构成了各具特色的课堂。我国古代的孔子,提出了“君子博学于文”“学而不思则罔,思而不学则殆”等教学过程观点,视教学环节为学、思、习、行等。荀子认为教学是“闻见知行”的过程。《中庸》提出了“博学之、审问之、慎思之、明辨之、笃行之”的教学过程思想。西方历史上的学者昆体良(Quintilianus)就把教学过程分为模仿、接受理论的指导和练习三个环节。夸美纽斯(J.A.Comenius)把教学环节分为“感觉、记忆、理解、判断”四个阶段。赫尔巴特(J.F.Herbart)更是提出了让人广为熟知的教学过程四阶段论,把教学过程分为“明了、联想、系统、方法”等四个环节。杜威(J.Dewey)从实用主义哲学的视角出发,提出了“思维五步法”即“暗示—问题—假设—推理—论证”。心理学家加涅提出了教学过程的九环节论:引发注意、告诉目标、刺激回忆、呈现刺激、提供学习指导、引发业绩、提供反馈、评估业绩、增强保持和迁移。总的来说,不论中西方学者对教学过程和教学环节如何看待,我们大体可以将教学过程归纳为两种主要类型的课堂。一种是以“教”为主的课堂,教师的教占据主要地位,其课堂教学环节一般是:课前准备、导课、新课、练习、应用、评价反馈。一种是以“学”为主的课堂,以学生的学为中心,重视发挥学生学习的自主性和积极性,其课堂教学环节一般是:发现问题、确立假设、获取信息、验证假设、得出结论。

二、教学过程的特点

教学过程作为一种特殊的活动过程,以促进学生发展为目的,离不开师生之间的互动和交往。同时,教学过程又是由诸多连续、不可分离的环节组成,这些环节相辅相成,成为一个完整的整体,发挥着促进学生发展的功能和作用。

1.发展性

教学作为一种通过教师的教和学生的学来促进学生发展的实践活动，发展性是其最为直接的特点。在当前时期，学生的发展由以往的“双基”转向了“三维目标”，核心素养的提出又拓宽了学生发展的维度。无论教师的教学活动如何组织，形式如何变换，环节如何安排，其最终目的都是通过这一活动，以教材为中介，促进学生认识世界、改造世界，把学到的知识运用于社会实践，促进社会的发展。这个过程，不仅在于发展学生的知识，促进学生掌握基本的技能，还包括学生终身学习意识和方法的获取，正确情感态度价值观的形成。这些素养都是学生作为完整的人，在未来生活中投身于社会和职业所必需的。

2.整体性

教学活动的整体性主要表现在两个方面，首先是教学过程本身是一个完整的整体，教学内容的展开、教学环节的设计、教学方法手段的运用、教学组织形式的安排等都是围绕着教学目标的实现，即学生预期学习结果的达成而设计的，这些要素不是各自最好为佳，而是需要整体配合形成最好的教学效果为宜。其次，受教育者学生是一个完整的个体，其自身的发展包含多种层面和内容，并且各个层面之间相互促进、缺一不可，共同形成学生完整的人格。因此，教学过程不能仅仅促进学习者的某一方面的发展，比如知识的获取，而需要通过这一活动促进学生全面素养的提高。我国的教育目的是培养德智体美等方面全面发展的社会主义建设者和接班人，这也规定了教学活动要从这些方面入手，全面提高学生各个层面的发展。全面发展的目标不是单独依靠某个学科的促成，很多学科在发展学生五育方面都能有所作为，学生的全面发展需要各个学科的相互协调和配合。因此，教学活动可以同时在多方面同时促进学生的发展，体现了教学过程本身的整体性。

3.交往性

由教学活动的性质可知，作为一种特殊的认识过程和实践过程，其认识和实践都是在教学主体，即师生的交互活动中产生和进行，并且生生之间也进行着各种交往。从这个意义上说，教学活动本身具有交往性质，是师生双方按照一定的社会要求，通过有目的、有计划、有组织的各种教学活动，采取有效的方式，把教学内容内化为学生的知识技能、方法态度、价值情感等，从而改变学生的原有状态，促进学生身心全面发展，逐步实现社会化的过程。在这个过程中，教师起着主导作用，确定教学目标、传递教学内容，帮助学生理解知识、发展能力。学生起着主体作用，无论何种形式的学习都需要学生的主动参与、积极思考、自主提升。可以说，这个过程是教学主体之间相互联系、交往，以教学内容为中介从不知到知、从少知到多知的交往过程。

第二节 教学过程匹配教学目标的程度

教学过程是一个时刻发生各种变化的过程，尽管教师在课前会进行各种事先的设计和预测，但是课堂中的偶发现象，学生的不可预测的表现等都会使课堂出现一种不易把控的局面。而教师要推动课堂教学顺畅进行，实现教学过程不同时段与各个任务之间有序的过渡衔接，这不仅需要教师具有强大的课堂掌控能力，更需要在课堂教学之前以及教学过程中十分明确教学的目标定位与方向，使得所有的教学活动都与教学目标吻合、匹配。教师在教学过程中往往容易被一些课堂环节的细节所影响，从而忽视了对整体目标的宏观把握。对于观测者也是如此，很有可能对课堂的某些细节印象深刻，大谈某个细节的出彩或糟糕，而忘记课堂最初的目标设定，忽视了课堂的完整性和系统性。因此，在课堂观测的过程中，应当注意观测教师所实施的教学环节与课堂最初设定的教学目标之间是否是相匹配的，这不仅是教学系统的本质要求，也是由目标本身的导向性作用以及教学目标本身的教学意义所决定的。那么，教学过程要符合教学目标，应当从哪些方面、哪些因素着手呢？结合教学目标与教学过程的性质、定义、特点，我们认为观测教学过程是否与教学目标相匹配需要注意以下几点。

一、识别教学目标类型，判断教学过程的完整性

在教学过程中，由于要实现的教学目标不同，教学环节和过程安排会呈现出不同的组合方式，以适应教学目标的要求。总的来说，教学过程主要是三种模式，一是以系统传授和学习书本知识为目标的教学过程，二是以培养学生基本技能为目标的教学过程，三是以培养学生创造力为目标的教学过程。在进行课堂观察与评价的过程中，只有先明确教学目标的要求，然后考查教学过程采用何种教学模式，这种教学模式的基本流程是否安排合理得当，是否有助于教学目标实现，才能以此判断教学过程是否与教学目标相匹配。

(一)以传授和学习知识为主要目标的教学过程

以传授和学习知识为主要目标的教学过程,其目的是注重知识的获取、掌握以及理解、应用。其教学过程一般都会经历这四个阶段,即感知、理解、巩固、运用。首先是感知阶段,教师通过言语信息、表征事物的符号,或者借助实验、操作、观察等手段让学生感知新知识。此时教师的任务是基于学生原有的知识经验,用恰当有效的手段呈现知识,帮助学生将新的知识与原有的认知联结起来,引导学生在感知过程中抓住知识主要的、基本的、本质的东西,尽量运用自己的思考掌握新的知识。其次是理解,教师引导学生了解知识所蕴含的现象与其本质之间的关系,了解知识的构成、意义,以及其深层次内涵及引申,从而帮助学生形成深层的思维方法和推理形式,培养学生的逻辑思维能力等。再次是巩固,教师引导学生采取适当的方法把所学知识适度地保持在记忆中并内化为自身解决问题的能力。知识的巩固不仅仅是记住所学知识,更重要的是在掌握知识的同时获取知识的方法和形成思维方式,从而将这些方法和思维方式内化于自己的头脑中,形成对知识的深刻认识和深层次思考,并能够在需要运用时即时提取出来。最后是运用,教师要通过教学帮助学生将所学知识运用到具体的生活和实践中去,运用到问题情境中去,使学生能够在此环境和情境中将所学知识提取出来解决面临的问题。总的来说,如果课堂教学的目标是以传授知识为主,就需要考查教学过程是否主要包括知识的感知、理解、巩固、运用几个主要环节,每个环节的重点是否达到了本环节需要学生达到的要求。

(二)以培养智能为主要目标的教学过程

以培养智能为主要目标的教学过程,注重学生运用智慧和能力解决问题。比如布鲁纳(J.S.Bruner)提出的发现学习,萨其曼(R.Suchman)提出的探究训练,杜威的问题解决学习等。这种类型的学习在基本步骤上有相似之处,主要包括发现问题、提出假设、验证假设、得出结论几个环节。问题是学生教学过程的开端,能够激发学生思维和探究的欲望和兴趣,因此一个好的问题不论是教师创设情境引发的还是学生自己发现的,对于此教学过程的展开具有较大的意义。而学生为了解决矛盾和问题,要通过分析问题、运用材料来提出解决问题的假设,然后运用一定的方式方法进行探索研究验证假设的合理性,最终得出关于此问题的结论。整个过程需要基于学生的知识基础,但更需要学生充分调动以往知识经验,对知识经验进行重组和提取,运用思维活动来思考和探索问题,寻求解决问题的方式方法。因此,如果教学目标是要发展学生某方面的思维能力,或者解决问题的能力,就需要学生面对具体问题来开展探索活动,考查学生思维运用情况和实际解决问题的情况。考查教学过程是否与此目标相匹配,就要观测教学过程是否具有上述几个环节,是否提供了充分的问题情境引发了学生的探索欲望,学生探索过程中提出假设和验证假设过程的思维调动和发展情况如何,学生解决问题的程度和结论的合理性科学性如何,等等。

(三)以培养学生学习与创造能力为目标的教学过程

以培养学生学习与创造能力为目标的教学过程,重在学生自学能力及创造力的发展和提高。这一目标要基于前两个目标,即知识和智能,同时,是前两个目标的更高层次的超越,尤其是第二个目标的延伸和拓展。其教学过程类似于以培养智能为主要目标的教学过程,只是要求更高,对教师专业能力的要求更强。比如,卢仲衡的数学自学辅导法,包括启、读、练、知、结几个过程;邱学华的尝试教学法,包括尝试提出问题,寻找解决问题的策略，解决问题几个过程。这些学导式教学使学生的学在前，教师的教在后，教学过程对学生自主学习放手的力度更大，给予学生更广阔的空间去促使学生发展自己的创造性思维，学生自主学习，掌握学习的方式方法。因此，此种教学过程倡导学生自主学习能力的提升，注重学生独立思考、创造性地解决学习中的问题。基于此种教学目标来考查教学过程的情况，就要观测教学过程中给予学生自主学习和思考、探索、创造的空间有多大，教师参与教学和引导指导学生的程度如何，学生自主学习能力和创造力的发展情况如何，等等。

以上三种模式基于不同的教学目标，会产生不同的教学活动过程，呈现出不同的教学过程特点。从分析中可以看出，不同模式的教学过程都有一些基本成型的流程和步骤，学生和教师的学习和教学情况也各自具有不同的特点，从而形成了一个完整的整体，发挥不同的学生发展功能。因此，在判断教学过程是否匹配教学目标时，首先需要根据不同教学目标对教学过程的特定要求而考查这一教学过程是否完整，是否遵循了这一模式的基本流程和思想。因为每种模式都有特定的教学目标要求，而其形成的教学环节是遵循目标要求设计和产生的，只要环节把握好，按照其基本思想做了，必定可以实现其特定的目标。同时，也要考查此种教学过程的实际运用对于学生特定知识或能力培养的作用发挥得如何，是否产生了发展学生此种目标的实际效果。

二、教学过程中方法与目标的匹配度

教学内容一般主要分为两种类型，即陈述性知识和程序性知识。上述三种教学目标传递过程中，第一种教学过程以陈述性知识为目标，以教为主；后两种教学过程以程序性知识为目标，以学为主。对应不同教学目标，就有不同的教学过程环节，当然也有不同的教学方法。因此，在教学过程中判断教学过程与教学目标的一致性，也需要看教学过程中的方法运用是否与教学目标相匹配。以传授知识和学习知识为教学目标，其教学方法一般来说都会采用讲授法、讨论法、谈话法、演示法、练习法等相对传统的方法；以培养学生智能与思维为教学目标的教学过程中一般会运用发现法、自学辅导法、尝试教学法等学生为主、教师为辅的方法。下面以一些常见教学方法为例进行简要说明。

（一）讲授法

讲授法主要是指教师通过口头言语向学生传递知识信息的方法。在实际的教学过程中分为讲述、讲解、讲读、讲演等不同的形式，它们都有各自不同的特点，同时也有各自适应的范围。例如，讲述就是教师采用叙述和说明的方式向学生描绘事例、论证事理；讲解是教师向学生进行概念、原理、原则、公式、要领、观点等的解释或论证；讲读是教师通过讲解和诵读教材相结合的方式进行教学；讲演是口头语言和肢体语言结合来进行知识的阐述和观点的表达。讲授法主要适用于陈述性知识为目标的教学过程中，同时也是为接下来程序性知识的学习做铺垫。因此，讲授法的运用是否与教学目标相匹配，需要考查其讲授内容是否在教学目标中有所要求，是否是关于识记、理解等内容的目标要求。

（二）讨论法

讨论法是在教师指导下，学生以全班或小组为单位，围绕中心问题发表意见和看法，从而获得知识和巩固知识。这种教学方法学生主动参与其中，有助于加深学生对所学内容的深刻理解，同时也可以培养学生之间的合作精神，提高他们与人面对面交流的能力。但是讨论法的运用也有一些注意事项。首先是问题必须是有意义的、值得讨论的，无意义的问题只会浪费课堂时间，而无益于学生认识的发展；其次是学生的积极性要被调动起来，如果学生被迫参与讨论，或者只是个别学生展现的舞台，则失去了讨论的终极意义；再次，讨论要有足够的时间，如果仅仅为了丰富课堂环节，匆匆几分钟开展形式化的讨论，则学生不容易得出应有的结论。因此，判断讨论法是否符合教学目标要求，要看目标中是否有必须和可供讨论的内容和问题，或者目标是否有发展学生的合作与交流能力的条目。

（三）演示法

演示法是教师在课堂上运用实物或者直观的教具等帮助学生理解知识的方法。演示的手段大体分为两类，一是模型、标本、图片、动画等的演示，一类是示范性动作或者操作的演示，如体育运动技能等。在当前时代，多媒体技术的运用极大地丰富了演示的内容和形式，清晰直观的图片、影像等可以帮助学生直观地感知知识信息、理解知识的意蕴和逻辑构成等。但是使用演示法也需要注意，要根据教学目标要求来进行，比如，如果语文课中的教学目标有发展学生的想象力，但是教师过多地展示大量的图片、影像等，则可能限制了学生的想象，固化了学生的思维，反而产生相反的效果。因此，在课堂教学观测中，判断演示法是否与教学目标相符合，需要看目标中是否有明确的知识点要求，演示的内容是否与知识点有直接的联系，是否有助于学生对知识的理解。

（四）练习法

练习法是学生在教师指导下，通过作业或其他活动形式运用已有知识，反复完成某一活动，从而巩固知识、形成技能技巧的方法。其特点是需要以一定的知识为基础，并通过多次反复的练习。练习法有很多种分类形式，如语言练习、解答问题的练习、实际操作的练习；口头练习、书面练习；作文练习、制图练习等等。在教学过程中，练习法是常用的一种方法，经常会在课堂的某个环节设置必要的练习活动，或者作为一个独立的课程类型进行教学。练习的内容是有针对性的，一般是教学内容的重要知识点或难点内容，需要学生扎实掌握。因此，课堂教学观测时，要考查练习法与教学目标是否匹配，要考查练习的针对性，练习是否与教学目标的重难点相匹配，练习的范围和内容是否与相关目标要求相符合。

（五）发现法

发现法又称为探究法、研究法，是指在教师指导下，学生利用情境和资料主动观察、思考、讨论，从而发现和掌握原理、结论的一种教学方法。发现法的使用要基于学生一定的知识水平基础上，且设置适合学生水平的议题或问题，引导学生主动、积极地参与求知过程，探索问题结论。其合理运用有助于学生学习兴趣的提升，使学生用科学的观点来论证和解决问题，获得科学认识事物的方法。需要注意的是，问题的设置要符合学生的发展水平，不宜过于简单或复杂；要有足够的时间允许学生思考和探索，给予学生充足的假设和验证时间。因此，如果教师在课堂中使用发现法，则在进行课堂观测时，应当注意教学目标中的教学问题对学生来说是否在其最近发展区内，同时要区别此问题是否有探究的必要性。

总的来说，在进行课堂观察中，判断教学过程中运用的方法是否围绕教学目标而展开，需要考查教学目标的性质和水平，即要求学生做什么，达到什么程度，而后是考查所使用的教学方法是否属于完成这一目标所需要的方法，以及这种教学方法的开展情况、基本过程怎样，是否帮助学生达成了教学目标的要求等。

三、教学过程中各环节衔接的逻辑是否以教学目标为指导

一堂成功的好课要达到预期的目标，整堂课的逻辑是否连贯、衔接是否自然、重点是否突出，都是主要的影响因素。而教学过程是由一个又一个的教学环节组成的，每个教学环节内部的逻辑性以及教学环节之间的逻辑性，都影响着整堂课的严谨性和流畅性。要使教学环节之间衔接自然流畅，就需要紧紧围绕一条主线，围绕教学目标，对教学过程进行整体安排和精心设计。因此，在课堂教学观测过程中，教学环节之间是否围绕教学目标而展开，是否以教学目标作为教学环节开展的逻辑起点，是评价教学环节与教学目标是否匹配的重要观测点。教学环节围绕教学目标而形成关联性连接主要有以下三个特征，即阶段目标的连贯统一、教学内容的系统有序、环节与环节之间的有序过渡。

（一）阶段目标的连贯统一

尽管一堂课由诸多教学环节组成，共同完成预期的教学目标，但是每个教学环节都有自己特殊的教学要求和需要达成的目的。阶段目标就是指整个教学过程中每个教学环节应当完成的目标，是在教学目标的统领之下，对教学目标的细化和分解。阶段性目标应该相互关联，衔接良好，具有整体一致性，协调一致地实现总体教学目标。但是实际教学中，教师很容易出现过于关注某个阶段的教学，实现此阶段目标，而忽视其与总体目标的关联，造成教学环节之间的脱节。例如，某教师在设计

《茅屋为秋风所破歌》的教案时，教学目标有三个：第一，朗读，感知诗歌的基本内容，提出有价值的问题。第二，品读，理清诗歌结构，拟写小标题，品析诗歌富于表现力的语言。第三，诵读，体察一个穷困诗人的家国情怀。而他所设计的四个教学环节分别是：第一，互动，读诗歌，引出课题。第二，朗读，知内容，提出问题。第三，品读，理结构，赏析语言。第四，诵读，论诗人，悟情怀。第五，背诵，传文化，树立丰碑。从该老师的教学目标与教学环节的设计中，我们不难发现，其实他设计的教学环节，就是教学目标对应着中间三个环节，然后加上了开头和结尾。表面上看起来，是朗读、品读、诵读三个层次的读，具有一定的关联性，但实际上，三个教学目标直接分配到了每一个环节，环节与目标、内容之间并没有关联起来，相当于每一个环节就是一个独立的小目标，而非伴随着学生多次阅读之后达到的对教学目标的层层深入。而且，如果再细心一点就会发现，其实他写的虽然是一条教学目标，但实际是不止一个目标的。比如第二个教学目标，理清结构，拟写小标题，还要品析语言，这实际上是三项任务。这样的设计直接导致的结果就是阶段目标的不明确，教学重点的摇摆不定，学生的认知关联始终无法建立。直接导致的结果就是学生课堂学习的低效。（谢异洁，2017）因此，对课堂教学进行观测，要审视各个教学环节是否整体连贯一致，是否共同有助于实现总体教学目标，而不是自成一体，分散目标或增加额外不必要的目标。

（二）教学内容的系统有序

教学过程中各个环节的内容各有侧重，各不相同，因而也将教学过程分成了各个阶段，但是每个环节的内容也并非毫无关联，而是紧紧围绕教学目标串联在一起的。教学目标是教学内容选择和确定的依据，教师教学尽管是以教科书为主，但是教科书内容的组织和安排，以及教学资源的选择和运用，都需要教师重新进行规划，在这方面，教学目标就起到了指导和方向作用。教学内容的选择和组织要以有助于实现教学目标为依据，要围绕教学目标而一步一步有序的展开，否则与教学目标无关的材料就会成为整堂课的阻碍，也很容易让整堂课出现教学偏移现象。只有围绕教学目标展开各环节的教学内容，才能使内容衔接严谨缜密，不会出现一盘散沙的局面。特别要避免教师为求面面俱到而给学生呈现过多的内容，致使教学内容重点不突出，整体处于零散和分散状态，使学生把握不住要点和核心内容。因此，在课堂观测的过程中，要评测教学环节与教学目标之间的匹配度，以教学内容之间的相关性、逻辑性为观测点，评判其是否围绕教学目标而展开，是一项必需的选择。

（三）环节与环节之间的有序过渡

教学过程是一个连贯的整体，教师在教学时必须使教学过程一气呵成，而不是断断续续地进行。也就是说，教学过程要显现出一种浑然一体的局面，各个教学环节之间要过渡顺畅、自然，没有突兀感。如果过渡生硬，环节之间脱节，则不利于学生思维的连续性，易造成学生的不适。因此，教学环节要以教学目标为依据而精心设计，环节之间要注意用语顺畅，逻辑衔接清楚、自然。对教学环节与教学目标之间的匹配度进行考查，就需要关注环节间的设计是否有层次，是否清晰，实际过渡环节是否环环相扣。总体上说，教学环节围绕教学目标衔接较好，以及以上已经提及的教学方法、教学内容等围绕教学目标展开，整堂课自然不论是横向还是纵向上都线索清晰，联系紧密，整个教学过程就会呈现出立体化的关联性，给人感觉一气呵成，浑然一体。

四、教学过程中的生成与教学目标的预设之间的匹配

教学环节要符合教学目标，但关键在于教学目标在实际课堂中并非是一成不变的，这为评价教学环节是否符合教学目标带来了一些困惑。教学目标是实际课堂中预设与生成的结合体，课堂本具有预设的成分，但由于教学面向的对象是各有个性的学生，教学中经常会发生一些新情况和新问题，也就是说，会有伴随着课堂教学进程而偶然生成的情境和内容。因此，本维度所探讨的就是教学过程中的生成与预设教学目标的关系问题。

（一）教学目标的预设

对于教学目标的界定，普遍都会从预设的角度进行定义，将其看作是学生学习活动的预期结果。预设性教学目标，是教师基于学科课程标准和教材的深刻解读理解、学生学习特点和需求的把握、教学资源条件的分析而产生的，具有一定的准确性、合理性和适用性。这种预设性教学目标往往以具体的行为加内容的方式来表现，陈述的角度从三维目标出发。此教学目标成为教师教学的引导和依据，教师据此有目的、有计划地设计教学活动。因此，在教学活动开展之前对教学目标进行预测或预期，是教师进行教学设计的前提和基础，而良好的预测与预期对后续的教学环节设计、教学活动开展都具有适切的指导性，促进整个课堂教学的完成。同时，教学过程中教学内容的安排、教学方法的选择、教学环节的设计、教学结果的评价等，都要以预期的教学目标为准，合力促成教学目标的达成。总体而言，预设性的教学目标在教学中具有导学、导教、导测量的功能。

尽管预设目标是教学设计必需的环节，其对教学的引导作用毋庸置

疑。但是客观地讲，预设目标是对教学过程的一种主观前置性思考和设计，一些课堂中即时发生的情况尚无法估计和预测。因而预设性教学目标也存在很大的局限性，关注预期目标的达成，忽视由于教学情境的变化而引发的新的教学状况，容易导致教学活动关注点单一、教学情境僵化处理、教学目标灵活性欠缺等问题。可以说，预期目标不能代表其真正的发生，也无法做到百分之百的准确。教育的对象是各具特点和个性的学生，在真实的课堂场景中，学生由于其自身具有主观性与能动性，有可能不会完全按照教师预设的那样去发展，从而也就有了教学目标的生成问题。

（二）教学目标的生成

"生成"的意思是某物从不存在到存在，从存在到演进、发展的过程，它不是指事物本身，而是指事物存在的过程。新课程改革实行以来，教学过程的生成性日益受到了高度重视，无论是理论界还是教学实践中，掀起了研究和关注教学生成性的热潮。这种转变打破了长期以来对学生发展预设的局面，看到了教学过程和学生本身的复杂性和变化性，认识到了学生知识、能力、思维等方面的丰富性和超越性，更为关注学生学习过程的实际体验、超越性发展。在教学实践中，教师也较为重视教学过程的生成性，较为关注即时教学事件，并及时分析事件、捕捉教育时机，将其引入教学过程，借此引发教学进一步发展，提升学生思维和认识能力。通过这一环节，教师清晰地将即时性的内容重新规划组织成为课堂教学的一个部分，并对预设教学目标进行即时调整，形成生成性的教学目标。

生成性目标受斯滕豪斯(L.Stenhouse)"过程模式"的影响，基于对泰勒(R.W.Tyler)"目标模式"的批判而受到了较多的关注。在实践中，对其高度重视也引发了一些误区和偏离。教师在关注生成性教学时，由于自身理解有误或者调控能力欠缺，课堂教学容易出现探究泛化、缺乏定向、偏离内容等不良现象，这使得生成性教学偏离了其本意和主旨，由此带来的结果是，预设目标被忽略甚至搁置一旁，漫无边际的生成挤占了大量的课堂教学时间，表面的学生主体性损害了教学的内在功能，学生的发展限于空泛的表象而缺少真正的价值引导和智慧启迪。因此，并非所有的生成都是值得提倡的，真正的生成是有条件的。

（三）教学过程在目标的预设与生成中动态发展

教学目标究竟应该是预设还是生成呢？这为教学环节是否与教学目标匹配维度带来了较大的困惑。如果认为教学目标是预设的，在进行课堂观测时直接将所开展的教学环节与教学目标进行对比，就可以较容易地进行判定。但是，根据教学过程的本质特点，可以看出教学是动态生成发展的，某一教学环节或许并不符合预设的教学目标，但是却抓住了教学时机，成就了生成性目标的实现。因此，这一维度的观察是相对多变和复杂的。那么对于生成性教学环节，与教学目标之间的匹配度应该如何进行观察呢？

首先，应该明确预设与生成的关系。尽管二者在教学过程中的位置不同，预设是教学过程开展之前进行的目标确定，生成是教学过程开展之中的随机生成，但是二者并不是相互割裂的，而是相互依赖、互相促进的。预设是生成的前提和基础，生成依赖于预设，同时生成又完善和补充了预设的缺陷和不足。生成性目标不是漫无边际地随意生成，而是基于对学生发展情况的准确分析，对教学内容深入的准确判断，对教学过程的准确把握。这些都依赖于教师教学前的充分有效的预设和预测，教师备课的过程就是对教学目标进行预设、对教学过程进行预先安排，因此，“生成”依赖于“预设”，是基于“预设”的进一步“生成”。其次，根据教学设计和课堂观测分辨课堂中是否有生成，如果有生成的教学目标，再判断生成性教学目标与原有预设的教学目标之间的关联性。生成性的教学目标应该是对预设目标的进一步表达、补充或者扩展，其价值和意义直接指向有助于学生对知识的进一步理解、掌握和运用，或者更高层次的创新。如果不具有这样一些价值，而是与内容无关，或者对学生的发展没有帮助，甚至干扰课堂进程，引发学生思维混乱等，这些生成对于预期教学目标的达成和深化无益，则不能视为是有效的生成。

第三节 教学过程匹配教学目标的案例

案例一：小学语文《画杨桃》

教学目标：

1. 会认13个生字，会写9个生字，掌握1个多音字，理解审视、教诲、和颜悦色等词语的意思。

2. 正确流利有感情地朗读课文，理解课文主要讲了一个什么故事。

3. 懂得看问题要从实际出发，一个事物从不同的角度来看会有所不同的道理。

课堂实录：

一、谈话导入

师：同学们喜欢画画吗？

生：喜欢。（异口同声）

师：那么画画应该注意些什么呢？

生：要仔细看。

师：那你知道哪些关于看的词语？

生：看见、看到、看着、观看。

师：换一换，用近义词。

（生有些为难，教师直接出示：瞧、望、观）

师：在上课之前，我只细看了同学们的预习题单，有很多同学提了这样一个问题：杨桃是什么样子的呢？

师：杨桃就是这样子的（教师实物展示杨桃），那现在你观察观察杨桃是什么样子的，比如颜色、形状、气味等等。（孩子们争先恐后地举手，希望可以近距离看看真实的杨桃）

生：绿色的、香香的。

生：形状的话——它是——椭圆的，但是有一些棱。（生感到为难，不知道怎么用比较准确的语言表达自己的想法）

二、处理生字、词

师：那我们看看课文中的杨桃是什么样子的，我们一起来跟随声音，小声朗读课文。

生：（读课文）

师：现在我们来看看同学们的生字生词掌握的怎么样了，火车，火车，哪里开？

生：火车，火车，这里开。shěn审、审、审……（所有生字都是这样的读法）

师：我们一起来读一读我们这一课的词语，半晌、审视、教诲、倒不如、和颜悦色、哈哈大笑、严肃……（在读的过程中教师纠正错误的读音）

师：我们来看一看能不能找到它的词语伙伴呢？（“抢”词组）

生：审视、电视台、和颜悦色、悦耳、喜悦。

师：我们已经学习那么多生字和词语了，自己读一读，记一记。

生：（自主读记）

师：我们这一课还有一个多音字，看谁能找出来？

生：倒（dào dǎo）倒不如 倒下

师：我们继续来开火车摘杨桃（没有拼音，读词语，词语挂在树上的每个杨桃里，读正确杨桃就会掉下来）

生：严肃 ……（每个同学都跃跃欲试，对杨桃掉下来的动画兴趣颇大）

师：现在我们把词语放进句子里面，看看还认识吗？出示句子：例如：过了半晌，老师问大家。

三、研读课文

师：我们来读一读课文，并请你来填一填，美术课上，（谁）画杨桃，结果（），后来（）。（师通过搭建支架，把课文主要内容串起来）

生：美术课上，我画杨桃，结果大家笑话我，后来老师教诲了我们。

师：老师教——育了我们，把教诲改成教育更好一些。

生：美术课上，我画杨桃，结果大家嘲笑我，后来老师到我的座位上审视了一下，老师就教育了他们。

师：不错，更完整一些了。我们一起来说一下。（说主要内容，然后PPT出示主要内容，生一起读）

师：在检查同学们的预习单的时候，我还看到一个问题是“杨桃怎么画成五角星了呢”？现在就请同学们读课文，并用横线画出来。

生：“我的座位在前排靠边的地方，讲桌上那两个杨桃的一端正对着我。我看到的杨桃根本不像平时看到的那样，而像是五个角的什么东西。我认认真真地看，老老实实地画，自己觉得画得很准确。”

师：“一端”是什么意思呢？一端：1. 正，不歪斜；2. 事物的一头；3. ……；选择意思

生：第二个，第二个，事物的一头。

师：用杨桃实物展示什么叫做一端对着我，让学生站在作者的角度，发现真的是五角星。并出示茶壶的一端，是学生更加明白，角度不同，看到的东西实际上也是不同的。

师：运用不像……而像……来造句。

生：（造句）

师：现在我们做一个游戏，出示了三个层次的题，自己任选一个层次，然后可以得到不同颗数的星星（题目是1，……不像……而像——；2，……不像________而像________；3，________不像________而像________）横线就是需要学生补充的内容。

生：（大多数同学都选择了第一句，零星的学生选了第二句和第三句。）

师：从我认认真真地画，老老实实地看，自己觉得画得很准确。这句话中你体会到了什么？

生:他很认真,画得很仔细。

师:最后,我们来看看生字怎么写的,先观察它们有什么特点。座、页、哈、抢。

生:它们都有一个共同的部件——人。

生:有的大有的小、有些是点、有些是捺。

师:那我们来看看它们是怎么写的。(教师示范“页、抢”两个,写的时候还强调写在田字格的哪个地方比较好)

生:(自己写)

师:展示台展示学生在书上写的字,而后学生点评哪里写得好,哪个写得不好。

生:……

分析:

本课来源于重庆市北碚区某小学二年级课堂实录,内容是统编本语文教材二年级下册的精读课文,教师主要上的是第一课时的内容,教学重点上主要是促进学生对生字的认识和掌握,以及对课文大意的理解。

教学过程与教学目标的匹配:从教学目标来看主要是从两个方面出发,即生字词语的识记与课文内容的梳理,在梳理过程中让学生自己在课文中体会到事物从不同的角度去看会有不同的样子的道理。这样的教学目标实际主要还是以知识的传授为主的,一般的教学过程都会经历感知—理解—巩固—运用的教学过程。首先教师以杨桃实物为展示,给学生杨桃形象的直接体验,为学生理解杨桃在不同角度有不同形态做了铺垫;而后教师采用集中识字的方式,让学生认识生字、理解词语;接着教师将学生带入课文,进行课文的梳理与感知;最后让学生按照田字格学习写生字。实际上感知、理解、巩固、运用的界限在本课教学过程中并没有特别分明，如感知与理解一直穿插在课文教学过程中，而生字词的巩固和运用也是交叉在课文的学习过程中。从整体上看，教学目标就是字词与课文梳理，而所有的教学过程也基本是围绕这两个方面来的，所以从这个维度上看，教学环节与教学目标的匹配度是良好的。

教学方法与教学目标的匹配：本课主要运用的教学方法有演示法和谈话法。演示法有实物的演示和写字的演示。实物展示的目的是让学生更具体地明白"在不同的角度看杨桃形状确实不同"，符合教学目标"从实际出发，一个事物从不同的角度来看会有所不同的道理"。写字的演示，为了让学生更好地模仿，教师通过在黑板上的书写演示，提醒学生注意写字的笔顺笔画与字体的间架结构，符合让学生会写生字的教学目标。本课大量采用谈话的方法，即提出问题让学生思考，如课文的主要内容是什么？杨桃怎么会画成五角星呢？启发学生思考。因此，不论是演示法还是谈话法的运用都遵循了二年级学生的认知发展规律，让学生真实深刻体会到汉字书写的步骤，发现概括本文的大致内容。符合认识本课生字词语的教学目标，也基本与"理解课文主要讲了什么故事"的教学目标相匹配。

教学环节逻辑与教学目标的匹配：从课堂教学过程来看，教学过程主要是预习猜想导入，而后集中学习字词，接着梳理课文，最后进行生字词的巩固。所有的教学环节之间都是由教学目标做统一指导，过渡衔接上也比较流畅。由于是二年级的学生，因此字词是教学的重点，所以在字词环节上的时间花费相对比课文梳理的环节要多一些，说明教师在整个教学环节的设计中，充分考虑到教学目标的实践性，使得整个教学环节环环相扣。因此，总体而言，教学环节是以教学目标为逻辑起点进行设计的，最终实现教学环节逻辑与教学目标的一种高度契合。

案例二：小学数学《植树问题》

教学目标：

1. 利用熟悉的生活素材，学生自主探索、讨论、交流，感悟间隔数与棵数之间的关系。发现并理解植树问题（两端要栽）的解题规律，并利用规律解决一些实际问题。

2. 学生经历分析、思考、解决问题的整个探究过程，并从中学习一些解决问题的方法和策略，渗透一一对应思想，体会化复杂为简单的数学方法。

3. 学生形成分析意识，养成良好的交流习惯，感悟日常生活中处处有数学，体验学习的成功喜悦。

课堂实录：

一、新课导入，猜谜激趣，引入间隔

师：（谜语）两颗小树10个杈，不长叶子不开花，能写会算还会画，天天干活不说话。猜一人体器官。

生：是我们的双手。

师：恭喜你，答对了！我们的手，不但能写会画，而且还蕴藏许多数学知识呢。下面请同学们伸出你们的左手，仔细观察，你能看到数字几？

生：5个手指。

师：除了看见5个手指，你还能看到数字几？

生：1。

师：噢，一只手，对吧！那么，你还能看见数字几？

生：我还能看见数字4。

师：数字4？怎么看到的？

生:通过手指的缝隙。

师:同学们,你们发现了吗?两个手指之间的缝隙。我们给它取个名字叫作间隔。(板书)

师:一只手,5个手指,有4个间隔。这个4是间隔的数量,那么我们就叫它间隔数。(板书)

同学们你们观察一下,你能发现手指数和间隔数之间的关系吗?

生:手指数减一就是间隔数。

师:手指数减一就是间隔数,换一句话说?

生:手指数永远都比间隔数大一。

师:哎,手指数比间隔数多一,间隔数比手指数少一。

二、讲授新课

师:那么在数学上,和间隔有关的问题,我们都把它统称为"植树问题"。(板书)

师:请看例题。

"在全长100米的小路一边植树,每隔5米栽一棵(两端要栽)。一共要栽多少棵树?"

同学们,你们从题中能够发现哪些重要的数学信息,来和同学分享一下?

学生回答……

师:来,我们把这些信息梳理一下。

这是一条路,他只在这条路的一侧植树,然后这条路的长度是100米,这100米叫作?

生:总长。

师:然后两端植树,两端都栽,头和尾。

还有每隔5米栽一棵,这两棵树之间的距离是?

生:5米。

师:对,两棵树之间的距离叫作间距。

同学们,根据这些信息来想一想,我们到底要栽多少棵树呢?

学生讨论猜想……

师:到底对不对,接下来我们就来进行验证。但是,100米这个数字有点大,不好验证,我们就选取其中的一段进行研究,从小数开始,以小见大,这是我们数学中一种非常重要的方法,就是将复杂的问题转化为简单的问题。我们可以假设这条路只有5米、10米、15米、20米。在这样一条路上栽树,两端都栽,可以栽几棵呢?在研究时,我们可以借助图,让我们的思路更加清晰。但是这样的图呢,有点复杂,我们可以用我们学过的更简单的图来表示,什么图?

生:线段图。

师:对,线段图。同学们,看看这个线段图,你能够在线段图上找出一一对应的量吗?找一找。

生:线段图的端点就是树。

生:从端点到最后就是路的总长。

生:两个端点之间的距离就叫间距。

师:哎,这两个端点之间的距离就叫间距。由于我们这道题,它的间距都是5,是相等的。所以我们在画图的时候,线段和线段之间的长要相等。

师:下面请你拿出学习单,独立完成表一和表二,用你自己喜欢的方法来完成这个表。

学生完成表……

师:同学们都完成得差不多了,在小组内讨论讨论,根据你们的表一和表二，能得出什么结论呢？

学生讨论……

生：间隔数比棵数少一。

生：间隔数会逐渐加一。

师：间隔数会逐渐加一？你是说总长的变化在逐渐加一吗？总长是怎样变化的？一次比一次多加5，所以，间隔数会一次比一次加一，对吗？

你们还发现了什么规律？

生：棵树比间隔数多一。

师：间隔数我们是怎么样得到的？

生：用总长除以间距。

师：前提是这个间距是相同的、相等的。

同学们，通过我们刚才的验证，我们得出了总长除以间距可以得到间隔数，然后，用间隔数加一可以得到棵树。

师：那么，我们来试一试吧！

第一题：总长200，间距20，间隔数和棵数是多少？

生：间隔数是200除以20等于10。棵数是用20加1等于21。

师：第二题。

生：间隔数等于500除以10，间隔数等于50。棵数等于间隔数加一，用50加1等于51。

……

三、练习巩固，复习新知

师：下面请同学们拿出学习单，完成练习题。

分别找到里面的量，然后把它圈出来以后，找一找它们分别对应的植树问题中的哪一个数量。

师：我们来看一下，第一题。

生：一列共有25张桌子有多少个座位？我选的是③ 24。

师：为什么？这个25张桌子相当于什么？

生：这个25相当于棵数。

师：我们可以把它当成棵数对不对。那么要求有多少个间隔，间隔数怎么求？

生：棵数减一。

师：所以选③，对吗？

生：对！

师：好，请坐。第二题。

……

师：同学们，今天我们仅研究了植树问题的一种类型，就是两端都栽树。那么植树问题还有只栽一端或者两端都不栽，这些问题我们留到下节课继续研究。

分析：

本案例来源于重庆市巴南区某小学四年级课堂实录，教学内容是西南大学版数学教材“数学广角”的内容，“数学广角”的版块设置目标就是为了培养学生的数学思维，锻炼学生的数理逻辑。因此教师确定的教学目标也是围绕培养学生的数学思维展开的。从目标中可以看出，教师希望学生通过自主探究的方式发现间隔数与棵数之间的关系，同时期望学生能够在探究的过程中，提炼出解决问题的方法，体会将复杂问题简单化的数学思维。以下我们就对本案例从四个维度分析教学过程与教学目标之间的匹配度。

教学过程与教学目标的匹配：根据第一个维度，解读本课的教学目标，判断课堂类型。识别本课的教学目标究竟是什么，由上述可以看出，本课的教学目标主要是培养学生的能力和思维为主的。因此可以参考培养学生能力思维为目标的教学过程的基本步骤，一般而言主要是发现问题—提出假设—验证假设—得出结论几大步骤。案例中，教师首先以间隔知识为导入，为提出植树问题做知识铺垫；而后提出问题“在全长100米的小路一边植树，每隔5米栽一棵(两端要栽)。一共要栽多少棵树?”，随即让学生充分猜想，到底应该栽多少棵；最后在教师的引导下，总结出两端都要栽的情况下如何计算的数学方法，并引导学生提炼方法。从整个教学过程来说，教学环节紧紧围绕探究间隔数与棵数的数学问题展开，基本上从上述四个步骤来进行，从整体上来说，教学过程与教学目标之间的匹配度相对良好。

教学方法与教学目标的匹配：本课的教学设计中运用的教学方法是探究法(发现法)，在实际操作过程中也顺应了探究法的基本步骤，如让学生猜想一共要栽多少棵树，运用教师事先准备的表格，分小组进行探究，探究的意味浓厚，并且探究的目标也是为实现教学目标的一种延伸，过程中的子目标与总目标之间的也是相互继承的关系。从教学方法开展的形式上说，教学方法与教学目标是匹配的，同时教学目标中已经明确指出让学生自己经历分析、思考、解决问题的目标，在实际操作过程中，教师也主要是起到了引导的作用，放手让学生真正地去探究，充分发挥学生的想象和操作能力，锻炼学生的思维，促进学生对知识的深度掌握。

教学环节逻辑与教学目标的匹配：本案例实际由四个环节构成，包括以猜谜导入间隔、探究新知植树问题、总结两端都栽的数学方法、练习巩固。所有环节连接流畅，始终围绕问题展开，环环相扣、富有层次性。例如导入以手指猜谜导入间隔的概念，为后面解决问题提供基础支撑；

其次顺势直接引入植树问题，让学生展开讨论，进行假设猜想；再次在学生都基本将表格填完以后，在大家交流分享的过程中总结规律；最后运用规律。整个过程简洁且逻辑分明，以探究教学为过程模式，以教学目标为逻辑导向，使整个教学过程始终围绕教学目标展开。

教学过程中的生成与教学目标的预设之间的匹配：在之前的教学设计中，教师预设的巩固练习要比课堂上实际呈现的多，且有不同层次难度的习题。但是在教学过程中，由于本堂课的教学生成比较少，教师基于对课堂整体走向的准确把握，减少了习题的数量和难度。这也说明了教师对学生学情和教学过程的充分把握，较好地处理了教学过程中预设和生成之间的关系。

案例三：初中数学《二元一次方程组》（陈林生，2020）

教学目标：

1.通过简单实例，探索如何用二元一次方程组解决实际问题以及运用二元一次方程组解决实际问题的原因所在。

2.二元一次方程组是对现实生活数学模型的刻画，在讨论和归纳中逐步提炼二元一次方程组的概念。

3.体会探究和归纳等思维活动，促进学生勇敢表达思维，激发学生的学习主动性，提高学生的数学表达能力和建模能力。

课堂实录：

一、情境创设

以“鸡兔同笼”这一命题引入：“今有鸡兔同笼，上有三十五头，下有九十四足，问鸡兔各几何？”

问题1：各位同学，我们一起回忆，这个问题如何解决呢？

生：我认为可以用算术法，我们可以假设所有的兔子都站起来了，这样4条腿就变成了2条腿，那么兔的数量为：$(94-35\times2)\div2=12$（只）。

生：我的想法和她几乎一样，我假设鸡的翅膀也是腿，从而得出鸡的数量为：$(94-35\times2)\div2=12$（只）。

生：我是利用一元一次方程来求解的。首先，设鸡有x只，那么兔有$(35-x)$只；然后根据鸡兔一共94只，从而列式$2x+4\times(35-x)=94$，解出x即可。

生：我与他的想法类似，我是假设兔有x只，那么鸡则有$(35-x)$只，然后列方程求解。

生：我也是利用的一元一次方程求解的。假设鸡有x只，那么兔的只数为$\frac{94-2x}{4}$，从而列式$x+\frac{94-2x}{4}=35$。

问题2：我们是否可以将方程的思路再一次延伸，是不是可以借助二元一次方程进行解答？仔细观察这道题，你发现了什么？

生：此题中有些什么相等关系？

生：是不是能用二元一次方程将其中的相等关系表达出来呢？

问题3：我们假设鸡有x只，兔有y只，请解题。

生：等量关系有：鸡的总数+兔的总数=35；鸡足+兔足=94。

生：也就是$x+y=35$；$2x+4y=94$。

问题4：那么再一次思考，这里的相等关系是“且”还是“或”呢？

生：当然是“且”，这里的等量关系需要同时满足。

师：既然这里的两个方程需要同时满足，我们就可以采用方程组的符号“{”将这两个方程联合起来，这样一来，方程组就形成了。

二、问题引领思维

问题5：学校组织了秋游活动，由于这一次是亲子游，家长和学生都可以参加，肖雪是一班的班长，需要完成有关秋游的一系列工作，你愿意做她的助手帮助她解决以下问题吗？请看题。

南山湖公园的门票价格如下：成人票60元/张，学生票50元/张，在旅行社购买了55张门票，并作为团体价再打九折，一共花费了2312元。假设成人票购买x张，学生票购买y张，请列出方程组。

生：根据等量关系：成人总数+学生总数=55，(成人票价总和+学生票价总和)×0.9=2312。可得$\begin{cases} x + y = 55 \\ (60x + 50y) = 2312 \end{cases}$

成人总数 + 学生总数 = 55，(成人票价总和 + 学生票价总和)× 0.9 = 2312，可得$\begin{cases} x + y = 55 \\ (60x + 50y) \times 0.9 = 2312 \end{cases}$

问题6：进了公园，大家一看划船项目甚是有趣，于是决定一起去划船，现在问题又来了，你能帮肖雪班长做决定吗？请看题。

南山湖公园水上项目(划船)：A型船限乘人数4人，B型船限乘人数3人，一班总人数为41人，一共租船11艘，并且每艘船都满员。假设一班共租用了A型船x艘，B型船y艘，请列出方程组。

生：根据等量关系：A型船总数+B型船总数=11，A型船乘坐人数+B型船乘坐人数=41，可得$\begin{cases} x + y = 11 \\ 4x + 3y = 41 \end{cases}$

问题7：出游前，肖雪班长为了节约成本就想到了自带水果，她决心购买橘子和香蕉这两种较为方便的水果并全班共享，你能帮她算一算吗？

橘子的单价是x元/kg，香蕉的单价是y元/kg，购买5 kg橘子和4 kg香蕉一共花费20.5元。假设橘子的单价比香蕉的单价少0.5元，请列出方程组。

生：根据等量关系：橘子的单价 + 0.5 = 香蕉的单价，橘子的总价 + 香蕉的总价 = 20.5，可得$\begin{cases} x + 0.5 = y \\ 5x + 4y = 20.5 \end{cases}$

问题8：秋游结束了，学校又开始组织一年一度的足球比赛了，肖雪班长与其他同学一起参加商讨比赛事宜，你也一起来参加吧！

足球比赛规则：足球比赛中赢得一场比赛得3分，打平一场比赛得2分，输掉一场比赛得0分。一班与二班共比赛场次8场，一班一场不输，得分20分。假设一班赢得比赛x场，打平比赛y场，请列出方程组。

生：根据等量关系：赢的场数+平的场数=8，赢的分数+平的分数=20，可得$\begin{cases} x + y = 8 \\ 3x + y = 20 \end{cases}$

问题9：……（继续以实际问题进行迁移训练）

分析：

本案例选自初中二年级上册的二元一次方程组问题解决的课堂实录片段，本课的主要教学目标是学生自行探索如何用二元一次方程组解决实际问题。本课的教学过程主要分为两个部分，即经典问题情境导入和典型问题的迁移与应用。

教学过程与教学目标的匹配：从教学目标的类型上看，教学目标不仅有二元一次方程组的知识，但更多的是培养学生运用二元一次方程组解决问题的能力。因此，教学目标是属于能力型教学目标。而教学过程中，教师以母问题——鸡兔同笼的经典问题出发，引出二元一次方程组，而后以问题进阶的方式，一步步引导学生学会用二元一次方程组解决生活中的实际问题。纵观整个教学过程，始终围绕发展学生的探究思维、归纳总结思维而展开，培养学生变式与迁移能力。因此总的来说，教学过程是完全贴合教学目标的，同时从实现教学目标的目的上看，教学过程也是相对完整的。

教学方法与教学目标的匹配：从教学过程中运用的方法来看，本课主要的教学方法是探究法。教师给予学生极大的学习空间，让学生从多个方面出发，多种思维角度思考，发现不同的解题路径，为学生的发散性思维培养打下良好基础。从教学目标上看，教学目标主要是为了培养学生对二元一次方程组的应用能力。而教师选择探究的方法，让学生自行探索、合作，从学生已知的一元一次方程出发，拓展到本课的核心二元一次方程组，学生都是在自主探究中完成，教师仅仅是引导作用。探究法的运用为教学目标能力的培养提供有效的教学路径，并充分体现出学生的主体作用，与教学目标匹配、契合，有效地完成了教学。

教学环节逻辑与教学目标的匹配：从教学过程中各环节之间的衔接上说，本课主要有两个教学环节，包括情境导入和而后以问题为主导的思维提升训练。两环节之间的过渡从鸡兔同笼的古代经典问题到现代生活中的真实问题，从古至今，从理论到生活，在过渡中符合学生思考问题的路径。同时，环节真实流畅，不与教学目标脱节，始终围绕教学目标而展开，为在教学过程中实现教学目标奠定了坚实的基础。

教学过程的生成与教学目标的预设之间的匹配：本课脱离教学目标而自主生成的东西较少，生成基本也是围绕教学目标所展开的。如在第一个环节中的“鸡兔同笼”问题中，不同的学生从不同的角度，对问题进行解决，有些方法也是在教学预设中尚未涉及的，而学生运用之前所学习的知识发现了多种解决方法。这种预设范围之外的生成也始终是围绕教学目标而展开的。这也说明了，教师对教学目标的精准把握，对教学环节的精巧设计，让学生的生成围绕实现教学目标而展开。

案例四：《鹬蚌相争》(周益民，2004)

《鹬蚌相争》的故事学起来可真带劲，孩子们诵读着，表演着，乐不可支。奇怪的是，每逢这种时候就分外活跃的小常今儿个怎么似乎游离在外？我正待悄悄过去看个究竟，他已经高高地举起了小手。“老师，我觉得课文有问题！”语气是那样地兴奋，“你看，书上写鹬威胁蚌说：‘你不松开壳儿，就等着瞧吧。今天不下雨，明天不下雨，没有了水，你就会干死在这河滩上！’你想呀，鹬的嘴正被蚌夹着呢，怎么可能说话呀？”“是呀是呀，这样想来下面也有问题。下面课文又写蚌得意扬扬地对鹬说：‘我就夹住你的嘴不放，今天拔不出来，明天拔不出来，吃不到东西，你也会饿死在这河滩上！’蚌正夹着鹬的嘴呢，怎么说话呀，一开口不就让鹬拔出嘴了吗？”其他同学受到启发，也有了新的发现。这不就是新课程提倡的“生成性资源”吗？我接着他们的话题：“同学们不迷信书本，善于思考，勇于发表自己的想法，真是好样的！这样吧，大家就这个问题小组讨论讨论。另外，还可以参阅老师课前发下的这则寓言的古文。”教室里立刻安静下来，片刻之后成了叽叽喳喳的一片。“我同意刚才几位同学的意见，课文这样写不妥。”“我觉得那不能怨编者，古文就那样写着呢，课文是根据古文改编的。”“不对，古为今用，可并不是照搬照用，不正确的也要修正。”“要我说，课文是寓言，你想想，鹬也好蚌也好，其实哪会说话呀，那是人们借这么个故事说明谦让和看清事情本质的道理呢，所以我觉得课文这么写是可以的。”“我不同意，尽管是寓言，想象也要符合实际情况呀，譬如总不能说鹬夹住蚌的嘴吧！”我乐了：“这叫要符合事物的物性特点。”“同学们讨论得真热烈，也很够水平。不过咱们不能光停留在发现问题上，我建议，同学们一起动动脑来改改教材，再动动手给编辑叔叔写封信，如何？”“好———”一致通过。下面是“柠檬酸”小小组的一封信。

敬爱的编辑叔叔：

您好！

您组织编写的语文课本真是太棒了！这一本本语文书就像一艘艘小船，带着我们在知识的海洋里遨游。每次新学期开学发新书，我们总是抢先翻看语文书。今天上《鹬蚌相争》时，我们觉得有个地方有点欠妥。我们读到“鹬威胁地说”和“蚌得意扬扬地说”这部分内容时，脑子里闪出了疑问：蚌用外壳把鹬的嘴夹住，鹬怎么能说话呢？而蚌一旦说话，鹬不就可以趁机拔出嘴巴逃走了吗？我们想是不是可以这么改：“鹬用尽力气，还是拔不出来，便狠狠地瞪了蚌一眼，心想：哼，等着瞧吧，今天不下雨，明天不下雨，你就干死在这河滩上吧。蚌好像看透了鹬的心思，得意扬扬地想：哼，我就夹住你的嘴不放，今天拔不出来，明天拔不出来，吃不到东西，你就会饿死在这河滩上！”编辑叔叔，您觉得我们的想法有道理吗？

海门市实验小学四(6)班 柠檬酸小小组

课堂在热闹中继续讨论着……

分析：

由于教学生成需要有一定的教学时机，因此并非每一课堂中都有生成，或者必须生成。但为了比较好的说明教学过程中的生成与教学目标的预设的关系，选择了一个比较经典的案例。本案例是选自2004年在《人民教育》上发表的一个案例，是说明生成与预设关系的较早的研究。当时的课堂实际在追求一种无法预约的精彩，而后这种理念也引起了很多争论，开始了课堂生成与预设的大讨论。

此课文在多个版本的语文教材中出现，出现的年级也有所不同，如西师大版是五年级上册、北师大版是六年级上册、苏教版是四年级上册的课文。由于年级不同，因此相应的教学目标就有所不同。本案例选自苏教版的语文教材，参考多个教学设计，对本课的教学目标一般有以下几点：了解鹬蚌相争的故事内容，明白寓言故事告诉我们的道理；有感情地朗读寓言故事，体会重点句子的含义；培养想象力，感悟故事内容。实际上，非常重要的一点是让学生了解寓言这种题材，并明白寓言故事所要讲授的道理，同时还要培养学生的想象力。从以上的案例来看，整个教学过程由于学生提出了疑问，课堂变成对"鹬与蚌能不能开口说话进行讨论"，表面上看，教学环节似乎偏离了最初的教学目标如明白寓言故事的道理，充分发挥学生的想象，了解寓言故事的特点等。但实际上，从学生的对话中可以看出，学生实际已经知道寓言的特点是什么，同时更知道想象要有边界的道理。因此，教师在这些目标的基础上，往前走了一步，让学生来改编故事，既能更好地发挥学生的想象力，同时也让学生在文字的锤炼中明白想象不是凭空产生的，是有一定事实依据的，让学生更加深刻地体会到想象的魅力。同时，也让学生更好地实现了对故事内容的把握，通过改编，让学生对此寓言的情节合理性进行推敲，在此过程中学生更加深了自己对故事的印象。

由此，可以看出，生成性教学并非一种胡乱的生成，一种想当然的生成，一种跳脱语文教学目标的生成。生成的教学内容或许不在预设的范围之内，但是生成的目标一定和预设的目标轨迹是基本一致的，或许会比原本的教学目标内涵更深刻，但范围上要做到不偏离，这样才能保证教学不偏移课程文本、学生需求的方向，从而使生成性教学变成一种有逻辑的、有界限的有效教学环节。

第六章

教学活动中给予学生学习机会

教学工作是学校教育的核心，是学校完成教育目标、实现教育任务的主要途径。教学活动，也就是我们通常所指的课堂教学，担负着学校教书育人的主要职责，这个过程开展得好坏直接影响到教育教学效果。新课程改革后，学生在教学活动中的主体地位日渐显现，学生参与教学、自主学习的水平和能力有显著提升，但是这些实质上只是教学活动的一些方面。教学活动作为一个完整的、涉及众多环节的过程，学生在其中的各个环节实际上都能够参与进去，学生有能力并且有参与其中的需要，因此，教师应该明确在哪些方面可以给予学生更多的学习机会，让学生真正发挥教学主体的主动作用，从而实现自身全方位的发展。

第一节 学生学习机会

学习机会是一个看似简单的词语，而实际上，学习和机会这两个词语的定义都比较广泛，内涵比较丰富，因此，需要准确把握二者的含义，并由此确定学习机会的定位。这样，才能够准确判断学生在教学活动中的学习机会的实质是什么，应该从怎样的视角来确定学生学习机会的内容。

一、学习机会的内涵

(一)学习

"学习"一词最早出现在《礼记·月令》之中："鹰乃学习"，其意是描述小鸟反复学飞的行为。而更多情况下，我国古代"学习"是将"学"和"习"两个词分开使用的。孔子《论语》中曰："学而时习之"，"学"是指我们现代意义上的学习，"习"则是指复习。而"习"也具有现代意义上学习的意思，如"性相近也，习相远也。"总的来说，我国古代关于学习讨论的重点在于"学什么"，关注的是学习内容，也就是知识。

伴随着西方教育心理学的发展和学习科学的出现，对学习的研究进一步拓展开来。从学什么逐渐扩展到了研究学习的过程和机制以促进如何高效学习，如何通过认知过程和社会过程促进有效学习的发生，如何形成一种高质量的学习都成为关注的重点。

经过长期探索和研究，人们对学习及其涉及哪些问题的认识越来越清晰。可以认为，学习是一种特殊的活动，通过这个活动，学习者的认知、能力、情感、行为等方面发生一系列持续的变化。也就是说，学习是一种活动，这个活动涉及活动主体、活动内容、活动过程、活动条件、活动变化等问题。因此，学习不仅应该包括学什么（学习目标和学习内容）、怎么学（学习过程或学习方式），学得怎么样（学习结果），还包括保障、促进并维持学习发生和持续的各种学习资源、学习环境等内外部学习条件。

（二）机会

从词源学来看，“机会”（opportunity）是由古拉丁文opportunus演化而来，引申为“合时宜的、及时的、便利的”。在《剑桥国际英语词典》中，opportunity主要是指“使某人有可能做他想做或者不得不做的事情的时机、境遇，或者做某事的可能性，也包括完成某事的可能性”。因此，在现代英语中，opportunity具有“适时”和“可能性”之意。我国著名学者夏征农编写的《辞海》中，关于“机会”的界定较为全面。机会主要包括两个意思：一是机遇、时机。韩愈《与鄂州柳中丞书》：“动皆中于机会，以取胜于当世。”陆游《感兴》诗：“诸将能办此，机会无时无。”二是事物的关键。《三国志·蜀志·杨洪传》：“汉中则益州咽喉，存亡之机会，若无汉中则无蜀矣。”（夏征农，2003）也就是说，机会有两个方面的含义：一是适时，即时机；二是内外部条件，即促进可能性方式的直接或间接条件。

(三)学习机会

学习机会(opportunity to learn)是由美国著名学者约翰·卡罗尔(John Carroll)于20世纪60年代率先提出的概念,后来逐渐发展成为研究和衡量教育机会公平的基础。国外关于学习机会的定义主要是指学习者接受教育或参与学习活动的可能性,主要表现为入学机会和参与学习活动的机会。具体来说,一是宏观层面,即入学机会,学习者只要进入学校或拥有接触学习的最初级条件,就被认为是拥有了学习机会;二是微观层面,即参与学习活动的机会,学习者充分参与教学活动,可以从时间、表现、结果等方面来衡量其程度。鉴于本书关注的是微观的课堂教学,而非宏观意义上的教育机会,因此我们对学习机会的理解更倾向于连续体的后半部分。借用王建军等人的理解,学习机会是学生在课堂教学过程中接触、介入、参与和分享学习发生所必需的目标、资源和过程及获得某种发展的可能性。(王建军等,2016)

二、学习机会的原则

在课堂教学过程中,教师要善于创造学习机会,兼顾全体学生,给予学生平等的参与课堂并促进自身发展的学习机会。

(一)平等原则

平等原则是指教学过程中教师要公平公正地对待每一位学生,不能厚此薄彼。多元智力理论提到,智力具有很多种类型,每种能力都属于智力的类型,并且每种智力的发展都因人而异。因此,教师要改变以成绩为唯一衡量标准的评价方式,课堂中不仅仅关注成绩优秀的学生,要公平地对待每一种特殊智力类型的学生，给予全体学生参与学习活动的机会，关注每个学生的发展状况，使学生都能在原有基础上获得各个方面的最大程度发展。

（二）差异原则

差异原则是指教学过程中教师要根据学生的心理、智力、个性特点等方面的差别采取不同的教育方式，以促进学生的最大化发展。每个学生由于智力特征、个性特点等存在差别，因此在不同领域的学习中会表现出不同的学习状况。这就意味着，教师应该意识到学生个体的独特性和差异性，全面地了解每一位学生，在了解的基础上进行差异化教学，做到不歧视任何一个学生，因材施教、扬长避短、长善救失。具体到教学过程，要处理好教学目标、教学内容、教学方法、教学策略、教学评价等诸多方面的设计和实行，尽量做到因人而异，满足不同学生的学习需要，使每个学生都获得发展的机会。

（三）补偿原则

补偿原则是指在教育过程中要本着促进每一位学生发展的终极目标，对处境不利的学生给予更多的关爱和照顾。新课程改革的终极目标也在于促进每一个学生的发展，这也是世界范围内学校教育所倡导和要达到的目的。在教学实践中，一些学生由于个体或外部因素等的影响，在某些方面存在劣势和不足是常见和正常的，教师面对学生的特殊情况和问题，不能置之不理甚至一味放弃，而应该采取有效的策略帮助学生克服问题，取得最大程度的进步。

以上三个原则相辅相成，密不可分。平等原则是后两个原则的基础，差异原则和补偿原则是实现最终教学公平的手段和措施。只有把三个原则辩证地统一起来，才能实现最终的教学公平，给予学生平等的学习机会。

第二节 教学活动中给予学生学习机会的维度

教学活动可以理解为教师教的活动和学生学的活动的统一，二者彼此联系，不可分割。但是在现实教育教学过程中，教师的教是教学活动的主要方面，学生的学被视为是教师教学活动引发的现象或者说是达到的目的。这种观念使得教学活动展开过程中教师对学生的关注不够，给予学生的学习机会存在片面化，而教师应该使学生在教学活动哪些主要环节，或者哪些方面获得相应的学习机会则是需要深入研究的问题。

一、教学活动概述

教学活动是师生间通过相互作用而形成的一种特殊的实践活动，与人类其他活动形式相比，教学活动具有自身独特的内涵、构成、特性及要素。了解这些内容，有助于我们全方位地审视教学活动，从而多角度来思考和审视教学活动中如何赋予学生学习机会。

(一)教学活动的含义

关于教学的定义,《尚书·兑命》中首次出现了“教学半”,即教的一半是学。《学记》中明确指出了“教”与“学”是相互依存、相互促进的,并进一步指出“学然后知困,教然后知不足”以及“教学相长”的关系。在现当代,尽管对教学的看法产生了诸多观点,但是总的来说,一般将教学理解为是一种特殊的认识活动,由教师的教和学生的学两种活动构成。其中,学生是教学的主体,发挥着学习的积极性和主动性,教师是教学的主导,通过自身的实践活动引导和指导学生向前发展。

关于活动的定义,亚里士多德在《范畴篇》中最早提出“活动”这一范畴,并把活动划分为理论活动、制作活动和实践活动,其后的一些哲学家也在不同意义上论及活动。马克思将活动看成是人对于外部世界的一种特殊的对待方式。是人的本质力量、个体存在、社会生活以及人类历史发展的基础。(金炳华等,2001)将人类总体活动分为三类,即认识活动、实践活动、交往活动。其中实践活动是最根本的活动,因为社会生活在本质上是实践的,依据实践对象的属性,实践分为客体实践性和主体实践性。马克思赋予人的活动以现实客观性、自觉能动性、社会历史性等新质,把人的活动理解为感性、能动的社会实践。基于上述认识,我们可以将活动理解为主体为了实现一定的目的而采取的实践方式和行为。活动是人类特殊存在的一种方式,是与人的生命运动相关的或相近的体现,是积极性、主动性和能动性的行为表现。

关于教学活动,就是将教学与活动二者结合起来看待,将二者的本质特征合二为一。教学包括教师教和学生学,活动是主体为达到一定目的采取的实践形式，教学活动就可以理解为为了实现特定的教学目标，教学主体即教师和学生所开展的特殊的认识和实践活动。首先，教学活动由教师和学生二者的活动组成，师生各自有自己的活动目标、活动任务和活动方式，二者的活动既相互区别又相互依存，离开了任何一方的活动教学都无法运行，也失去了其存在的意义。其次，教学活动是一个完整的教学系统，它是由一个个相互联系、前后衔接的教学环节构成的。每个环节都具有各自的特殊要求和设计目的，在教学中都具有不同的功能，而各个环节的衔接和连贯又使得整个教学呈现出一种整体一致的流畅与自然，从而发挥着最佳的育人效果。

（二）教学活动的要素

教学过程是一个完整的系统，涉及众多要素，每个要素都具有独立的价值和功能，是教学过程必不可少的必要条件。研究教学活动尽管需要对其要素进行逐一分析和把握，但是并不是要将其一一进行割裂来探索，而是在把握各要素的基础上更好地研究教学系统，发挥教学系统中各要素的合力，整体促进教学实践，充分发挥其学生发展功能。

关于教学要素的研究，主要有两种研究方式。一是不分类别，凡是与教学有关的要素都一一列出，如三要素说，认为教学是由教师、学生、教材三个要素构成；四要素说认为教学是由教师、学生、教学内容、教学手段四个要素构成；五要素说认为教学是由教师、学生、教材、工具和方法五个要素构成；六要素说认为教学是由教师、学生、教材、教学环境、教学方法与教学目标六个要素构成；七要素说认为教学是由学生、教学目的、教学内容、教学方法、教学环境、反馈和教师七个要素构成。（李如密、苏堪宇，2003）

另一种是根据一定的标准把与教学有关的要素归类,每个类别下包括多个要素。如三加六要素说把教学要素分为教学结构和教学过程两类要素,教学结构要素分为教师、学生、条件,教学过程要素分为教学目的、激发动机、教学内容、操作活动、控制调节、评价结果。2+2+5要素说把教学要素分为教学活动主体、教学活动条件、教学活动过程三类要素,教学活动主体要素分为教师、学生,教学活动条件要素分为物质条件、精神条件,教学活动过程要素分为教学目的任务、教学内容(或称课程)、教学方法手段、教学组织形式、教学效果的检查评价。三四二构成说:教学由三个构成要素、四个运行要素和二个环境要素整合而成,三个构成要素是指教师、学生、教学内容,四个运行要素是指教学目的、教学方法、教学媒体、教学评价,二个环境要素是指硬要素和软要素。(李如密、苏堪宇,2003)

总的来说,不管对教学活动要素如何进行分类,我们需要厘清的是教学活动究竟由哪些必需的要素组成,这些要素各自的作用如何发挥得更好。因此,这里不分类别,将教学活动的主要要素逐一进行列举。作为教学过程,其必须具有的要素应该主要有这样一些,包括教师、学生、目标、内容、方法、评价。这些要素构成一个有机整体,在教学过程中各司其职,又相互影响,都是教学过程中不可分割的重要部分。

二、教学活动中给予学生学习机会的评判指标

关于如何判定学生在课堂教学中获得了所需的必要的学习机会,这里在维度和项目等具体内容上均采用王建军等人的研究成果,主要从学习目标、学习过程、学习反馈三个方面来考查学生学习机会的获得情况。

（王建军等，2016）

一是学习目标机会，即形成、确立和清晰化学习目标的机会。如果学生有机会知晓、理解、形成和清晰化自己的学习目标，则更有利于学生结构化自己的时间付出、理智和情感投入以趋向明确方向，从而有利于学习的发生。

二是学习过程机会或学习活动的发起、参与、投入和巩固阶段性学习结果的机会。主要包括七个方面：（1）学习准备的机会；（2）学生在学习过程中获得有意义学习的机会，如学习内容以清晰易懂的方式呈现、学习内容能够联系学生实际等；（3）表达的机会，既包括学生表达自己的理解、观点和疑问的机会，也包括以此为基础与教师和同学等进行交流的机会；（4）学生接触了解和重构内容相关的或一般的学习的方法和思路的机会；（5）学生接受高于目前熟悉掌握水平的理智挑战的机会；（6）学生受到基于其个性特点（或差异性）的关注和指导的机会；（7）学生适时地通过诸如练习和作业的形式巩固所学的机会。

三是学习成就评价与反馈的机会。鉴于学生缺乏能力和资源以清晰而全面地评估自己的学习进程，如果学习者有机会获得及时而清晰的阶段性学习成就的评价与反馈，则更有利于学习的发生。主要从两个方面来考察学习成就的反馈：（1）学生适时适量地获得关于自身阶段性学习成就之评价的机会；（2）学生在被评价之后，有机会获得来自教师的明确指导和反馈的机会。

表6-1　学习机会评判指标

维度	项目	细项
学习目标	目标	学生经教师要求或提示而明确化学习目标的机会
学习过程	准备	学生预先对学习进程做准备的机会

续表

维度	项目		细项
	介入	意义	学生因教师之讲解或演示的清晰性、适当转化、趣味性、生活关联性而感知内容意义的机会
		表达	学生表达、质疑、回应的机会
		方法	学生获得学习方法、问题解决思路指导的机会
		挑战	学生获得教师提供的理智挑战的机会
		差异	学生获得教师提供的基于个性特点的反馈与辅导的机会
	巩固		学生通过作业或练习巩固所学的机会
学习反馈	评价		学生获得不同层级测验、考试等评价的机会
	反馈		学生在评价之后获得教师反馈与指导的机会

从教学活动要素来说，一是教师，课堂教学离不开教师的指导和点拨，要发挥教师的主导作用，需要教师精心设置教学活动，适时地引导学生进行学习。二是学生，在课堂中，学生是学习的主体，教师应尽量创造条件让学生积极主动地思考，不能喧宾夺主。该标准中的所有活动都是围绕着学生和教师活动进行的，且以学生活动为中心，教师起辅助作用。三是目标，教师在课堂上应该明确学习目标，让学生更加清楚自己最终通过这节课应该达到的效果，学生带有目的参与学习，能够提高学习效率。这一点体现在标准中的学习目标层面。四是学习内容，学习内容的难度应该要符合学生的最近发展区，即高于学生原有的水平，但学习难度是学生经过努力能够达到的。这一点符合标准中的挑战维度。五是教学方法，教学方法的使用是为教学目标的达成而服务的，即教学方法要有助于学生学习目标的达成，有助于学生三维目标的发展。这一项符合标准中的方法维度。六是教学评价，教师应采用合适的方式来对学生的学习情况进行客观的检测，并且及时进行反馈，使学生了解自己的学习情况和存在的问题。这一项符合标准中的评价和反馈维度。

第三节 教学活动中给予学生学习机会的案例

案例一:小学语文《长相思》(节选)(蔡海鹏,2006)

片段一:让学生在诵读中感悟

师:同学们,读古代诗词,我们不但要把它读正确,读出节奏,而且还要尽可能读出它的味道来,比如《长相思》这个题目我们可以有许多读法,有的读长相思(语调平平)。有“长”的味道吗?有“相思“的感觉吗?比如你这样念“长—相—思”(充满感情),有感觉吗?有味道吗?

生:(齐答)有味道,有感觉。

师:读词争取读出这种感觉和味道,你们自己再试着读一读《长相思》,争取读出你的味道和感觉来,明白吗?好,按自己的节奏读。

(学生自由朗读。教师在一旁巡视,了解学生的读书情况)

师:谁来读一读《长相思》?

……(找不同的学生来读,最后学生齐读)

师:真好,同学们,词读到这儿为止,你的脑海里留下了什么印象和感觉?谁来说一说?

生:我感觉到了作者非常思念家乡。

……(学生们发表自己的看法)

师：同学们，对家乡的思念，梦都做不成，觉都睡不好了，带着这种感觉我们再来读一读《长相思》，把这种感觉读进去，读到词的字里行间去。

（学生有感情地齐读《长相思》）

片段二：让学生在点拨中感悟

师：王老师提两个问题，看看你们对这首词大概的意思掌握了多少。（板书：身）

师：第一个问题，作者的身在哪里？身在何方？

生：作者的身在前往山海关外。

……

（学生热烈地回答，发表自己的看法。）

师：他经过了崇山峻岭，他经过了大河小川，他经过了山海关外，经过了军营的帐篷，他还经过了许许多多的地方，这就是作者的身在何方。一句话："作者的身在征途上。"（板书：身在征途）

师：下面我提第二个问题。（板书：心）

师：作者的心（稍作停顿）在哪儿？

生：他的心在故乡。

（教师连着问了第一排的学生，回答都是"故乡"）

师：用这首词当中的一个词一起说，作者的心在哪儿？

生：（齐答）故园。

（教师板书：心系故园）

师：好，孩子们，身在征途，心却在故园，把它连起来，你有什么新的发现、新的体会？

……（学生们主动发表自己的看法）

师：一个远离，一个思念，同学们，就是这种感受，这种感情，我们一起带着这种感觉再来读一读《长相思》。

（生读长相思）

片段三：让学生在想象中感悟

师：孩子们，请闭上你们的眼睛，让我们一起随着纳兰性德，走进他的生活，走进他的世界，随着老师的朗读，你的眼前仿佛出现了怎样的画面和情景？

生：我看见了士兵们翻山越岭到山海关，外面风雪交加，士兵们躺在帐篷里翻来覆去怎么也睡不着，在思念他的故乡。

……（学生展开讨论）

片段四：让学生在"移情体验"中感悟

师：孩子们，在征途上，纳兰性德还写了一首诗，题目叫《菩萨蛮》，其中有两句是纳兰性德问自己的。谁来读一读？

（出示课件"问君何事轻离别，一年能几团圆月"，学生朗读。）

师：问得好！孩子们，请你们再想一想，除了纳兰性德在问自己以外，还有谁要问一问纳兰性德"问君何事轻离别，一年能几团圆月"？

生：还有深深思念他的妻子。

师：对！你就是纳兰性德的妻子，你问一问纳兰性德。

生：问君何事轻离别，一年能几团圆月？

师：妻子问丈夫，那个"君"字改成——

（学生说问"夫"）

……

师：好一个贤德的妻子。还有谁会问一问纳兰性德？

生：还有纳兰性德的儿子。

师：你现在是纳兰性德的儿子。你问一问，把这个“君”字改成什么？

生：父。

师：“父”好！长亭下，芳草青青，儿子拉着父亲的手问——

生：问父何事轻离别，一年能几团圆月？

……

师：是啊，许许多多的人，他的老父、他的爱妻，他的娇儿，还有他的朋友都在问纳兰性德。

……

师：轻离别，你们居然说我轻离别，我纳兰性德真的“轻”离别？再读《长相思》，默读，你从哪儿体会到我纳兰性德没有轻离别啊?《长相思》的什么地方让你体会到这一点？

师：我想先问问我的老父：“老父，我是真的轻离别吗?”

生：不是，我从“风一更，雪一更，聒碎乡心梦不成，故园无此声”中看出你不是轻离别，而是为了保家卫国。

师：我再想问一问我的爱妻：“我是轻离别吗?”

生：你不是。风一更，雪一更，聒碎乡心梦不成，故园无此声。你是为了保卫祖国。你离别家乡，是为了到前线去杀敌。所以我不怪你。

师：是的，我何曾是轻离别啊！我是那样的重离别啊！但是我身为康熙皇帝的一等侍卫，我重任在肩，我责任如山，我不得不离，不得不别啊！长相思，我的重离别，我的重重的离别，我的一切的一切，都已经化在了《长相思》中了。

（学生有感情朗读《长相思》）

分析：

主要从“学习过程”这一维度中的“介入”部分进行分析。

一是意义，学生因教师讲解的清晰性、趣味性、生活的关联性而感知内容意义的机会。王老师做到了讲解的清晰性，通过提出问题，创设情境把抽象的古诗词变得更加富有感染力，更容易被小学生所理解。

二是表达，王老师给学生创造了许多表达的机会，学生能够积极参与课堂教学，并发表自己的看法。比如让学生说说对这首词的理解，又如让学生描绘诗人征战的画面，或者让学生向诗人提问等等，都是在让学生去表达自己的看法，形成自己的理解。并且通过学生的发言，也可以看到学生积极的思考，勇敢的表达。

三是方法，即给学生提供一种学习方法或者解决问题的思路，在这一点上，王老师为了让学生能深刻理解诗词的实质，考虑到了教学方法的运用，比如想象法，想象诗人的妻子、儿子、父亲等对他的问话。这实际上都是教师为学生更好地理解诗词所表达的情感采用的方法，可以为学生思考问题、解决问题提供启发。

四是挑战，能够提出学生经过思考后得出的问题，而不是简单的无意义的问题，通过节选的片段来看，王老师在四个教学片段中都对学生提出了问题，大部分的问题都需要学生静下心来认真思考才能得出答案。

五是差异，从王老师提的问题来看，都是开放性的问题，就意味着学生的回答可以是多样的，能够较好地体现出学生的差异性。从学生的回答情况来看，王老师没有过多地引导学生作答，而是让学生各抒己见，发表自己的看法，在学生回答完成后教师接着学生的话继续进行下一个环节的学习，衔接自然流畅。

案例二：初中数学《一元一次方程》（郑进泉，2010）

1.复习回顾、引入课题

师：我们已经学过了等式及等式的性质，那请大家回忆什么叫等式？什么叫等式的性质？

生：用等号表示相等关系的式子，叫等式。

生：等式的性质1：等式两边加（或减）同一数（或式子），结果仍相等。

生：等式的性质2：等式两边乘同一个数，或除以同一个不为0的数，结果仍相等。

师：（面带微笑注视学生）回答得好不好？

生：齐声回答“好”，并报以热烈的掌声。

2.独立思考，发现新知

师：首先请大家利用刚才所复习的内容来讨论交流“前置学习”部分内容：

下列式子中是等式的有：

①$4x-8$　　②$1+2+3=6$

③$\frac{2}{3}a+1$　　④$3+x>4$

⑤$2x=3x+1$　　⑥$x+1=3$

⑦$2x^2-x=1$　　⑧$x+y=5$

生：其中的②、⑤、⑥、⑦、⑧都是等式.

师：非常好，那再请大家再仔细观察这些等式有什么区别？

②$1+2+3=6$　　⑤$2x=3x+1$

⑥$x+1=3$　　⑦$2x^2-x=1$

⑧$x+y=3$

生：其中⑤、⑥、⑦、⑧含有字母，其中②不含有字母。

师：你观察得非常仔细，那你能给这些含有字母的等式命名吗？

生：齐声回答"方程"。

师：对！像这样的"含有未知数的等式叫作方程。"

教师板书课题的一部分及等式的定义。

师：你觉得在判断一个式子是不是方程的时候要满足什么条件呢？

生：①是等式，②含有未知数。（生单个回答有困难时采用小组讨论得出答案。）

师：你对等式概念的理解非常到位。下面就请大家利用方程的定义来判断：

下列式子中是方程的是：

①$8x-6y-2$ ②$16-25=-9$

③$2t^2-6=1$ ④$-3(x+y)+6=4y$

⑤$-3-3=-6$ ⑥$x+1=2x=3$

⑦$x=24$ ⑧$\frac{a}{2}+5=6$

生：其中③、④、⑥、⑦、⑧是方程，其他的不是方程。

师：很好！那其中的①、②、⑤为什么不是方程呢？

生：因为其中①不是等式，②、⑤都不含有未知数，所以它们不是方程。

师：回答得非常准确！请大家继续来观察刚才所找出来的方程，它们有什么区别？

下列方程有什么区别：

③$2t^2-6=1$ ④$-3(x+y)+6=4y$

⑥$x+1=2x=3$ ⑦$4x=24$

⑧$\frac{a}{2}+5=6$

生：有的未知数在等号的一边，有的在等号的两边。

生：有的含有一个未知数，有的含有两个未知数。

师：（引导）刚才同学的回答很好，那你有没有从未知数的次数上考虑呢？

生：有的未知数的次数是一次，有的未知数的次数是2次。

师：很好。像这样的只含有一个未知数，并且未知数的次数都是一次的方程我们给它个名称叫什么呢？

生：齐声回答"一元一次方程"。

补全课题，并板书一元一次方程的定义。

师：你对一元一次方程的定义是怎么理解的？说给你的同桌听听。

生：要判断一个式子是不是一元一次方程有三个条件：①是等式，②含有1个未知数，③未知数的次数都是一次；如果在方程中选就只要满足后两个条件。

师：理解得非常深刻。请看下面的判断：

1. 下列式子中是一元一次方程的有：

①$2x+3y=0$　　②$x^2+3x+2=0$

③$x+1=2x-5$　　④$32m+32m=7$

⑤$t^2-1=0$　　⑥$1+y-3(3-y)=2$

⑦$\frac{x-1}{6}+\frac{x+1}{3}=4$

⑧$x+\frac{1}{x}=2$

生：其中③、④、⑥、⑦是一元一次方程。

师：很好。那其他的为什么不是一元一次方程呢？

生：因为①含有两个未知数，②、⑤、⑧未知数的次数不都是1次，所以它们不是。

师：解释得非常到位。请大家继续看大屏幕：

2. 若$2x^{a+2}$十3=1是关于x的一元一次方程，则a=______；

生：根据一元一次方程的定义可等出：x的次数要是一次，所以$a+2=1$，所以$a=-1$。

师：你解释得非常到位。请继续看大屏幕：

3. 若$(a-2)x+5=0$是关于x的一元一次方程，则a______；

生：根据一元一次方程的定义可得出：x的次数已是一次了，要含有未知数它的系数就必须不能等于0，即$a-2\neq0$，所以$a\neq2$。

师：你解释得非常到位。请继续看大屏幕：

4. 若$(a-2)x^{-a^{2}-3}+5=0$是关于x的一元一次方程，则a=______；（有困难，学生小组讨论后解决。）

生：根据一元一次方程的定义可得出：x的次数要是一次，且x的系数不能等于0，即$\begin{cases}a-2\neq0\\a^2-3=1\end{cases}$，所以$a=-2$。

师：请大家来看这个思考：

思考：方程$x+1=2x+5$

当$x=1$时，方程左边=？右边=？

当$x=-4$时，方程左边=？右边=？

师：求方程解的过程叫作解方程。

基础练习、初步应用：

1. $x=1000$和$x=2000$哪一个是方程$0.52x-(1-0.52)x=80$的解？

2. $x=-4$和$x=5$哪一个是方程$5x+2=7x-8$的解？

3. 若$x=1$是关于x的一元一次方程$ax+a=4$的解，则a=______。

4. 写一个一元一次方程，使它的解为-1。

生：经代入检验x=2000是方程的解。

生：经代入检验x =5是方程的解。

生：因为x=1是一元一次方程$ax+a$=4的解，所以代入就得到a+a =4，所以a=2。

生：$2x-1=-3$

生：$a=-1$

生：$x+x=-2$

生：$3x-1=-2$……

师：1、2、3题同学回答得非常好！那第4题大家所说的这些方程是不是都满足题意呢，怎么办？

生：（齐答）代入检验。

师：那大家帮忙检验一下是否都满足条件。

生：3x-1=-2的解不是-1，不满足条件。

师：很好。从这里就可以看出我们做完题目之后还要再回头检查一下是否符合题目所列的条件。

3. 知识归纳，形成体系

师：通过本节课的学习，你学到了哪些知识？学会了哪些思考问题的方法？在合作学习中你感受到了什么？

生：……

师总结：生活中并不缺少数学，缺少的是发现数学的眼光，让我们用数学的眼光去发现生活中的美，让我们用数学的方法去创造生活中的美……

分析：

学习目标维度：该老师整个教学过程尽管并没有直接明确提出本节课的教学目标，但是通过精心的课堂设计和安排，通过一步步的引导，学生逐渐理解并掌握了本节课要讲解的主要内容，明确了本节课的目标，即什么是一元一次方程及一元一次方程的解是什么。

学习过程维度：在介入部分，在意义层面，该教师没有过多地对教学内容进行细致的讲解，更多的是通过题目来精心引导学生自己发现问题，解决问题，从而得出结论。但是总体而言，内容与内容之间的衔接逻辑性强，关联性强，要表达的思路和意图十分清晰明了。在表达层面，该教师做得很好，给予了学生充分的思考和表达观点的机会。教学并没有直接讲教学内容，而是通过一类一类的题目来充分调动学生学习的积极性，让学生自己发现问题，找出特点，学生能够充分表达自己的观点。如让学生找出哪些是等式，哪些是方程，方程与等式的区别，一元一次方程与其他方程的区别，等等。在方法层面，该教师给学生提供了很多解决问题的机会，并通过方程、等式、一元一次方程之间的相互关系，以及解方程的过程来引导学生解决问题，学生通过自主的思考和发现，获得了关于方程、解方程的理解。在挑战层面，该教师给学生挑战的难度是递增的，前面的问题都是在为后面的问题做铺垫，给学生搭建了合适的支架，激发了学生探求欲望。在巩固部分，该教师设计了很多练习题，来加强学生对所学内容的理解，比如“找出哪些式子是一元一次方程?”，关于解方程的诸多练习等等。

学习反馈维度：在反馈层面，从案例来看，该老师在设置了一系列疑问的过程中，对于每个疑问中学生的解答都给予了充分的肯定，鼓励学生进行自主和大胆的思考与判断。

案例三：小学英语《there are lots of beautiful lakes in China》（节选）

该案例来自重庆市巴南区某小学英语课堂实录。

师：Hello，everyone.

生：Hello，Coco.

师：How are you today?

生：I'm fine, thank you. And how are you?

师：I'm fine too, thank you.

师：Ok, before our class, let's introduce some pictures. So, what can you see? These are all Chinese lakes.

生：These are all Chinese lakes.

师：How many lakes are there?

生：There are five lakes.

师：Yes! And now, how many? How about now? one, two, three...... How many lakes are there?

生：There are some lots of lakes on this.

师：Ok, once again. There…

生：There are lots of lakes on there.

师：There are lots of lakes on there. And we can say, there are many lakes in China.

师：And we can say, there are lots of lakes in China.

师：And how do you think of them?

生：It's every beautiful.

师：They are very beautiful, yes! They are very beautiful.

师：Beautiful.

生：Beautiful.

……

师：Yes, very good. And look at here? So, let's read it.

生：There are lots of beautiful lakes in China.

……

师：Ok, as we can see, there are lots of beautiful lakes in China. Look at here. What's this?

生：This is Huangshan Mountain.

师生：This is the Huangshan Mountain.

师：The Huangshan Mountain.

生：The Huangshan Mountain.

……

师：And how do you think of it?

生：It's very very high.

师：It's very very high. Yes, it's very very high.

师：High.

生：High.

……

师：The Huangshan Mountain is high.

……

师：Look here, what's this?

生：It's Changjiang River.

师：Very good. The Changjiang River.

生:The Changjiang River.

……

师:Very good! How do you think of the Changjiang River?

生:The Changjiang river is very very long.

师:The Changjiang river is very very long. Very good! And how about this picture? Everybody together.

生:The West Lake.

师:The West Lake.

生:The West Lake.

……

师:And how do you think of the West Lake? Is it beautiful?

生:Yes.

师生:The West Lake is very very beautiful.

师:I think so. And how about this one? What's this?

生:The Great wall.

师:The Great wall. Everybody together.

生: The Great wall.

……

师:And how do you think of the Great wall?

生:Very very old.

师:Yes, it is very old. What else?

生:It is very old and very long.

师:It is very old and it is very long. And what else?

生:Strong.

师：Strong. together.

生：The Great wall is very strong.

师：Strong.

生：Strong.

……

师：The Great wall is strong. One two go.

生：The Great wall is strong.

师：Look carefully. What's this?

生：The Huangshan Mountain.

师：Yes, the Huangshan Mountain. And how about this one?

生：The West Lake.

师：Yes, the West Lake. How about this?

生：The Changjiang River.

师：Yes, the last one.

生：The Great wall.

师：Yes, very good. And look at this chant and the words. A short chant, who can read it?

生：The Huangshan Mountain is high. The Changjiang River is long. The West Lake is beautiful. The Great wall is strong.

……

师：And there is a voice about it. The first thim?

(Voice: Look, There are postcards from China. There are many mountains in China. There is a famous mountain in Anhui. It's the Huangshan Mountain. This is the famous Changjiang River. It is more than six thousand kilometers long. There are lots of beautiful lakes in China. This is the West Lake. It's in Hangzhou. This is the Great wall. It's more than twenty thousand kilometers long.)

师:Listen carefully, and answer four questions.

师:Ok, how about the first question. Where is the Huangshan Mountain?

生:Anhui.

师:The Huangshan Mountain is in Anhui. Hear the chant.

(Chant: There are many mountains in China. There is a famous mountain in Anhui. It is the Huangshan Mountain.)

师生:The Huangshan Mountain is in Anhui.

师:Ok, the second question. How long is the Changjiang River?

……

师:Yes, very good. Now, this time, listen and follow then underline the sentence about"there is /there are".

Now, open your books, and turn to page 11.

And where is your pen? Pick up your pen and underline"there is/there are".

师:Ok, listen and follow then underline.

(Voice: There are many mountains in China.)

生:There are many mountains in China.

……

师:Ok, how many sentences are there? How about the first one?

生:There are many mountains in China.

师:Yes. There are many mountains in China. And how about the second one?

生:This is the famous Changjiang River.

师:I'm sorry, I'm sorry. "there is/there are". Sit down please.

生:There is a famous mountain in Anhui.

……

师:And can you found the rules of"there is/there are"?

生:单数用"there is",复数用"there are".

师:Look at here."mountain"后面没有"s",所以我们这儿用的是"there is"。 Look at here."mountains"后面有"s",所以我们这儿用的是"there are"。

师:Ok, look here, make a sentence, use"there is/there are".

师:What's can you see in this picture? You can use"there is/there are".

生:There is a Changjiang River.

师:We can see, there is a bridge. There is a bridge above the Changjiang River. Ok, what else?

生:And I can see there are many flags.

生:There are three boats on the Changjiang River.

……

师:Very good, sit down please. There are lots of mountains near the Changjiang River. And look at this picture. Who can say this picture. Have a try.

生:There are two birds.

……

师:Now, we have know there are so many beautiful places in China, and look at this pictures. There are also some beautiful places in Chongqing. How about the first one? Where is it?

生:The Xiannüshan Mountain.

师:Yes , it is the Xiannüshan Mountain. And how about this one? It is in Hengshui. What is it? Do you know?

师:This is the Ayi River.

师生:This is the Ayi River.

师:How about this one?

……

师:Where is it? It is very famous.

生:Ciqikou.

师:I'm sorry, I'm sorry.

生:This is the Nanshan Mountain.

师:Yes, this is the Nanshan Mountain. And what can you see?

生:There are lots of mountains in Nanshan Mountain.

师:Yes, there are many buildings and we can see there are many trees and flowers. And what can we do in Nanshan Mountain?

生:We can take lots of pictures.

……

师:We can climb the Nanshan Mountain. And look here. This is a postcard of the Nanshan Mountain. Talk about the postcard in groups. Four people a group.

师:So, which group want to show? Ok, this group. Come here. Listen carefully, ok?

生：This is the Changshou River. There are many trees and mountains. It's very beautiful. We can row boats there.

师：Very good. Give hands. And next group. Come here.

生：There are lots of trees and mountain. It's very high.

师：OK, give hands. Though there are somang beautiful places in Chongqing, try to make a postcard of Chngqing.

生：Bye bye!

……

分析：

学习目标维度：在本案例中，尽管该老师没有给学生在课堂上明确提出本节课的学习目标是什么，但是通过连贯和紧凑的讲解和学习，学生学习到了本次课的知识点要掌握的内容，即了解"the rules of 'there is/there are'"，实际上是通过教师的讲解和引导这个过程逐步明确了本节课的教学目标要求。

学习过程维度：在介入层面，第一是意义，该老师在这节课中的讲解做到了趣味化和生活化，通过吟唱的方式巩固四个景点的名称以及听录音找there be的句式这两个环节增加了趣味性。在练习中又以学生所在的城市为教学背景，让学生用there be 的句式描述家乡这一环节增加了教学的趣味性。第二是表达，在本案例中，可以看到教师通过提问、诵读等形式给予了学生很多机会去表达，学生对教师的回应比较热烈，整个课堂气氛比较活跃，师生的互动很多。第三是方法，该老师没有明确告知学生学习句型等知识的具体方法，但是从其教学过程的安排和策略中，学生可以学习到句型的运用方式、使用特点等，间接能够了解学习该类型知识常用的策略和方式。第四是挑战，在案例中该老师前面部分基本上着眼于知识教学，加强学生对重点内容的掌握上，后面部分给学生提供了挑战的机会，主要集中在练习题部分，例如，描绘重庆的景点，要求用到“there be”的句式等。第五是差异，本案例中该老师提问的问题类型大多是封闭性问题，如“Where is the Huangshan Mountain?”学生的回答几乎是一样的。最后一个活动“Make a postcard of Chongqing”是一个开放性问题，在这个活动中能较好地体现学生的差异性。在巩固层面，可以看到该老师安排了许多巩固练习，比如，听录音找其中的“there be”句型。为了练习的趣味性，该老师还创设了制作明信片的场景。

学习反馈维度：在评价层面，学生获得了不同层级的测验，但是层级体现的不是很明显。在反馈层面，可以看出该老师有给予学生反馈，并且有的时候抓住了学生回答的关键点，再在此基础上进行延伸，如在学生回答“单数用”there is”，复数用“there are”的时候，老师接着说“Look at here.‘mountain’后面没有‘s’，所以我们这儿用的是‘there is’。”“Look at here.‘mountains’后面有‘s’，所以我们这儿用的是‘there are’。”

案例四：高中语文《山居秋暝》教学设计（节选）（张建伟，2014）

一、创设情境

自东晋陶渊明、南朝谢灵运开创山水田园诗派以来，深受一些优秀诗人的称赞。大家还记得哪些山水田园诗呢？山水田园诗到了唐代，开始受到人们的推崇，王维、孟浩然就是这一时期山水田园诗的代表作家。今天，我们就来学习王维的一首诗《山居秋暝》。

二、观察体验诗文情感，群体交流

1. 简明了解诗人（介绍王维及苏轼对其评价）。

2.分析诗歌,初步鉴赏诗歌意境。

(1)背景:《山居秋暝》是王维晚年闲居蓝田辋川时写的一首五言律诗,他在终南山下建造了别墅,过着半官半隐的生活,而此诗也勾勒了几幅画。(以下为提问教学、板书)

(2)析题目,初步感知

诗题中“山居”、“秋暝”分别是什么意思?这是一幅以什么为题的画呢?

明确:标题“山居秋暝”“山居”即其隐居的别墅,点明了地点;“秋”点明了季节;“暝”,傍晚,点明了具体时间。整首诗所写的景物即秋天傍晚在山居所见的景物。

(3)诗歌朗读指导

①听朗读。(配乐)

②结合注释,读懂全诗。

③诵读全诗。

(4)明晰诗意

王维的诗被苏轼称赞说:“味摩诘之诗,诗中有画;观摩诘之画,画中有诗。”下面我们通过领悟诗的意象,品味诗的意境来赏析这一特点。

①首联与诗题有什么联系?

明确:首联紧扣诗题,点出了时间、地点、季节。(破题)

②“空山新雨后,天气晚来秋”首联写出了什么样的意境?

明确:山雨初霁,万物为之一新,又是初秋的傍晚,空气清新,景色美妙。给全诗创造了一个寂静,清新,幽雅的环境。

③颔联“明月松间照,清泉石上流”和颈联“竹喧归浣女,莲动下渔舟”都是写景,有什么不同?

明确：颔联用了“明月、松、清泉、石”等意象，表现出山村的自然美。颈联用了竹、莲、浣女、渔舟等意象，表现出了山村的生活美。颔联侧重写物，颈联侧重写人。

④翻译尾联，并体会其中寄托了作者怎样的思想感情？

明确：春天的芳华景物已在不知不觉中衰败，秋景却很美，我还是愿意留居山中，不想归去。尾联表达作者欲远离尘世归隐山林，不再回到纷纷扰扰的官场中去的强烈愿望。体现了作者高洁的情怀和对理想境界的追求。

⑤发挥想象，联想意境

这首诗描绘了一幅山村晚景图。请抓住意象及其特征，通过创造性想象，补充形象，再现画面，用散文化的语言描述这幅图画，尽可能描绘细致、语言优美。

（可从光、色、形、静态、动态等方面展开联想。）

⑥总结画面内容

画面总合空山雨后的秋凉，松间明月的清光，石上清泉的声音，浣衣村女的笑声，渔舟穿过荷丛的动态，和谐完美地融合在一起，有声有色，有景有人，有静有动，构成了清新秀丽的乡村生活图景。

⑦山中景色令人陶醉。我们体会了“诗中有画”的特点。

3.深入鉴赏，拓展知识

(1)提问，读诗时，觉得作者想要表达的思想在哪一句表现得比较明显？

点出最后一句“王孙自可留”，此为一个典故，本来出自《楚辞·招隐士》。而“招隐士”本是劝人出世为官，王维在此却反其道而用之，表达还是不出世而是做隐士好。而前面描写的景物在此便是说明这个地方适合隐居。

(2)向学生说明诗句表面容易理解,但是仔细品味还有许多问题。

如,修改“明月松间照,清泉石上流”为“明月松林照,急泉石上流”,并让学生讨论改前与改后哪句更好,最后点出“松”和“清泉”皆为意象。

再如,为什么要说是“空山”? 是为了表现寂静,“空山不见人,但闻人语响”。

(3)向学生提问,这里为什么要用这些事物,引出“一切景语皆情语”。并举“月”“柳”“菊”“子规”等意象,最后说“莲”,并列举写莲的诗句如《西洲曲》中的“低头弄莲子,莲子清如许”,说明“莲”即“怜”,就是“喜欢、怜爱”之意。从“莲”引出下一句的鉴赏“竹喧归浣女,莲动下渔舟”。

(4)将“竹喧归浣女,莲动下渔舟”改为“浣女归竹喧,渔舟下莲动”,说明此为倒装,从“未见其人,先闻其声”表现了竹的茂密以及莲的盛放。“莲动下渔舟”与“芙蓉影破归兰桨”(《红楼梦》中诗句)比较,说明后一句有前一句的影子,却又在前者的基础上更注重细节,更进一步。

(5)比较“鱼戏新荷动,鸟散余花落”与“鱼跃练川抛玉尺,莺穿丝柳织金梭”,让同学们说出自己观点,最后总结前句较好,因为生动形象地抓住了细节,再举出杜甫“微风燕子斜,细雨鱼儿出”的例子,进一步证明观察细致入微才能写出细节。引出山水田园诗的发展。

……

三、得体表达

请同学们用自己的话对《山居秋暝》的意象和意境进行描述,要求把自己当作王维进行抒情。(答案由学生讨论,不定。)

分析:

主要从“学习过程”这一维度中的“介入”部分进行分析。

学习过程维度：在介入层面，第一是意义，该设计首先是分析题目，让学生初步感知本诗所要描写的内容；然后通过一系列的设问及教师总结等让学生明晰本诗所要表达的意蕴；通过对本诗引用典故和具体用词的进一步分析，引导学生深入理解和鉴赏本诗，体会其中用词的巧妙和凸显出来的思想；最后，让学生用自己的话来描述此诗的意象和意境。可以说，该课的教学思路十分清晰，即“感知—明晰—拓展—表达”，能够较好地帮助学生理解诗词的语言及所要表达的情感。在表达层面，教师设置了较多的问题，引导学生自己对诗词进行思考、分析，因此给予了学生很多的表达机会，有助于其思维、理解及表达能力的提升。在方法层面，教师的分层次、逐步提高的“感知—明晰—拓展”是一种很好的语文学习方法，通过对题目的理解明确古诗的题材和大体要表达的内容，然后通过对诗词内容的渐进式分析明晰诗词要表达的意旨，最后通过对诗词用语的细致分析拓展学生语文素养和能力，提升其理解和表达能力。这种学习方式潜移默化地教给了学生学习古诗、品读古诗、理解古诗的方法。在挑战层面，学生面对的挑战是层层递进的，一开始是对古诗的内容和所表达的意境的分析上，之后是对古诗所要表达的思想的深层次分析，最后是学生用自己的语言对古诗进行个人描述，不断地挑战着学生的理解能力、深入挖掘能力和语言表达能力。在巩固层面，主要体现在得体表达上，要求学生用自己的话对诗的意象和意境进行描述，这是对前面分析诗词内容、理解诗词意境的进一步提升，通过学生自己的重新想象和表达，加深对诗词的理解，巩固前面所学内容。

第七章 教学活动体现以学定教的程度

“以学定教”思想是任何时期教学活动都应该遵循的原则,教师的教是为了学生的学,教的是学生,自然应该从学生的角度出发来探索和实施教学活动,从而使教学活动最大程度地促进学生的发展。以往教学活动的偏颇不能抹杀学生在教学过程中的主体地位,在当前的教育改革理念下,以学定教又具有了新的意义,焕发了新的活力,各种改革相继涌现,极大地推动了教学“基于学生、为了学生”的实行和实现。教学活动是否从整体上或者环节上体现了以学定教的思想,可以通过一些标准来进行判定,这对于教师考查自己的教学活动是否是基于学生的角度实行和展开可以提供很好的指导。

第一节 以学定教

"以学定教"思想由来已久,历史上诸多思想家和教育家都论及过这一问题,时至今日,这仍然是教育领域关注的重要问题。"以学定教"的实质是什么?在实践中主要有哪些基本的表现形式?这些问题需要阐明和澄清,才能够帮助教师准确把握"以学定教"的基本思想和具体要求,从而在实践中去践行。

一、以学定教的内涵

以学定教的思想,历史上不乏对其陈述。我国古代的孔子提出了因材施教的思想,近代陶行知对此也有过明确的论说,比如他曾提出,教的法子必须根据学的法子。杜威在他的教学方法中,也强调学生的心理发展与教学共同活动的关系。然而,真正促使该理念得以践行的还是得益于新世纪的新课程改革的推动。长期以来,我国的教学"以教定学",实践中教师更多地关注如何将教学内容传递好,自己的教学如何做好,从知识出发开展教学,对学生的分析和关注不够。新课程改革强调教学是为了学生的发展,以行政力量推动了我国教育由对教的重视转向对学的重视。

事实上，学是教的起点，也是教的终点，也是判断教的质量的标准。“教”和“学”既相互独立又辩证统一。“教”是教师的活动，“学”是学生的活动，二者看似是不同活动主体从事各自的活动，但实质上又是统一的，“学”是终极目的，“教”要以学为出发点和归宿，要基于对学的深刻分析而进行。也就是说，教师的教学活动必须以学生的知识基础、认知能力、兴趣特点和动机水平等为前提，科学确定教学目标、选择教学方法和组织形式、设计教学环节、形成教学方案。同时，教师必须系统地研究学生的学习活动，以准确把握学生对知识的认知过程和可能存在的疑难问题，根据教学与学习的规律引领学生主动学习。许多一线优秀教师其实都是以某种方式执行以学定教理念的受益者和示范者，将其思想贯穿于课堂教学并取得了良好的效果。

以学定教，就是指根据学生的身心规律及其学习情况来确定教师的教学活动。具体是以学来确定教学目标、组织教学内容、确定教学方法、设计评价方式等。以学定教是对教与学关系的重新定位，意在改变以往教师中心的教学活动形式，主张以学生的学为中心来确立教学目标，组织教学过程，重视教学过程中学生的学习和表现情况，并据此跟进和调整教学过程。

二、以学定教的形式

以学定教虽然是一种教育理念，但是，目前主要是在教学领域实践。以学定教的教学有两种呈现形式，一是先学后教，二是以教导学。

（一）先学后教

研究及事实表明，人类从一出生就具有学习能力，而且随着年龄的增长和知识的积累，其学习能力日益增强。教师与学生是矛盾的对立统一体，双方从事着不同的“工作”，完成各自的任务，但同时其活动又都统一于学生发展的最终目的上。因此，在教学过程中，在发挥教师主导作用的同时，要牢固树立学生第一的教学思想。这主要有两层意思，一是教师必须尊重学生、相信学生，从学生的认知等个体因素出发来设计和开展教学活动，合理利用学生学习的内驱力，根据学生差异，选定适当的教学内容，让学生主动学习、自我促进、自我反思，把传统的“讲堂”变成学生学习的“学堂”。二是教师的教学要以学生个体的最大程度的发展为目的，始终把全体学生的共同发展作为教学活动的目标，因人而异、因材施教。

先学后教是洋思中学原校长蔡林森的实践智慧。这一思想不是源于理论的推演和启发，而是源自其长期教学实践经验的积累和发现，从学生的学习经历中获得的感悟，并逐渐形成了“先学后教，当堂训练”的课堂教学结构，包括“呈现目标—有指导的自学—自学检测—教师讲—当堂训练”等环节。教师先向学生说明教学目标，让学生准确、清晰地明了学习要达到的要求和结果；设计一些指导学生自学的问题，然后让学生在规定的时间内“先学”；学生自学后，教师当场进行检测，对于学生可以自行掌握的教学内容，教师就不必浪费时间讲解，对于学生自学还不能完全理解的内容，则可先通过同学之间的交流和互助的形式相互补充和启发；仍然解决不了的难点和疑问，教师就需要重点进行针对性的讲解；最后是通过训练题来对学生的学习结果进行检查，考查学生通过“先学”和“后教”对教学目标的完成情况。在这里，有指导的“先学”能够了解学生真实学情以便开展有针对性的“后教”，能够有计划地训练学生主动学习的方法、技能和习惯，也能够有效地鼓励学生表现自己的学力。

改革之初，一些教师在实行先学后教的过程中，出现了让学生先学之后，依然按照预先设计的教案进行教学的情况，仍然是注重教师完整、系统的讲解。有些学校在探索学案导学教学时，将导学案变成了“问题案”或“作业案”，不是注重学习的引导和方向指向上，而是成为了问题集、习题集。针对这种误区，需要理清先学后教的真正含义。先学后教不是先学后讲，教师的教一定要建立在学生的先学之上，利用先学的成果，有选择、有针对性地教。先学后教的教学结构要求教师“充分准备、有限呈现”，在课堂的现场了解学情，临床选择教的内容和方式。教学必须讲究导学艺术，通过教师恰当、适宜的指导来促进学生学习习惯与方法的养成、能力的提高、思维的发展等。

（二）以教导学

如果说先学后教是现场随机“定教”，那么，以教导学则是根据教师的经验预先“定教”。学生虽然各自具有不同的认知水平和个性特点，但是处于同一年龄阶段的他们具有共同的学习和心理特征，且比较稳固。因此，教师可以根据学生的共性特征进行学生分析，对其学情进行准确的判定，并据此做好教学工作之前的预先设计和准备。而学生作为认识主体，其与教学内容之间的连接就是起着指导（主导）作用的教师。教学是一种有教师指导的学习，这也是对教育本质的深刻反映。

我国著名的语文特级教师钱梦龙十分注重教师导的作用和程度，也由此取得了备受认可的教学成就。钱梦龙的导读模式是教师事先根据教学经验对学生和学情有所把握的前提下设计教师的教，这是在逻辑上（而非时间上）将学生置于教师之先。他的许多教学实录极其精彩地体现了教师如何根据学生的需要“引导”学生学习。在一次公开课后，有一位点评者极有感触地问及为什么学生与其配合如此默契的问题，钱梦龙说："因为我首先考虑的不是学生将会怎样'配合'我的教（这不符合'学生为主体'的观点），而是自己的教怎样去配合学生的学。因此，仔细体察学生认识活动的思路和规律，是我备课的一个重要内容。"（钱梦龙，2005）在借班上课的时候，上课前他经常要花几分钟时间先与学生"聊上几句"，这种聊天就是了解学生的过程。以教导学的关键是对学生以及学情的了解，把学生放在教学的首位，没有这个逻辑前提，教学中仍然从教师的教出发，自我中心地以教代学，就又走回了以教定学的框架。因此，从实质上看，以教导学是建立于对学生的充分了解基础上，教师通过自己的教学引导学生有效学习，而不是教师基于自己对学习的独断意识和判断而自行展开的教学。当然，这种逻辑上的学生优先不仅需要教师对学生的总体状况了然于胸，也要求教师能够在具体的教学过程中根据学生的即时表现作出积极的调整。

第二节 教学活动体现以学定教的标准

从前文可知，教学活动是师生双方的双边活动过程，教师和学生都是教学活动的主体。教学的这种多主体性，使得教学需要多主体共同作业，形成合力，才能实现教学目的。"以学定教"不仅从关系层次上重构了教与学，也引导着教学过程的实践转向，从教师的预设性教学活动走向学生的生成性教学活动，突出学生学习活动的引起、展开、发展、评价的过程。在这个过程中，教学活动要体现“以学定教”，就要从教学目标、教学活动的主客体，以及活动后的评价等方面来看，不仅要求教师转换教学思路，从关注“怎样教”转为关注学生“怎样学”，更应从实践操作上掌握“以学定教”的教学要求。

一、以学生的发展为目标

教学活动是在教学目标的基础上建立起来的，教学活动能否体现以学定教，还得依靠教学目标，教学目标的合理确定直接关系着课堂教学质量的高低。教师在确立教学目标时，经常会出现的现象是，从自己教的角度出发来考虑，怎样教更有利于教学内容的传递，更省时高效，并由此对教学活动进行规划、设计、假设、安排。有的教师甚至在设置教学目标时以“方便教”为原则，通过教能实现的内容即纳入教学目标，不方便教的内容则不予考虑。这种教学体现的是教师的教所达到的标准或质量规格，没有对学情予以相应的重视。这种不顾学生学情的教学容易造成教学目标与学生实际脱离，可能目标过高、内容过难，学生感觉高不可及，失去学习的信心和动力；或者目标过低，学生体验不到拓展和发展带给自己的快乐，激发不了学生的发展动力。这两种情况都会造成学生低效发展的结果。

因此，教学活动要体现以学定教，教师在设置教学目标时所达到的程度应遵循“以学生发展为本”的原则，突出教学目标对学生学情的关照。教师在制定教学目标前应当考虑学生的学情，进行充分的学情评估，从学生的实际出发来设计目标的结构和内容，制定出不同层次的学生都可以实现的课程教学目标，使学生在经验重组、知识、能力等方面各自得到发展。同时，学生的发展是多方面、多维度的，真正的以学定教在教学过程中注重学生多方面能力的发展和培养，从三维目标角度统一协调教学，实现学生知识与技能、过程与方法、情感态度与价值观等全方位的发展。

二、重视动态生成

教学过程的活动体系由教学活动、学习活动及教与学的双向互动机制构成，教学活动和学习活动在活动形式上存在差异。教师主导的教学活动一般由教师在教学过程之前预设好，教学过程中基本按照事先预定的流程和环节有序铺开，其间发生的随机情况则被视为干扰预期教学活动的不利因素而被压制。而学习活动是一种过程性的活动，受学生的个体差异、身心状态、互动形式、人际氛围等众多因素影响，因而学习活动具有很强的随机性特点。很多随机性的学习活动往往是良好的教育契机，体现着学生的思维发展和行为创新，具有超出教师教学预设的生成价值。在新课程改革的理念下，教学的生成性日益被肯定并得到重视，课堂活动中师生互动、生生互动被重新理解，新的教学资源、教学内容、教学秩序，乃至教学目标，都在鲜活的生命体的相互碰撞中不断生成。

“以学定教”要求教师以学生“学习活动”为主线来推进教学过程，把学生原有的知识储备或经验引出来，再引导学生在旧有知识的基础上主动构建新的知识，把教作为促使学生主动学习的条件。教师要以过程性的思维分析学生的学习活动，鼓励和支持学生即时生成的思想观点和学习创新，善于把握生成性学习的时机，并有效利用新生成的资源激活学生的认知。同时，要根据学生学习活动的需求和情况及时调整自己的教学和引导行为，使预设的“教”随着不断变化的“学”进行调整和改变，从而使教学活动成为动态的、生动的过程。

三、注重双向互动

传统的“教师教，学生学”是一种单向性教学，在这种教学形式中，教师是教的主体，而学生学的主体地位式微。教与学之间教师具有权威性，处于主要地位，学生则是教师活动的对象，处于被动地位，教师与学生之间缺乏互动、缺乏交往。新课程改革倡导教学以学生的发展为根本，主张教学方式和学习方式的转变，鼓励学生学习的自主性和主动性。这一背景下，师生的角色也有了新的定位。教学是教师的教与学生的学的统一，教师的教是以师生角色地位的平等为基础，并通过与学生之间的交往互动而进行；学生的学习同样是在与教师、学生之间的交往互动中形成的。从这个意义上说，教师和学生在教学活动中处于平等地位，教导和学习都需要在双方无障碍的交往中才能发生作用。

因此，教师和学生之间角色关系的调整是“以学定教”对教与学的功能关系重构的前提。“以学定教”在教学活动中的体现是，应将学生学习和教师教导作为互为对象性的活动，以交往作为师生互动的基础，给予学生学习主体地位以充分的肯定和支持。教师应将教学视为交往性活动，在教学中营造理解和沟通的教学氛围，根据学生的学习情况为学生的有效学习提供支持性条件，通过教学和引导来激发学生自主、能动地学习，使教和学之间的关系由“授”与“受”的单向性关系转为“导”与“学”

的交往互动关系。另一方面，教师也要为学生之间的交往创设条件，根据实际情况组织小组合作学习、同伴互助学习、集体学习等教学活动形式，为学生提供生生互动、交往学习的空间。

四、以发展性作为评价标准

任何教学活动，都会涉及对学生学习情况的考查，以此判断学生学习的结果是否达到预期目标要求。传统的教学评价重视对学生学习结果的终极考查，分数和成绩是其主要的衡量标准，且未关注学生的个体差异而以统一的横向比较为基点，对学生进行分类划等。这种评价方式实际上牺牲了一部分学生的发展空间。新课程改革的实行，要求评价要改变过于注重甄别和选拔的功能，提出了评价促进学生发展的功能，这也为学生评价指明了方向和要求。教学评价应当关注学生个体发展的程度而不是以横向比较为主，评价的最终目的是促进学生进一步发展和教师改进教学而不是分类划等。

因此，考查教学评价是否体现"以学定教"，一方面要对学生进行全面、科学的评价，即评价目的上，要以促进学生最大程度的发展作为价值追求，关注学生整体的、全面的发展；评价内容上，除了学习结果评价外，应将评价过程和学习过程结合起来，体现教学评价的过程性特点，学生在学习过程中的思维过程、学习方式、情意体验都应是教学评价的内容；评价主体上，应有多元主体参与，教师应激发学生自我评价的意识，并赋予学生参与教学评价的权利，因为学生在学习过程中的自我评价、相互评价不仅能为学生的学习活动提供直接反馈，而且能提高学生对学习的自我意识和参与主动性。另一方面，通过教学评价反馈促进教师教学改进。“以学定教”不仅指根据学的过程确定教的过程，同时也指根据学的效果评价教的效果。通过多角度、全方位对学生的学习过程和结果进行准确的考查，可以真实、完整地判断学生的发展情况，为学生的学习和教师的教学提供有参照价值的反馈信息，从而促进教师不断改进教学，提高教学质量，更好地促进学生的发展。

第三节 教学活动体现以学定教的案例

案例一：“0”的理解（葛敏辉，2016）

【片段1】：包老师的教学片断

（1）课件出示：

北京：-5℃—5℃ 广州：15℃—24℃ 哈尔滨：-18℃—-7℃

师：谁来当气象播报员来报一报温度？

生1：负5摄氏度到5摄氏度。15摄氏度到24摄氏度。零下18摄氏度到零下7摄氏度。

师：我们一起来认识温度计。（师指在0摄氏度问）现在是几摄氏度呢？

生:0摄氏度。

师:同意吗?(同意)

师:你能指出5摄氏度吗?(生指)什么地方是-5摄氏度呢?(生指)

师:从温度计上看这两个温度有什么区别呢?

生2:一个是0上面的,一个是0下面的。

师:用什么来分界?

生3:以0分界。

师:0上的用什么表示?(正数)0下的呢?(负数)那0呢?(0既不是正数,也不是负数。)

师:对,0既不是正数也不是负数。

(2)练习:通常规定海平面的海拔高度为0米,珠穆朗玛峰的高度为(　)米,吐鲁番盆地的海拔为(　)米。

【片段2】:王老师的教学片段

(1)出示地图:哈尔滨:-15—+5℃ 上海:0—+10℃海口:+12—+20℃

师:你看得懂这些数的意思吗? 有不明白的提出来。

生1:上海:0℃—+10℃什么意思? 0℃是没有温度吗?

生:不是没有温度,那是有点冷。水开始结冰了。

师:据了解,我们把自然状态下水刚开始结冰时的温度规定为0℃。

生2:那这个+10℃怎么理解呢?

生3:再加上10℃。

师:这里有两个10,(出示温度计)应该是哪个10?(零上的那个10℃)

(2)出示:北京-5℃—5℃

师:你看得懂吗? 这两个温度一样的吗?

生:不一样的;表示相反的;-5℃表示零下5℃。

师:想象一下,如果在温度计上表示这个温度指在哪? 5℃呢?(生指)

师:那+5℃呢? 你发现了什么?

生:5℃就是+5℃,都表示零上5℃,正号可以省略不写。

师:前面的表格里哪些数前面的符号可以省略?(生说)

师:为什么负数前面的符号不可以省略?

生:这样就无法区分相反意思的量了……

(3)出示:珠穆朗玛峰大约比海平面高8844.43米,吐鲁番盆地大约比海平面低155米。珠穆朗玛峰的海拔是(　)米,吐鲁番盆地的海拔是(　)米。

学生独立尝试后交流。

(4)比较归纳

师:通过刚才对温度和海拔的研究,你发现它们有什么相同的地方?

生:都是把比0高的用正数表示,比0低的用负数表示。

(演示抽象出模型,见下图。)

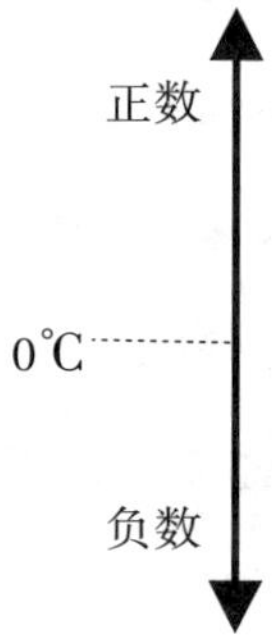

(5)分类整理

师:如果请你来把这些数分分类的话,你会怎么分?(出示出现过的数。)

生1:分成两类,正数一类;负数一类。

生2:分成三类:正数一类;负数一类;0单独一类。

师:你支持谁的观点?说说你们的理由。

生:0既不是正数,也不是负数。0是正负数的分界。

师:如果用圈来表示这些数这个大家庭,分成三类。(见下图)这三类数中,谁是老朋友?谁是新朋友?

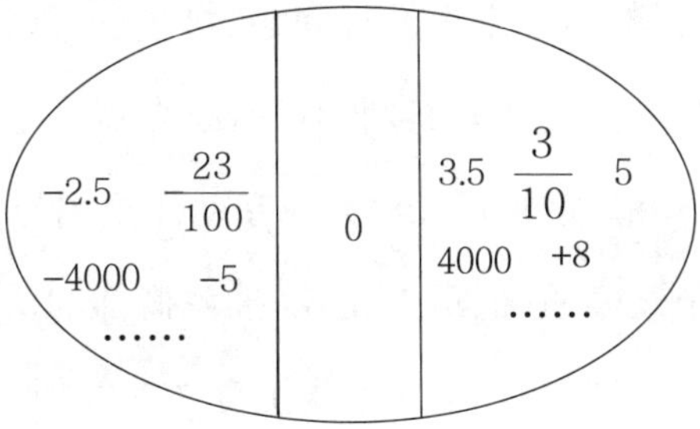

生:负数是新朋友。(揭题)

分析:

这两个教学片段中,两位老师的教学任务和材料都是一样的,后测的结果显示两个班的知识目标达成情况也都差不多。但他们的教学思路明显有区别,对学生的影响也不同。

从教学目标上看,真正的以学定教不仅在于从学生的实际情况出发来组织教学活动,还在于通过教学活动促进学生知识技能以外的多方面的发展。片段1中,包老师的教学像在教常识,而不是教数学。似乎只为知识的传递而努力,整个过程没有"自觉活动"和"数学思考"的学习,没有调动学生运用已有的知识和经验进行分析思考、抽象概括等,不利于学生对数学本质属性的理解,也不利于学生数学活动经验的积累和数学思维能力的发展。片段2中,王老师更像是在教数学,他注重教学生怎样进行数学思考,怎样进行经验数学化、知识结构化,在知识传授的同时,促进了学生数学方法、思维能力和情感体验等多方面的发展。也就是说,王老师的教学在教学目标上实现了三维目标的要求,促进了学生多方面的发展。

从教学过程上看，片段1中，包老师的教学方式中规中矩，就知识而讲知识，师生互动局限于双方的问答，缺少思想的碰撞和新内容、新思想的生成。而片段2中，王老师的教学则不仅仅局限于知识的传递，更善于调动学生学习的兴趣，引导学生发现问题，自主思考问题，从而发挥自己的主观能动性来找到问题的答案、收获知识，发展了思维能力，获得了数学方法。这个过程中，王老师与学生的互动注重引导性和启发性，努力引导学生经历一个观察质疑、思考比较、抽象概括的认知过程，有效地激活了学生的主体性和创造性，实现了真正意义上的师生交往互动。

案例二：正负号的意义（葛敏辉，2016）

【片段1】包老师的教学片段

师：同学们你们知道什么是“fu翁”吗？

生1：很有钱的人。

师：可老师说的“fu翁”一点也没有钱，是什么原因呢？（学生不知所以）

师：老师说的是“负翁”。读音相同但意思是不同的。

师：现在老师告诉你两个fu翁都有100万。（板书100万）一样吗？

生2：不一样。

师：如果只写100万，这样表示清楚了吗？

生3：可以在左边这个100万前面加个“-”号。

师：看来有的同学已经有了一些自己的想法。就请大家想办法表示出这两个100万。

生4：左边的100万可以用“-100万”表示，右边的用“+100万”表示。

【片段2】:王老师的教学片段

(1)出示生活中的例子:

①11月1日,水果市场上午运进3.5吨水果,下午运出2.2吨水果。

②一个水库,夏天水位上涨$\frac{3}{10}$米,冬天水位下降$\frac{23}{100}$米。

③张叔叔记账,三月份做生意赚了4000元,四月份做生意亏了4000元。

(2)学生想办法记录这些信息。

(3)展示交流

生1:

水果市场一天的进出货登记		水库的水位变化		张叔叔记账	
上午	3.5吨	夏天	$\frac{3}{10}$米	三月份	4000元
下午	2.2吨	冬天	$\frac{23}{100}$米	四月份	4000元

师:谁来评价一下?

生:这样记录很不完整,别人看不懂什么意思……

生2:在数前面要加上字。(呈现)

水果市场一天的进出货登记		水库的水位变化		张叔叔记账	
上午	进:3.5吨	夏天	涨:$\frac{3}{10}$米	三月份	赚:4000元
下午	出:2.2吨	冬天	降:$\frac{23}{100}$米	四月份	亏:4000元

师:有没有不一样的方法?

生3:

水果市场一天的进出货登记		水库的水位变化		张叔叔记账	
上午	☺3.5	夏天	☺$\frac{3}{10}$米	三月份	☺4000元
下午	☹2.2	冬天	☹$\frac{23}{100}$米	四月份	☹4000元

生4：

水果市场一天的进出货登记		水库的水位变化		张叔叔记账	
上午	+3.5吨	夏天	$+\frac{3}{10}$米	三月份	+4000元
下午	−2.2吨	冬天	$-\frac{23}{100}$米	四月份	−4000元

(4)比较小结

师：这些方法有什么相同点？

生5：都是表示相反意义的。

师：每人有自己的表示方法，交流起来会很不方便，你们觉得该怎么办？

生：统一起来，用“+”和“−”来表示。这样既简便，又能表示相反意义。

分析：

从教学目标上看，两个教学片段中，教师都试图从学生的生活经验出发来设计教学活动，从而达到学生对正负号的认识。片段1中，包老师从“fu翁”引入，虽是生活中的常识，但此处的“负翁”并不能有效地使学生体会“意义相反”，反而有些牵强模糊，学生较难将“负翁”与要学习的内容“正负号”联系起来。因此这样的经验引入没有能够很好地反映教学内容，对学生经验情况或者说对学生的分析还比较欠缺。在最终结果上，也使得学生对正负号、相反意义理解不够深刻，思维比较局限。而片段2中，王老师列举的例子客观存在，学生根据自己的经验想出了各种不同的办法记录信息，然后通过比较这些记录的方法，找它们的共同点——即表示出了相反意义。这个教学过程，使学生体验到了使用正负号的意义及其必要性和简捷性。可以说，二者相比，王老师的教学基于学生的经验情况，从学生的实际出发组织教学活动，且学习结果上学生对所教内容认知更为深刻，理解更为透彻，因此在教学目标的达成上，王老师的教学更好地体现了以学定教的要求。

从教学过程上看，两个教学片断都体现了师生之间的互动。包老师与学生的交流互动，主要是为服务于自己的教，从教育的角度出发来与学生进行交流。王老师与学生的互动，主要是为了学生主体性的发挥，让学生自己获取解决问题的方式，得出关于教学内容的理解。以学定教的本质是"教"要服务于"学"、引领着"学"，让"学"变得有个性、有活力、有体验、有思想。因此不难发现，王老师巧妙地激活了学生的经验，利用学生的经验很好地进行了一次"再创造"过程，体现了教学过程的生成性，也使学生积累了数学学习和创造的经验，提高了数学思维能力，感受到了数学文化魅力。

案例三：小学语文《人类的"老师"》（节选）（祝泳洁、王聚元等，2013）

（复习上节课所学"自然界中的生物都是人类的好老师"。）

师：接下来，请同学默读全文，边读边想，你还有什么问题不懂？你还想知道些什么？把问题在书上做上记号。

（生默读课文，在书上写下自己不懂的问题。）

师：好，我们不妨先分小组合作学习，同伴之间相互解决各自的疑惑。

（小组交流讨论，小组解决不了的问题写在纸上，留待全班解决。）

师：下面我们全班同学一起来共同解决刚才留存下来的问题，好吗？

生：蜻蜓翅膀末端的厚斑点是什么？

师：有人知道吗？

（生沉默）

师：看来大家在生活中都没有好好留意过，老师带来了图片（出示蜻蜓的翅痣和超音速飞机的图片），看，这就是蜻蜓的翅痣！有了翅痣的蜻蜓飞得再快也不会颤抖。为此，设计师们设计出了——

生：超音速飞机。

师：还有什么问题，我们继续交流。

生：苍蝇、蚊子、蜜蜂的飞行特点是什么？

师：有同学知道吗？

生：（读课外资料）苍蝇、蚊子的后翅退化成的一对平衡棒，能调节运动方向，根据这一原理，改进了飞机的设计。

生：我还有补充，它们都可以在空中做出悬停动作，就是说只要保持高频振翅，可以停在某一地方不动。

师：看来这两位同学是有备而来，在课前收集了很多资料，真是善于学习的好孩子！

师：（课件出示——苍蝇、蚊子、蜜蜂和飞机图片）设计师们就是根据这些昆虫的飞行特点，设计和改进了飞机的性能。

生：鸟儿有什么飞行特点？

师：同学们，你们说呢？

生：鸟儿展开翅膀能上扑、下展。鸟儿用翅膀扇动空气产生涡流气压，气压向下时自身被抬起，气压向后下方时获得向前的动力！

师：人类最初的飞行梦想就是从鸟儿身上产生的，可以这样说，鸟儿是人类飞行的启蒙老师。还有问题吗?

生:什么叫"流线体"?

师:还是眼见为实吧。(课件出示鲸的图片)看,这是一条——鲸,鲸的外形就是典型的"流线体"。谁愿意上来画一画"流线体"?

(指名两位学生上黑板,根据鲸的外形在黑板上画出"流线体"。)

师:(评点简笔画)这就是"流线体"。你知道还有哪些动物是"流线体"的呀?

生:海豚、鱼……

师:怪不得它们游得那么快。你们还有不明白的地方吗?

生:什么是"薄壳结构"?

师:(手里拿一个鸡蛋)看,这是个鸡蛋。蛋壳就是"薄壳结构"的,谁愿意上来做一做捏鸡蛋的实验,并谈谈你的感受。

生:(使劲捏)鸡蛋壳薄薄的,可我使足了劲也捏不碎呀!

(众生大笑。)

师:鸡蛋壳,还有我们的人脑的头盖骨都是"薄壳结构"。(出示薄壳结构的建筑图片)我们的人民大会堂、广州歌剧院、黄石的体育馆都是这种结构,既轻便省料,又坚固美观,受到建筑师们的青睐。

师:你们还想知道什么?

生:为什么说生物是人类的"老师"?

(众生笑。)

师:大家不要笑,老师还真要感谢这位同学,提这个问题帮助大家回顾总结这篇课文。谁来总结?

生:因为人类从生物身上学到了本领,受到了启发,人类模仿设计出了好多东西,所以说生物是人类的"老师"。

师：同学们，你们很了不起，读了课文不光会提问题，还会合作解决问题。古话说得好，学贵有疑，小疑则小进，大疑则大进。我们科学研究的过程就是“提出问题、解决问题、再提出问题”这样一个循环往复不断深化认识的过程。

分析：

从教学目标上看，教师在带领学生复习了上节课学习的自然界的种种生物都是人类的“老师”这一结论后，进一步从学生的发展出发，让学生提出自己的问题，以及想拓展的知识范围。同时，鼓励学生多收集课外资料，通过主动思考，弄清楚了疑惑的问题，增加了知识储备。因此，这个教学环节做到了促进学生知识能力发展的目的，使学生对更多知识内容有了了解，发展了学生提出问题的能力，提升了学生的思维能力和思维水平，真正做到了以学生发展为目标。

从教学过程上看，本节课的教学基本上以师生之间的对话和交流来展开，通过解决学生存在的疑问来逐步清晰观点，达成目标。因此，师生互动、生生互动较为频繁，师生争相提出问题、解答问题，在动态中生成了更多的拓展性知识。在动手操作层面，给予学生体验的机会，通过亲自勾画“流线体”，捏鸡蛋等实验，体验感更加真实、深刻，做到了以学定教。在教学中，该教师以发展性作为评价标准，没有仅仅局限于既定内容，而是侧重学生知识能力的深层次发展，力求使学生对与教学内容相关的问题都有所了解，从飞机实例到人脑的头盖骨、知名的建筑物，从接触较少到接触频繁的实例，一一进行了解惑。因此可以说，该教师对学生的要求或者评价不是局限于已有的书本内容，而是进行了适当的扩展，注重学生对多方面知识的了解和思维能力的提升。

案例四：小学数学《百分数的意义》(节选)(刘亚琴，2013)

1. 建构问题框架

师：课前，同学们预习了课本第98–99页的内容，谁愿意来交流一下自己对百分数的了解？

生1：通过预习，我知道像35%、48%、59%这些数就是百分数。

生2：我知道表示一个数是另一个数的百分之几的数就是百分数。

师：你很善于把握重点，这就是百分数的意义。

生3：我补充一下。百分数又叫百分率或百分比。

师：同学们的收获都很大！那预习后，还有什么疑问吗？

生4：虽然我知道百分数的意义是什么，但我还不太理解。

师：课前老师批阅了大家的尝试学习单，再结合大家刚才的提问，看来要真正认识百分数，我们有必要弄清楚以下几个问题。

屏幕出示问题：

(1)为什么要使用百分数？

(2)怎么理解百分数的意义？

(3)百分数与分数有什么关系？

……

上述三个问题既是对学生自学后提问的归纳和整理，也是本课学习的重点内容，易于和学生产生共鸣，激发他们的思维。

2. 实现平等对话——顺着学生的思维和学习内容的难点追寻深度

屏幕出示：下面哪几个分数可以用百分数表示，哪几个不能？为什么？

(1)一堆煤$\frac{97}{100}$吨，运走了它的$\frac{75}{100}$。

(2)$\frac{23}{100}$米相当于$\frac{46}{100}$米的$\frac{50}{100}$。

师：同学们先在小组内讨论，再汇报交流。

生1：第(1)题中，一堆煤$\frac{97}{100}$吨不能用百分数表示，运走了它的$\frac{75}{100}$可以用百分数表示。

师：谁来说说理由？

生2：$\frac{97}{100}$吨表示的是一个具体的数量，所以不能用百分数表示；而$\frac{75}{100}$表示的是一种分率，所以可以用75%来表示。

师：其他同学同意他们的意见吗？

生：同意。

师：那百分数是表示什么的呢？

生3：百分数表示一个数是另一个数的百分之几。

生4：我发现百分数就是分数意义中表示分率的数。

师：看来，百分数和分数既有联系又有区别。

生5：对。分数既可以表示具体量，也可以表示分率；百分数不表示具体的数量，只表示分率，是分数中表示分率的一种，所以它不可以带单位名称。

生6：我觉得百分数是一种特殊的分数。(其他学生频频点头)……

分析：

从教学目标来看，教师课前布置了预习任务，并让学生做了尝试学习单，通过与学生的交流和批阅学习单，教师找到了学生在学习百分数的意义时所面临和必须解决的几个主要问题，教学也由此围绕解决这些主要问题展开。可以说，教师在课前和课中基本了解了学生的学习情况，做到了心中有数。在此基础上，引导学生提出观点和看法，以共同解决这些难点和问题。在后续学习中，增加了教学内容的深度，通过两道习题让学生加深了对百分数的理解，并由此引发了学生对百分数和分数的区别与联系的思考。因此，教师的教学不仅仅停留在单纯生硬的知识点上，还通过拓展与即时调整，让学生全面、深刻地了解了百分数，促进了学生知识能力的发展和思维水平的提高。

从教学过程来看，该教师注重师生、生生互动和对话，师生关系由封闭式走向开放性。在第一个环节中，让学生交流对百分数的理解，以此了解学生课前的预习情况。第二个环节中，组织学生小组讨论两道习题，再汇报交流，并基于学生的回答进行师生、生生对话。整个教学过程都凸显了对学生主体地位的尊重，教师从旁起着辅助和引导作用。因此，整个教学活动是以学生为主体而进行的师生、生生双向互动，不仅尊重学生的意见和看法，而且沿着学生的思路展开和引导，体现了以学生为中心、以学生的思维脉络开展教学进程的特点。

案例五：初中历史《民族团结和对外交往》（陆琴芬，2013）

《步辇图》部分截图

师：请同学们看这幅《步辇图》的左半部分，什么是步辇？步辇是古代用人力抬着走的一种工具，后来的轿子有可能从这演变而来。现在同学们看到的是一张小型邮票上的步辇图，它是一副名画，不仅有很高的艺术价值，还包含着十分丰富的历史信息。下面请同学们找一找在这幅图中哪一位是松赞干布派来的请婚使者？

生1：我想应该是第一位穿红衣服的使者，因为他留着大胡子，模样看起来像少数民族。

师：长得威猛……这位同学是从长相上来看的，其他同学怎么看呢？

生2：我觉得是穿红衣服后面的那位。因为红色的衣服应该是唐朝的官袍，中国人喜欢红色，这个人应该是禀报者，而且紧跟其后这个人我们可以看到他穿的是少数民族的服装。

师：你怎么知道是少数民族的服装呢？

生：从头饰上可以看出来，穿红色衣服的人戴着帽子，应该是官帽。所以穿红色衣服后面这个应该是吐蕃派来和亲的使者。

师：大家同意他的说法吗？

生：同意。

师：红色说肯定前者为唐朝礼官，头饰说肯定紧跟其后为禄东赞，道理是有的，但似乎欠说服力，同学们看看还能找到其他依据吗？

其实从服饰特点上也可以做出判断，中间这位穿着比较紧身，吐蕃是游牧民族，长期在马背上生活，这种款式衣服适合骑马，再加上同学们刚刚说的头饰特点基本可以确定这个人就是禄东赞。那么他在吐蕃的官职是什么？

生：宰相。

师：宰相在吐蕃地位很高，所谓“一人之下万人之上”。松赞干布派宰相来求婚，这件事本身说明了什么呢？

生：非常重视。

师：同学们说得很对，非常重视，也非常有诚意。那么松赞干布为什么要来唐朝求婚呢？（教师讲述原因，播放文成公主进藏视频）

分析：

从教学目标上看，该教师做到了以学生的发展为目标，历史学科不仅习得的是历史事件的文字说明，而且是发现和理解历史事件背后所代表的深刻含义。该教师并没有简单地告诉学生松赞干布很重视来唐朝求婚，而是从图片入手，吸引学生的注意力，引起学生学习的兴趣，通过问问题的方式让学生一步一步来导出结论。在这个过程中，学生不仅了解了历史事件背后的深层次原因，并且学会了从图片中提取相关信息的方法，学生的观察能力、剖析图片故事能力、提取信息的能力、知识迁移能力、通识知识应用的能力都有所提高。因此，教师的教学包含了知识与技能、过程与方法目标的要求，注重学生多方面能力的发展。

从教学过程上看，通过师生、生生的动态互动，真正做到了以学定教。教师基于学习内容的主题以及其所要表达的主旨，充分利用了历史学科丰富的图文资料，与学生共同探讨图文背后的深刻意义。这一方面带动了学生的学习兴趣，从学生的学习动力出发，体现了基于学生的思想。同时，历史学科要求学生具有一定的图文资料的解读能力，教师基于此学生发展要求，带领学生观察分析《步辇图》，通过教师的一步步设问和学生的逐层思考，让学生学会解读图片中蕴含着的信息，从而将目标指向了本节课的核心和主题。在这个过程中，师生之间的互动比较准确和深刻，教师的引导不是简单意义上的师生对话，而是指向明确，直指本课的主题，互动效果较好。

第八章

教学效果对教学目标的达成度

课堂教学是一种有明确目的性的认知活动，其有效性的主要标准就是教学目标的达成。教学目标是一切教学活动的出发点和最终归宿，是教学的“灵魂”，并且贯穿于教学设计、教学实施和教学评价的全过程。因此，对于课堂教学效果的评价，必须紧扣课程标准中的目标来进行。

为了能够紧扣课程标准来评价课堂教学效果，实际教学中必须根据课程标准中的课程目标设计教学目标，来掌握教学过程中所能达到的教学目标的程度。通过对教学目标达成度的分析，来掌握课堂教学目标的实现程度，并且加以分析来评价课堂教学效果，可以让我们更加直观看到课堂教学的实际情况，同时也可以透过评价认清差距，以改进课堂教学。

第一节 教学效果评价

教学活动的最终目的是促进学生多个方面的整体发展。在实际教学活动中,教师会根据课程标准、教学内容、学生实际进行教学目标设计,并预设整个教学过程的展开情况。但是在正式开展教学后,教学活动取得了何种效果,通过这个教学能否实现预期的教学目标,需要对其进行考查,这样才能反映出教学活动存在的问题和不足,从而不断改进教学,将其效果发挥到最好。

一、教学效果及教学效果评价

(一)教学效果的内涵

“效果”即是由某种行为、因素或做法产生的结果,且多指好的结果。“教学效果”则是指教学所取得的成效,包括教师教的过程和学生学的过程两个方面。一般意义上的教学效果有两层含义:一是指教师能够完整且有重点地将教学内容以合适的形式传递出去,并得到学生适当反应的整个过程;二是指学生以良好的状态取得了充分的学得与习得的体验,并将其内化于心，也就是我们所说的课堂教学的成与效。

（二）教学效果评价的内涵

“评价”是指主体对客体进行判断与分析后得出的结论。评价的本质是评价主体对评价客体做出价值判断的过程。教学效果评价，就是对教学所取得的成效进行判断与分析，得出结论的过程。其一，教学效果评价要考察学生的学习行为，也就是学生学习的过程和结果，这也是教学效果评价最为重要和核心层面。其二，教学效果评价要判断教师的教学行为，要发现教师教学的不足并及时予以改进。其三，教学效果评价的目的是为了促进学生的发展和改进教学。评价的目的不在于甄别，重要的是通过发现学生学习存在的问题而改进教师的教学和学生学习，从而更好地促进学生进一步的发展。

具体来说，教学效果评价应该针对教师、学生两个要素及相互关系进行，对整个教学活动的效果进行综合的、全面的评价。对学生学习行为的评价主要围绕学习目标的达成情况来开展。第一，看学生对于知识与技能的领会和掌握；第二，看学生参与教学活动的行为状态，主要包括参与的意愿、参与的方式、思维的拓展和情绪状态等；第三，看学生在学习过程中的情感、态度和价值观状况，考查学生在三个方面的发展和提升情况。对教师教学行为的评价主要包括：教学目标的设立、教学内容的组织、教学方法的运用、教学进程的组织、教学氛围的创设等方面。

（三）教学效果评价的特点

通过对教学效果的评价，可以明确教学工作的方向，引导整个教学朝着正确的方向前进，同时也为教师和学生指明了教和学的努力方向，具有指导教学实践的意义。并且，以评价对象的现状为依据对其未来发

展趋势进行一定的预测,可以一定程度上避免评价对象在其发展的道路上走许多的弯路。教学效果评价主要具备以下两个特点:

一是评价范围具有针对性。评价的依据主要是学生在课堂上的行为表现、学习状态和学习结果。评价的标准是为学生制定的,如学生是否习得知识、提升能力、有正确的价值判断、情感态度等。评价的结果旨在让教师明确自己对于本堂课的目标是否达标,从而改进不足。

二是评价标准具有生成性。教学目标通常在课前制定,但由于每个学生个体的生活经验不同,对于知识的掌握和事物价值的判断不同,因此在同一教学活动中每个学生的表现可能会有所差异,评价者在评价学生的行为时就要考虑以上因素的影响,根据具体情况做出相应调整,评价标准根据具体情况而生成。

二、"教学效果对教学目标的达成度"释义

(一)"教学效果对教学目标的达成度"的含义

"达成度"一词在诸多领域都被广泛提及,用以考查事物或活动对预期目的的实现程度。管理学领域一般侧重从项目数量、质量、时限等方面来考查其达到目标的程度。在教育领域,自新课程改革实行以来,对教学有诸多新的要求,比如教学目标内容上要全面、具体、可测,表述上要行为动词准确、行为内容清楚;实施上要关注教学过程中的动态生成,处理好生成与预期的关系;等等。根据教育领域对于达成度的普遍认识,结合新时期教育的新特点,我们认为教学效果对教学目标的达成度就是指:在教学活动开展过程中,教师和学生双方在动态交互作用下实现课堂教学目标的程度。具体来说,是在教学活动结束后,将教与学的

实际完成情况与课前预设的教学目标进行比对，判断学生学习表现、学习结果与预期目标之间的达成情况，包括学生知识的理解程度及掌握深度、知识应用的灵活程度、学习能力提高度以及学习积极性等方面。课堂教学目标达成度是衡量教学效果好坏的重要参照之一，对教学质量的评价和提高具有十分重要的作用。

（二）“教学效果对教学目标的达成度”评价的意义

1.实现教育目标的手段

教育目标是各级各类学校规定的人才培养的总体要求，指出了人才培养的方向和目的。而教育目标经过至课程目标、教学目标的逐层下移才能够逐步得以实现，因此，教学是落实教育目标的最具体环节，师生的每一次课堂交往活动，对教育目标的实现都起着至关重要的作用。可以说，教学目标是学生达成教育目的的“脚手架”，只有把教学目标达成度的评价贯穿于日常的教学活动中，才能有目的、有方向地实现最后的教育目标。

2.体现教学目标自身的价值

教学作为师生的特殊活动过程，是以教学目标为依据进行设计和开展的，最后的目的也是实现事先确定的教学目标要求。也就是说，教学就是设计教学目标和达成教学目标的过程。教学目标最大的价值就在于为教学活动事先提供一种方向和规定，为教学提供一种可以参照的标准，并且教学目标的价值只有在教学活动结束后教学目标达成才能实现。脱离教学目标的达成，教学目标则将失去其存在的意义。因此，对教学效果进行评价，考查其对教学目标的达成情况，是将评价融入教学，借助评价的力量使得教学目标不会游离于教学过程之外，使教学目标的价值在达成的过程中得以体现。

3.及时反馈教学质量

评价的目的,除了进行诊断的功能外,还具有改进的功能。教学目标指明了教学活动的方向,而教学效果最终反映了教学活动的实际开展情况,以及学生的发展变化情况。对教学效果进行评价,考查其对教学目标的达成情况,可以帮助教师了解学生发展存在的问题,找到问题存在的原因,从而进一步改进教学,提高教学质量。

第二节 教学效果达成教学目标的程度

评价按照方法的不同,主要分为量化评价与质性评价两种。量化评价是对事物发展过程和结果从数量的方面进行描述、分析,采用数学的方法取得数量化结果的评价方法。具有较高的客观性和可靠性,可操作性强,但对于思想、情感等内隐性内容难以评价。质性评价则是通过观察、访谈、描述等方法,全面充分地揭示和评价对象的各种特质,显示其中的意义。因此,对教学效果达成教学目标的程度进行评价,需要结合量化评价与质性评价的优势,对其进行相对更加客观、全面的评价。同时,结合我国以往评价注重可操作性以及国外注重被评价者主观能动性促进的特点,这里力图对两种评价的思想进行整合,构建起一种既有理论价值又能发挥主体性的评价方法。

一、教学效果达成教学目标的评价标准

要对教学效果达成教学目标的程度进行评价,就必须要有评价的标准和标准体系。评价的标准体系是评价工作的操作规程,因此,标准的设立和选取在评价活动中极为重要。

(一)宏观层面的评价标准

新课程改革着重强调课堂教学目标的确立要以促进学生的发展为根本宗旨,这里的学生发展包括三个方面:(周卫勇,2002)

基础目标:指国家颁布的课程标准中所明确规定的学生必须掌握的学科基础知识、基本技能以及基本学习能力和相应的思想品德。它是国家对未来公民提出的最一般要求,是教学质量的最基本体现。

提高目标:主要表现为学生主体性的发展。主体性是学生作为认识、实践和自身发展主体的本质属性,是全面发展的学生的根本特征。主体性发展目标主要包括自主性、主动性和创造性三方面。

体验目标:好的课堂教学注重通过教师与学生间的情感交流形成民主和谐的课堂教学心理氛围,让各个层次的学生都能获得创造和成功的心理体验,感受到课堂生活的乐趣和愉悦。

根据以上对学生发展三个递进层次目标的设定,我们把教学效果达成教学目标的程度也相应地划分为三个相应的层次,即基础目标层次、提高目标层次和体验目标层次。值得注意的是,三个层次标准的建立具有相同起点,并且逐层提高,相互之间没有明显的分界,体验层次目标的

达成是课堂教学目标达成的最高境界。

(二)微观层面的评价标准

在一级评价标准的基础上,以影响课堂教学目标达成度的因素作为评价点,这些因素主要包括:教学目标、教学内容、教学方法、教学组织、人际关系等。同时,将课堂教学目标细化成三维目标,即知识与技能目标、过程与方法目标、情感态度与价值观目标,二者交叉结合宏观评价标准的三个层次予以展开。这里的具体指标,主要以赵宁的研究为主并进行适当的改进,能够较好地反应教学效果对教学目标的达成情况。具体指标如下:(赵宁,2007)

表8-1　基础目标层次的评价标准

三维教学目标 / 影响因素	知识与技能	过程与方法	情感态度与价值观
教学目标	紧扣课程标准要求。	在教师的要求下可以完成学习的过程,学到相应的方法。	表现出正确的情感取向,树立正确的价值观。
教学内容	根据课程标准的要求把知识完整地呈现出来。	教学内容中有体现过程的设置和对方法方面的铺垫。	客观正确,体现出时代性的要求,可以影响学生的情感态度与价值观的养成。
教学方法	课堂以讲授法为主,教学方法的使用比较单一。	课堂以讲授过程和方法的步骤为主,在一定程度上结合实验法和讨论法。	以教师讲授的形式或者说教、对话的方法来进行培养学生的情感态度和价值观。在课堂中针对某些情况单独有目的地进行。

续表

三维教学目标 影响因素	知识与技能	过程与方法	情感态度与价值观
教学组织	组织的教学功能明显强于管理功能，强调知识教学的完整性。	保障过程学习和方法学习的完整性。	学生有机会使情感态度和价值观在课堂上得到一定程度的发展。
人际关系	学生可以把课堂精力投入到知识学习中来。	可以有放松的心理状态体会学习的过程。	课堂中没有压力，能够体会情感态度与价值观的培养对自己的作用。

表8-2　提高目标层次的评价标准

三维教学目标 影响因素	知识与技能	过程与方法	情感态度与价值观
教学目标	根据学生的实际情况调整。	学生对学习过程产生疑问，和教师一起探求解决的途径。	情感上表现乐观积极，对事情能有合理的评价。
教学内容	将相关的知识予以整合，具有表现力。	过程内容有一定循序渐进的环节，学生可以参与到这些环节中来，并在参与过程中体会学习的方法。	容易引起学生的关注，引起学生的兴趣，培养学生思考、判断的习惯。
教学方法	课堂教学方法除讲授法以外，根据知识的不同丰富灵活的使用其他方法。	通常在发现法的指导下进行，配以演示法、讨论法，并以教授法穿插进行。	在各种教学方法中渗透相应的情感态度和价值观。

续表

三维教学目标 / 影响因素	知识与技能	过程与方法	情感态度与价值观
教学组织	组织的教学功能和管理功能并重，强调课堂的完整性。	保障学生可以有效地参与到过程中来，并学会方法。	学生可以主体性地发展他们的情感态度和价值观。
人际关系	学生知识技能的获得氛围完备。	在他人的帮助和相互的交流中领会方法，实践过程，易于获得自己需要的东西。	学生享受课堂的氛围，拥有积极乐观的情感态度与价值观的取向。

表8-3　体验目标层次的评价标准

三维教学目标 / 影响因素	知识与技能	过程与方法	情感态度与价值观
教学目标	和学生的生活以及实际经验紧密联系。	学生能够自行探究到问题的结果，探究过程全面有效。	形成良好的生活态度，关注他人和周围的事物，能够应变性的去认识评价。
教学内容	知识丰富多变，建立符合学生意义的认知体系。	学生乐于积极地参加到过程中来，在实践当中充分体会互动和成功。	学生在内容的指导下体会学习的乐趣，对生活拥有极大的热情，并主动去影响其他的人。
教学方法	教学方法没有固定的模式，根据学生对知识技能的掌握程度随时地进行调整。	以探究法为主，并且探究的思想贯穿课堂的始终。其他教学方法都是在探究的前提下使用的。	教学方法本身的实施过程就是情感态度和价值观的培养。

续表

三维教学目标 影响因素	知识与技能	过程与方法	情感态度与价值观
教学组织	教学组织为学生知识体系的建构服务。	保障学生建构起自己的体验方式和方法体系。	情感态度与价值观的发展实际上就是在课堂体验的过程中完成的。
人际关系	学生可以从他人那里获得更多的信息,萌生出对已有知识的新的想法。	拥有默契的合作群体,大家取长补短。体验交流的快乐。	建立平等和谐民主的课堂氛围,学生可以各有所得,心理上得到满足。

二、教学效果达成教学目标的表征

教师作为课堂教学的主导,组织着整个教学过程,帮助学生获得必需的知识与能力,帮助学生体验过程,发展学生的情感。可以说,教师在课堂中的地位是无可替代的,教师在课堂中的行为也可以间接地反映出教学目标的达成情况。但是与此同时,学生作为课堂真正的主体,作为课堂教学目标达成的直接对象,他们在课堂中的行为显得更加重要,而这些重要的行为往往又容易被研究者所忽略。基于以上的思考,我们认为应该把师生双方作为评价的对象,以他们的课堂行为特征作为评价标准的要点。因此,教学效果达成教学目标的程度在三个层次上的表征分别是:

基础目标层次的主要表征如下:(1)知识与技能方面:教师能够紧扣课程标准的要求把知识完整地呈现出来。教师教学环节流畅,教学重点突出，强调知识教学的完整性。学生能够基本理解并掌握本节课课程标准所要求的基础知识及相应练习题。学生可以把课堂精力投入到知识学习中来，学生能够掌握并应用相关的技能。(2)过程与方法方面：教师在教学内容中有体现过程的设置和对方法方面的铺垫，教师保障了过程学习和方法学习的完整性，教师引导学生对知识学习的过程和方法进行了概括与总结。学生在教师的要求下可以完成学习的过程，学到相应的方法。学生有放松的心理状态体会学习的过程。(3)情感态度与价值观方面：教师传递的内容客观正确，具有时代性特点，有助于学生情感态度与价值观的养成。教师以讲授的形式或者说教、对话的方法来进行培养学生的情感态度和价值观，在课堂中针对某些情况单独有目地的进行说明。学生能够表现出正确的情感取向，树立正确的价值。课堂师生关系融洽，学生具有归属感，情感态度和价值观在课堂上有一定的发展。

提高目标层次的主要表征如下：(1)知识与技能方面：教师能够根据学生的实际情况调整教学目标。教师能够及时抓住学生的生成，注重将相关的知识予以整合，具有表现力。教师课堂教学方法除讲授法以外，根据知识的不同灵活地使用其他方法。教师课堂组织的教学功能和管理功能并重，强调课堂的完整性。教师能够提供丰富的教学材料，帮助学生建立新旧知识之间的联系，突破教学重点。学生能够真正理解知识，把握知识之间的内在逻辑联系，建立新旧知识的联系。学生能够对知识、技能进行解释、推断、区分、扩展。学生能够根据实际情境进行技能调整与改进，能够与已有技能建立联系等。(2)过程与方法方面：教师通常在发现法的思想指导下进行，配以演示法、讨论法，并以教授法穿插进行。课堂教学内容有循序渐进的环节，学生能够积极参与到各环节中来，在参与过程中体会学习的方法。学生对学习过程产生疑问，师生共同探索解决问题的途径。学生能够踊跃发言，有效地参与到过程中来，充分表达自己的见解，并学会方法。学生能够在合作与交流中领会方法、实践过程，获得自己需要学习的内容，发展自己的能力。(3)情感态度与价值观方面：教师的教学内容容易引起学生的关注，引起学生兴趣，培养学生思考、判断的习惯。教师在各种教学方法中有意识渗透相应的情感态度和价值观。学生能够主动、积极地发展自身的情感态度和价值观。学生享受课堂的氛围，拥有积极乐观的情感态度与价值观的取向。学生在经历的基础上表达感受、态度和价值判断，并作出相应反应及评价等。

体验目标层次的主要表征如下：(1)知识与技能方面：教师的教学目标能够与学生的生活以及实际经验紧密联系，能够根据学生的实际情况调整教学目标。教师的教学内容丰富，能够建立符合学生意义的认知体系，突破教学重难点。教师的教学方法没有固定的模式，能够根据学生对知识技能的掌握程度随时地进行调整。学生能够在新的情境中使用抽象的概念、原则。学生能够进行知识、技能的总结、推广，能够建立不同情境下的合理联系等。学生能够在新的情境下运用已有技能，理解同一技能在不同情境中的适用性等。(2)过程与方法方面：教师以学生为中心，以探究法、发现法为主，能够根据实际需要选择最恰当的教学方法。教师引导学生建构起自己的体验方式和方法体系。学生能够自行探究到问题的结果，探究过程全面有效。学生乐于积极地参加到过程中来，在实践当中充分体会互动和成功。课堂上拥有默契的合作群体，师生取长补短，体验交流的快乐。(3)情感态度与价值观方面：教师能够建立平等和谐民主的课堂氛围，学生可以各有所得，心理上得到满足。学生能够形成良好的生活态度，关注他人和周围的事物，能够应变性地去认识评价。学生在教师的指导下体会学习的乐趣，对生活拥有极大的热情，主动去影响他人。学生情感态度与价值观的发展能够在课堂体验的过程中完成。

需要说明的是,以上列出的教学效果达成教学目标程度的主要表征,是三个维度的教学目标在三个不同层次上的达成度的一些典型行为表现。教师在评价课堂教学目标达成度效果时可以据此为参考,但在实际的课堂教学评价过程中,课堂中只要有类似的行为出现即可认为该条教学目标已经达成,并且评价时应当注意以大多数学生的表现作为参考依据。

第三节 教学效果达成教学目标的案例

案例一:小学语文《倔强的小红军》(王来润,2007)

师:今天,我们学一篇课文《倔强的小红军》,跟我一起写。(师板书课题,生跟写)

师:一起读课题。(生齐读两遍)

师:平时我们读书、读报时,遇到几个不认识的字是不会影响我们理解课文的。请你们读读课文,遇到生字、不理解的词语跳过去读!(生自由读课文)

师:想一想,读完课文,你对小红军有哪些了解?

生:不为自己,为别人着想。

师:这是从思想品德角度来说的!(板书:思想)

生:把死的危险留给了自己,生的希望留给了别人!

生:小红军很倔强!

师:这是从性格上说。(板书:性格)

生:那个小家伙不过十一二岁,黄黄的小脸,一双大眼睛,两片薄嘴唇,鼻子有点儿翘,两只脚穿着破草鞋,冻得又青又红。

师:这是写了小红军的外貌、年龄。(板书:外貌、年龄)多大了?

生:十二岁了!

师:正是读五六年级的年龄。

师:看一个人就要全面地看。我们通过读,了解这么多,想到了这么多,真能干!下面再来读一读课文,注意多音字、生字多读几遍,记住它。通过这次读,把课文读正确、流畅。(生自由读课文,师板书生字词:络腮胡子 牛膝骨 赓。拼音略)

师:(检查生字:指名读——师正音领读)这个字念"赓",你对陈赓了解吗?(生齐:不了解。师简单介绍陈赓)他年轻时在上海,长期做地下工作,长征时当团长。1955 年,被授予大将军衔。他长着"络腮胡子"。知道什么叫"络腮胡子"吗?

生:就是满脸胡子。

师:"满脸胡子"是笼统的说法。看着我,头发和胡子连在一起,胡子沿着鬓角长下来,就是"络腮胡子"。生活中,许多人都是长"络腮胡子"的,马克思、恩格斯的图像见过吗?他们就是长着"络腮胡子"。

师:(小结)两遍书读完了,我们收获不小!

师:谁愿意来读第一、二两段?(指名读,齐读)

师:“回顾”可以换个词吗?(生:回想)

(师板书“疲惫”一词,生读两遍)

师:如果让你“联系上下文”解释这个词会吗?请你先读读这段话,画一画有关解释这个词的句子!(生自由读、画)

师:请读一读你画下来的句子。(指名读完)

师:长时间的行军没吃没喝,累不累?(生:累)

师:这次他掉队了,他怎么走的?(生读:一步一步地朝前走着!师接着示范读)

师:走得怎么样?(生:非常艰难)合起来就是“疲惫”的意思了。

师:这就是“联系上下文”理解词语。以后遇到这样的词,就采用这种方法来解释,注意在这个词的上下文去找,不要走得太远!(板书:联系上下文)

师:谁来接着读3–10小节。(指名读)

师:(评价)读书要有停顿,不能太快,给自己思考和想象的时间。句子要有停顿,听的人也要有思考的时间,听我来读。(师范读)

师:读书要用心读,读出味道,读出他的样子,读出他的语气,自己练习读。(生自由练读,指名读)

师:(快要读完时师打住)停!不要每一句都读得这么响,每句最后一个字不要都读得这么重。(师范读)

师:一起把小家伙的样子再来读一读吧!读时多关注作家怎么写的,读多了,记住了,以后写人物外貌的时候,你就会写了!

(师继续让学生读下去!随时纠正读音,指导读词:络腮胡子、倔强、姿势。生读完后,师板书:倔强。生再读,联系上下文理解“倔强“一词)

师:把3–10小节读熟了,记住了,今后就会写人物的对话了,一个人说的话就是一段。再默读3–10段，看在眼里，记在心里，看看作家是怎样写人物对话的，读到心里去！（生默读，师指名读最后一小节，纠正读"立刻调转马头"，齐读三遍，注意多音字的读音）

师：（小结）书要仔仔细细、认认真真地读，学语文最重要的不是了解人物特点，思想只是一方面，关键是要看作者是怎样写的，要读得准确、流利，记住它。

师：这是一个真实的故事，让我们再来读读全文，把最让你感动的句子画下来。抓重点、抓关键词句也是读书的好方法！（生默读）

生：（交流）就在这时，小鬼停止了呼吸。

师：（深情地）小鬼牺牲了！（板书：停止）

生：他掏出来一看，原来是一块烧得发黑的牛膝骨，上面还有几个牙印。

师：（深情地）不是青稞面，而是发黑的牛膝骨。（板书：牛膝骨）

生：……狠狠地打了自己一个嘴巴：……

师：（师范读）从"牛膝骨"想到了什么？（让生读9–10小节）

生：轻轻地拍。（板书：轻轻地拍牛膝骨）

师：小鬼为什么要"轻轻地拍"？

生：如果拍得重的话，就会露出破绽的。

师：对呀！如果重重地拍，陈赓同志就会看出破绽，多懂事的孩子啊！（生齐读9–10小节）

师：（读13小节）作者写文章的时候是前后照应的，不读到后面你就怎么也不明白"轻轻地拍"是怎么回事？所以读书要注意前后联系，读词语、读课文、读厚厚的一本书也一样。这样，才能全面地把握文章。（板书：前后联系）

师：读读"停止"这段话，你会不由自主地想到前面的……（学生读有关句子作答，教师随机板书：强、多等）

师：真的强吗？真的多吗？真的等吗？（生：不强，不多，不等）这都是假的，这就是前后联系。

师：读读"打自己嘴巴"这句话，你想到了哪里？（生读第①自然段，师板书：深情地打嘴巴）

师：这是一种什么样的情？

生：感动之情。

生：后悔、愧疚之情。

生：自责的感情。

生：难忘之情。

师：还有教育、敬佩、怀念之情，只有读了课文，才能真正地理解！（教师小结"联系上下文理解词语""前后联系读懂课文"方法后，继续引导、训练学生有感情地朗读）（教师出示：要求用"浮现""满不在乎"造句）

师：不要小看造句！于老师还是有点担心你们能不能行呢？

师：先请你找到有"浮现"的句子，读一读，再找有"满不在乎"的句子，读一读，看看书上是怎么用的？

师：反复读，反复想，想好了再写，写好了再反复读。如果你觉得简单的话，可以用上这两个词写一段话，更可以用上学习课文的体会来写！（生自由写）

（生交流自己写的句子，师随机评改，师生共同评改）

师：（小结）造句可不是容易的事，千万别小看它！

分析：

从总体上评价该节课，在知识与技能方面，本课的主要目标是生字的认识和书写，生词的理解和运用两个方面。从教师的活动来看，教师能够根据学生的认知水平和生活经验帮助学生理解重难点，比如在生词的学习上，对“络腮胡子”的生活化解释，对“疲惫”的深层次理解，对“浮现”和“满不在乎”的运用等。同时，在阅读方面，教师也较为注重学生阅读技能的培养，比如让学生把课文读正确、流畅，教师正音领读等。在教学方法上，教师除了讲授法之外，采用了问答法、实作法等其他形式的做法，使课堂更为活跃和生动。从学生的活动来看，通过教师的指导和帮助，学生掌握了基本的生字和生词，能够准确理解生词的含义并将其运用到写作中。学生真正理解了知识，把握住了知识的含义及其之间的内在逻辑联系，并且能够将知识进行实际运用。从这些特征可以看出，在知识与技能维度，本课的教学效果达到了提高目标层次。

在过程与方法方面，本课中教师十分注重对学生读书方法、理解课文的方法的指导和提示。从教师的活动来看，教师在诸多关键环节都是以学生的学习为中心，根据学生的表现情况来进行相应的指导。比如，在读书方法的指导上，在指名读3–10小节时，根据学生读书存在的问题，告诉学生“读书要有停顿，不能太快，给自己思考和想象的时间。句子要有停顿，听的人也要有思考的时间”，“不要每一句都读得这么响，每句最后一个字不要都读得这么重”。同时在相关处告知了学生诸多读书方法，如“读时多关注作家怎么写的，读多了，记住了，以后写人物外貌的时候，你就会写了！”“书要仔仔细细、认认真真地读，……关键是要看作者是怎样写的，要读得准确、流利，记住它。”“抓重点、抓关键词句也是读书的好方法！”在对课文的理解方面，在给学生抛出问题并进行讨论之后，教师会及时总结此处理解课文的方法。比如，在探讨了“轻轻地拍”的原因后，提出“读书要注意前后联系，读词语、读课文、读厚厚的一本书也一样。这样,才能全面地把握文章。"在探讨了"疲惫"一词的理解后,教师指出"这就是'联系上下文'理解词语。以后遇到这样的词,就采用这种方法来解释,注意在这个词的上下文去找,不要走得太远!"在探讨了"打自己嘴巴"所表现出来的情感之后,教师总结了"联系上下文理解词语""前后联系读懂课文"的方法。因此,教师的活动能够根据学生的需要选择合适的教学方法,并注重通过讨论、自主学习、师生和生生交流来开展相应的活动。从学生的活动来看,学生在教师引导下能够自行探究到问题的结果,比如对小红军的了解,对"疲惫""倔强""轻轻地拍""停止""打自己嘴巴"等词语的理解,探究过程有效。整个教学过程中,学生的参与度也比较高,在诵读、讨论、写话等环节都表现出了较好的参与热情和积极性。课堂上教师和学生的配合较为默契,教师的教学环节紧凑流畅,重点突出,注重引导,学生的表现和反应也较为积极,在重点问题的解决上都表现出了较好的学习结果。因此,在过程与方法维度,本课的教学效果达到了体验目标层次。

在情感态度与价值观方面,本课《倔强的小红军》记叙了红军长征途中过草地时,一位小红军忍受饥饿和疲惫,又不肯接受别人照顾而牺牲的事,赞扬了小红军一心为别人着想,把困难和危险留给自己的高尚品质。课文本身的情感态度与价值观意义十分突出。从教师的活动来看,整个教学过程渗透了对学生情感态度和价值观的教育。比如,在学生自由读课文之后,让学生讨论对小红军有哪些了解?通过"轻轻地拍""打自己嘴巴"等关键词语的讨论和分析,让学生深刻理解课文要表达的意义和精神。在教学环节中,教师注重培养学生思考的意识和能力,有意识地渗透了相应的情感态度和价值观。从学生活动来看,学生课堂的参与度也比较大,在教师的引导下自主地进行思考、感受和判断,并发表自己的看法，发展了自己的情感态度和价值观。因此，在情感态度和价值观维度，本课的教学效果达到了提高目标层次。

案例二：小学数学《估算》(节选)(郑大明，2009)

一、赏识谈话，引出估算问题

师：小朋友们，今天我们继续来研究有关估算的问题。(板书：估算)关于估算大家已经学过，但是我不知道在你们过去的学习当中碰到过哪些困难和问题？还有你今天特别想和我们一起讨论讨论的，凡是有关估算的事儿都可以提出来，好吗？

生：有一次，我做一道题：499×3，不知道怎么算，我就是用估算解决的问题。

师：噢，他用估算解决了问题。到底499×3怎么估啊？别着急，这节课就来研究估算有什么好方法？(板书：估算的方法)

生：什么叫估算？

师：对呀，什么是估算？(板书：什么是估算？)

生：估算的时候用哪些符号？

师：什么意思？我没听懂。

生：比如：精确计算要用“＝”，估的时候会不会出现其他符号？

师：平时计算用的是直直的等号，估算用什么符号呢？好，记在这儿，看今天能不能遇到这问题？碰到了就站起来提醒大家哦！(板书“＝”？)

生：把我们想估的数字估成什么样的数字呢？

师：估成几就合适了？有什么好的方法？是吗？(板书：怎样估？)

生：为什么要估算？

师:嗯,问得越来越深刻了。这茬接得好啊！学习估算有什么用啊?(板书:为什么要估算?)

生:估算与实际算有什么不同?

师:是呀,估算的结果与实际结果有什么不同呢?(板书:有什么不同?)

生:估算在什么时候能够用上呢?

师:我们学习过精确计算,那到底什么时候估?什么时候用精确计算?这个问题提得就更有思考的价值了!(板书:在什么时候?)

生:什么样的估算比我们的准确计算还值得?

师:这个问题提得好。这估算学了半天,到底值得不值得呢?(板书:值得?)

生:估算和准确算谁算得快?

生:估算和准确计算它们的相同是什么?不同是什么?

师:还没有上课,你们就提了这么多有价值的问题。好,下面我们就一起来走进估算。

二、购物称象,形成估算方法

购物:体会估算与精算

【课件视频演示】青青和妈妈去超市购物。

师:请看小青青在超市里遇到了什么问题?

【课件展示】五种商品的价格。

牛奶48元/盒　果汁23元/盒

巧克力69元/盒　饼干16元/盒

水杯31元/个

师:青青和妈妈买了五种商品。妈妈在想:我只带了200元,这钱到底够不够？收银员阿姨在想：我怎么把数据输入到收银机里？

师：吴老师想请小朋友们考虑什么问题呢？

【课件展示】

在下列哪种情况下，估算比精确计算有意义？

A：当青青想确认200元钱是不是够用时；

B：当销售员将每种食品的钱输入收银机时；

C：当青青被告知应付多少钱的时候。

师：在下列三种情况下，你认为哪种情况下用估算？是估还是精呐？用手势告诉我。

……

（大部分小朋友选第一种，有一个小朋友选了第三种，通过与她的交流和对话，澄清了估算和精算的区别。）

师：对，只要加起来比200元少，就怎么样？（生：够。）比200元多呢？（生：不够。）你看，是不是估一估就解决了这个问题？而收银员把价格输入电脑时，一定输入的是什么值啊？

生齐答：精确值。

师：对，给钱记账的时候一定是精确数。估计钱够不够的时候，估算就可以了。

称象：探究算理与算法

【课件演示】曹冲称象的故事。

【课件展示】六次称石头的质量如下（单位：千克）

次数	1	2	3	4	5	6
质量	328	346	307	377	398	352

你能估计出这头大象大约有多重吗？

师：现在我们要研究有什么好的估算方法？你有什么招，把你估的过程记在你的练习本上，也可以到前面来写在黑板上。谁来？

学生做题，请7名学生上黑板写，教师巡视。

师：好了，同学们把你估完的结果大声告诉我。

学生分别回答：1400、1600、2000、2200……

师：有1000多的，有2000多的，还有没有估出来的。那下面我们就来看看黑板上这些同学写的，到底有什么好的方法？我们来总结总结哈！先看这位同学的。（圈出400×6=2400。）这谁写的？你能说说你是怎么想的吗？你把这6个数都怎么样了？

生：先都看成300，我认为有的不满350，有的又比350多。我想就把它估成400。

……

师：你真有招呢！我听明白了，同看成一个数，把这些数都往大点的数估，叫"大估法"（板书：大估）；谁估成300了？（请估成300的女生上台写出来）看看她是往哪儿估？

生：往小里估。

师：往小里估干脆就叫……（小姑）（板书：小估）哈哈，"小姑"的算式马上就要成功了。

师：（圈出300+300+300+400+400+400=2100）这个算式谁写的，你是怎么估的？有的怎么样？有的怎么样？

生：有的接近300就估成300，有的接近400就估成400。把350看成中间的数，超过350的把它估成400，低于350的把它估成300。

师：听明白了吗？有的是往小点的估，有的是往大点的估。他这方法的特点叫什么？自己说。

生：我是“整百估”。

……

生：他们的整百统一，我的整百不统一。

师：那就叫“整百不统估”。他们要么300，要么400，你的不一样，可以。（板书：整百不统估）

师：这个是谁写的？（圈出330+350+310≈990，990+380+400+350≈8320）你是怎么想的？到前面来。

……

师：好，“四下五上”也好，“四降五升”也罢，就是我们未来要学习的“四舍五入”，听到过吗？在未来的学习中你们一定会碰到一个重要的概念叫“四舍五入”。就是1234———（降，舍），56789———（升，入）。（对女生）当然你坚持5降，也没关系，可以再试试，好吗？（板书：四下五上）

师：这是谁写的？我都看不懂了。（圈出算式）

352－2=350 398+2=400

346－3=343 307+3=310

350+400+343+377+310+328≈2100

你是怎么想的？有道理呢！

……

生：这叫“移多补少”。

师：哦，还有词儿呢？赶快写上吧！（板书：移多补少）

……

对照：辨析合理与适用

师：小朋友们，在你们估的时候，我的电脑也在悄悄地工作。像这个同学一样，电脑可没这样折腾，电脑是一步一步精确计算的。你看，（出示20108千克,2108千克)它算出了两个结果,你认为是哪一个结果,用手势告诉我是第一还是第二?

生齐答:第二。

师:第一个怎么不可能呢?

生:太多了。再怎么估也估不上啊?

师:哎呀,直观感觉到太多了,你呢?

生:我把百位上的6个3看成6个300,才1800,1800只有进位才能到2108,也不可能进位到20000多。

……(学生展开热烈的讨论)

师:同学们,先前有人问:什么是估算?这就是估算!方法就在你的中间!一起说。

生齐答:小估,大估,整百不统估,四下五上估,凑估,移多补少估。

三、乘车过桥,论辩估算策略

师:有人问估算有没有用?我们来看看。

【课件出示情境图】350名同学要外出参观,有7辆车,每辆车有56个座位,估一估够不够坐?

师:350个人外出参观,7辆车,每车56个座位,这个座位够吗?

生:够。不够。够!

师:说不够的同学把手举起来。你来说,你把56看作多少?

生:我把56看成60,7辆车,7×60=420,肯定够了。

师:他说了一个非常关键的词语“肯定”,把56估成60这是大估了,还可以怎么估?

生:小估。把56估成50,7×50=350,刚好350个座位,肯定够了。

师:估成50都够了,估成60就更够了。请问这个问题,估成50好,还是60好?

生:小估好。56个座位看成50都够了,那56个座位就肯定够了。

……

【课件出示情境图】

一箱货物285千克,有6箱。车重986千克,桥限重3吨。这辆车能过桥吗?

师:货车能不能安全通过大桥呢?

生:能。不能。

师:你说“不能”,来,你来说说。

生:把285千克看作300千克,6×300=1800千克,986千克看作1000千克,合起来是2800千克,限3吨,不能通过。

师:3吨多少千克? 能过吗?

生:3000千克比2800千克多,能安全通过。

师:这个题是大估点肯定还是小估点肯定?

生:大估! 大估都可以过了,比它小的,那就肯定能过。

……(学生展开热烈的讨论)

师:有收获吗? 没有想到,你们刚刚进入三年级,大家这么会思考问题,特别是提了这么多问题,看看,这些问题都解决了吗?(学生一一作答)上课的时候,你们问:学习估算值吗?

生:值!

师:那我们就把问号变为叹号吧!(板书:!)

分析:

从总体上评价该节课,在知识与技能方面,教学目标主要是对估算的理解和应用,从教师的活动来看,教师能够将教学内容与学生的生活和经验紧密联系，比如购物环节的设计、参观车辆座位估算等都是基于日常生活。教学内容丰富，最初引导学生提出关于估算的问题，之后通过诸多环节的展开一步步解决了学生提出的重难点问题，这个过程中，通过购物、称象、乘车、过桥等丰富多样的实际生活或典故中的内容来引导和帮助学生加深对估算的理解和应用。教学方法上突破了讲授法的限制，更多地采用与学生对话、交流，以及学生演示讲解等方式开展教学，充分调动了学生的学习积极性和参与热情，发展了学生的思维能力。从学生的活动来看，学生通过教师提问、自主思考和讨论交流归纳总结出了多种估算方式方法，加深了对估算的理解，建立起了估算与生活、问题解决的关系，并且能够解决不同情境中遇到的估算问题，有了自己的观点和解决问题的方式。从以上特征可以看出，在知识与技能维度，本课的教学效果达到了体验目标层次。

在过程与方法方面，整个教学过程都体现了教师对学生学习方法的指导。从教师的活动来看，教师以学生为中心，以发现法为主要教学方法，引导学生自己得出结论，总结规律。比如，教学开始阶段，以教师与学生的谈话进入，让学生说出自己关于估算学习的问题，之后的教学过程实际上都是围绕着解决这些难点和问题而展开。在整个教学过程中，每当面临一个问题情境，教师都是引导学生自己积极思考，主动作答，并最终得出正确的结论。从学生的活动来看，学生课堂的参与度十分高，表现活跃，乐于思考和发表看法，能够自行探究教师提出的问题，自主或在教师的引导下得出正确的结论，甚至超越了预期的目标。师生和生生课堂的配合默契，气氛活跃幽默。在这个过程中，学生们与教师一起总结归纳出了诸多估算的方法，并学会了运用估算解决现实问题。因此，在过程与方法维度，本课的教学效果达到了体验目标层次。

在情感态度与价值观方面，本课的整个教学过程流淌着师生情感的交流与共通。从教师的活动来看，教师从学生提出估算问题的角度出发，与学生合作一步一步来解决问题，采用的发现法极大地引发了学生学习的兴趣，培养了学生的思考能力。在整个过程中，教师有意识地以对话的形式来培养学生的情感态度，教师亲切、幽默的话语以及有趣的教学材料、情境充分吸引了学生的注意力，引起了学生的兴趣。从学生活动来看，学生在课堂中充分地发挥了主体作用，积极主动地思考问题，乐于回答老师的提问，发表自己的看法。学生在整个过程中都很享受课堂氛围，表现出热爱学习、乐于思考、勇于表达、亲近老师的正确的情感取向。因此，在情感态度与价值观维度，本课的教学效果达到了提高目标层次。

案例三：初中化学《水分子的变化》（周敏、曾定军，2018）

一、魔术激趣，引入课题

师：（用湿毛巾在黑板上书写“水”字）欢迎大家和我一起走进今天的化学课堂：水分子的变化。水在自然界的千变万化你了解多少呢？先给大家表演关于水的两个小魔术，让我们一起见识一下水的神奇变化……

这儿有一杯水，我能点水成冰，你信吗？

生：不信。

师：那请你千万不要眨眼睛，接下来就是见证奇迹的时刻。（教师演示）

生：哇，原来真的可以点水成冰，真神奇！

师：接下来要表演的魔术叫杯水隐身。我这里有两个纸杯，我将纸杯里都倒点水，请一位同学上台协助我。（一位同学上台）请你把纸杯举过头顶，放在头上，跟我一起做魔术的动作，我们让杯里的水消失。你顺时针转，我逆时针转，一定要慢慢转。好，开始。转一圈后，魔术已经生效，我杯子里的水空了，大家掌声鼓励一下！你刚才是按我说的方法做的吧？那我数到三，就把杯子往下倒。如果水还在，就代表你做的动作不标准，与我无关哦！一、二、三，倒！水消失了！让我们用掌声感谢这位同学，是他让魔法再现！

生：(热烈掌声)水真的消失了？真奇妙！

同学们轻声自由议论：这是怎么办到的？水去哪里了？

二、模型构建，化抽象为具体

师：杯中的水隐身了，你看，(手指黑板)我上课前用湿毛巾写的水字也隐身了。水在这一过程中发生了什么变化？

生：水变成了水蒸气，发生了物理变化。

师：我们知道水是由水分子构成的，你能从分子的角度破解水的隐身术吗？一滴水中有1.67×10^{21}个水分子，在此仅以两个水分子为例，请你利用铁盘里的磁铁完成这一模拟。(将抽象的氢原子、氧原子换为颜色、大小不同的圆形磁铁，学生通过实际“操控”分子，模拟水蒸发时的微观过程)

师：下面的同学们，举起你们的铁盘，并给前后左右的同学看到你们的答案。我看到了不同的答案，哪位同学愿意上台展示你的答案呢？

通过小组讨论，学生们用磁铁在铁盘上模拟出水蒸发的微观过程；小组派代表上台展示小组的答案。

师：请你给大家解释一下这一微观过程。

生：在水蒸发的物理变化中，水分子本身不变，只是分子间隙发生改变，所以我们小组认为水分子只是距离变大了，分子种类不变。

师:很好,谢谢这位同学,他开启了微观世界之门!请大家将这一结论记录在学案上。

学生通过对微观过程的理解,在学案上记录下物理变化中的分子变化过程。

师:那水的隐身术在生活中有没有什么应用呢?

生:晾衣服。

生:蒸汽机。

生:水蒸发吸热可以降温。

……

师:很好,你能很好地将所学知识应用于生活。水的隐身术中水分子本身不变,那水分子永远不会变化吗?让我们一起来见识一下水的分身术——一分为二巧变身。要表演水的分身术需要这样一套装置——水电解器。(在此选择的电解器是PEM质子交换膜水电解器,铂合金电极,弥补了传统水电解器实验过程缓慢、易损坏、误差大、不方便携带等缺陷)大家桌上都有一套,下面的是直流电源,大家看到电解器上的正负极没有?

生:红色的是正极,黑色的是负极。

师:我们现在打开电源。你看到了什么现象?

生:正负极都产生了无色的气泡。负极速度更快。

师:那正负极到底产生了什么气体,如何检验呢?请你们结合学案上的锦囊妙计,小组展开讨论后,设计出实验方案。仔细阅读学案上的任务表,将负责人姓名填写在学案上。

各小组成员对实验操作进行具体的分工安排,每一位成员都分别负责一项操作,并讨论制订出实验方案:①接通电源1分钟后关闭电源,读出正负极气体体积比;②用燃着的木条检验正负极产生的气体。

师:我们都看到,气体并不多,如果大家想实验成功一定要默契配合,一位同学将燃着的木条放在管口上方,另一位同学用大拇指和食指挤压玻璃球,(可以示范)缓慢放出气体,现在开始实验。

三、手机拍照上传电脑,重现学生实验精彩瞬间

在学生合作探究实验的过程中老师用手机拍照,记录下实验的精彩瞬间,并利用手机同步软件实时上传到大屏幕上。

学生及时看到自己及同伴实验的过程,记录实验现象,并及时发现自己实验中存在的问题。

师:实验现象大家都记录下来了吗?有哪个小组来分享你们的成果?

生:正负极均产生无色的气体,负极更快;负极与正极产生的气体体积比约为2:1;用燃着的木条放在正极上方,木条燃烧更旺,是氧气;用燃着的木条放在负极上方,气体被点燃,是氢气。

……

师:看来你们的实验非常成功!大家的实验观察和分析能力很不错!请大家继续完成学案上的文字表达式和符号表达式。

再次利用手机拍照,将学生书写的答案实时同步到大屏幕上,相比于传统的投影更方便快捷。

小组间相互订正、改错,掌握电解水的文字、符号表达式,突破难点。

师:你能模拟出电解水的微观过程吗?请同学们利用磁铁完成模拟,完成的小组请举起你们的铁盘。

小组成员通过讨论得出了自己的答案,并由小组的“操盘手”举起铁盘,向其他小组的同学展示答案。

四、探索引导，引发知识生长点

师：我们通过电解水微观过程的视频再来回顾这一完整的过程，结合这一过程，请你分析：微观上水分子如何变为氢分子和氧分子？

生：水分子先破裂成氢原子和氧原子，氢原子结合成氢分子，氧原子结合成氧分子。

……

师：你们的回答非常完美！

师：请你结合黑板上水的蒸发和水的分解两个过程，分析：如何从分子和原子的角度区别物理变化和化学变化？

生：物理变化中分子本身不变；化学变化中分子改变，原子不改变。

师：我们班真是人才辈出啊！你们在学案上填好了吗？(学生回答)

师：水的分身术在生活中有什么应用呢？2014年，中国科学家实现国际首例利用太阳能分解水制氧气和氢气。氢气被称为21世纪的理想燃料，在很多方面都有广泛应用，如氢能源汽车。氢气为什么是一种理想的燃料呢？我们一起来见证——氢气燃烧：水的再生术，浴火重生贡献大。

师：为了让大家能够更好地观察实验现象，老师经过无数次探索，设计了这样一套安全点燃装置。待会我会在漏斗口点燃氢气，怎么验证它的燃烧产物为水呢？

生：用干而冷的烧杯罩在火焰上方。

师：你的设计很棒，为你点个赞！大家请仔细观察并记录实验现象。

生：氢气燃烧产生淡蓝色火焰，放出热量，干而冷的烧杯上有水雾。

师：你们的描述完全正确。你能模拟出氢气燃烧的微观过程吗？请你继续在铁盘上完成模拟。

这一次，各小组都很快地模拟出了氢气燃烧的微观过程。

师：我惊喜地发现，这一次大家都完全模拟正确了。来，给我们自己掌声鼓励一下！

生：微观世界原来这么有趣！

师：你能写出氢气燃烧的文字表达式和符号表达式吗？请在学案上完成。

学生完成学案，小组相互订正、改错，掌握书写方法。

五、知识升华，总结方法

师：通过我们今天的学习，你体会到化学的研究方法了吗？（学生回答略）

师：通过宏观现象发现微观实质，通过研究物质的性质，最终为我们的生活服务。

师：水的作用还有很多，在前段时间，杭州峰会晚会上，很多人都从杭州西湖里感受到了水是生命之源，更记忆了最美丽的水。我们再来一起观看实验视频，回顾这一精彩瞬间。我们更应该爱惜水，如同爱惜我们的生命。

组织学生观看G20峰会视频，感受水的千变万化带来的美感。

学生一边看视频一边小声议论。

师：今天我们从知识的层面上学到了水的蒸发、水的分解、水的合成这些关于水的变化，也从微观角度理解了物理变化和化学变化的实质。

分析：

从总体上评价该节课，在知识与技能方面，本节课的主要教学目标是：通过观察及分析水的蒸发过程，进一步理解物理变化；通过电解水实验的探究和观察水的合成实验，利用微观模型的建构，初步理解化学变化的微观实质。从教师的活动来看，教师并没有进行单纯的理论传授和讲解，而是将所学内容与学生生活和经验进行了紧密联系，比如通过水的魔术激发学生的好奇心，通过铁盘中的磁铁模拟水蒸发的微观过程，讨论水的隐身术和分身术在生活中的应用等。教师的教学内容丰富，包括了魔术、水的蒸发、水的分解、水的合成等诸多实验，能够帮助学生全面了解水的变化，逐一突破了教学内容的重难点。教师的教学方法没有固定的模式，根据需要运用了魔术、实验、讨论等多种教学方法。从学生的活动来看，通过实验操作和合作探究，学生对水的变化有了清晰直观的认识，经历了水的“隐身”“分身“和”再生”过程，掌握了水的蒸发、分解和合成的原理，理解了水的物理变化和化学变化的实质。从以上特征可以看出，在知识与技能维度，本课的教学效果达到了体验目标层次。

在过程与方法方面，整个教学过程都体现了以学生为中心的原则。从教师的活动来看，整个教学过程以实验法、讨论法展开，无论是魔术环节、磁铁模拟水蒸发的环节，还是电解水、再生水的环节，都让学生亲身参与实验过程。在这些过程中，学生亲身体验到了实验中发生的变化，不断探寻到了其中的原理，探究过程全面有效。从学生的活动来看，学生学习的兴趣被激发，积极性被调动，乐于参与到教学过程中来，并且在实验中充分体会到了成功的喜悦。师生、生生间的互动较为默契，学生实验的分工互助，师生之间的配合交流都取得了较好的效果。通过这节课，学生亲自操作，亲身体验到了水分子变化的多种样态，了解了水分子变化的实验条件、实验结果，学到了实验操作等方法。因此，在过程与方法维度，本课的教学效果达到了体验目标层次。

在情感态度与价值观方面，本课的突出特点体现在内容的科学性和资源的保护性上。从教师的教学活动来看，教师设置的各个教学环节都能带给学生新鲜感和探究的欲望，能够引起学生的关注，引发学生想了解的兴趣。整个教学过程设置的诸多实验需要严格的条件和科学的操作，这些都会增强学生对科学的认识，树立科学精神。从学生的活动来看，学生享受课堂的氛围，加强了与其他同学之间的合作，培养了合作精神。同时，通过教学活动了解了物质存在的客观性及其变化的科学性，培养了尊重科学、严格实验、追求真理的情感态度和价值观。在课的最后部分，通过观看教师播放的G20峰会视频，体验到了水的震撼、美丽及其对人类的作用，从而形成爱惜水资源，保护水资源的情感态度和观念。因此，在情感态度与价值观维度，本课的教学效果达到了体验目标层次。

第九章

教学效果超过学生自学的效果

课堂教学的出发点和归宿应该落在学生的身上。判断一节课是否是好课，教学效果是一个必不可少的评判要素，而教师教学的有效性又主要体现在学生学习的有效性上，教师所采用的一切教学手段都是为了激发学生的学习热情，引导学生深入学习，促使学生获得知识、发展智力、提升情感。换言之，教师的教学促进了学生的有效学习，这样的教学才是有效教学。要达到有效教学，我们的课堂要落脚到教学效果上，教学效果超过学生自学的效果是课堂观测中不可忽视的一个重要观测点。

第一节 学生自学的效果

人的一生离不开学习,学习是每个人成长的途径。学习的方式有很多种,有正规的学校教育,有个人的自我学习。学校教学是现代社会常用的一种学习方式,也是社会公认最有助于个体学习的一种方式。但是,自学在人类知识传授过程中也起着不容小觑的作用,那为什么自学不能成为学习知识的主要方式呢?教学效果为什么要与自学效果作比较?在我们理解了自学、学生自学等相关概念后,就容易理解这些问题了。

一、自学

关于自学的定义,不同领域有各自的见解,一些专家学者基于自身的研究视角提出了不同的看法。无论是管理学、人才学,还是教育学、心理学领域,对自学的理解都体现出了这样一些特点:一是自学是学习者独立的学习,这种学习不依赖于其他人员,是未在他人指导下的自我学习。二是自学是学习者自主的学习,学习者自我选择一定的目标,自我安排学习进度,自己学习知识内容,自己检查学习效果。

据此可以认为,自学就是自己学习,是学习者自己通过独立思考,积极主动地掌握知识和技能，发展能力和智力，培养品德和个性的一种学习方式。它和人的许多心理活动，如动机、兴趣、注意、情感、意志，以及观察、思维、想象、记忆等都有关系。而且，不同的人，不同的学习内容，学习呈现出来的特点也会有所不同。

二、学生自学

什么叫学生自学？是指学生自己进行学习，通过自己独立的学习在知识技能等方面获得发展。学生自学是一种自发的学习，一般是学生自己选择感兴趣的学习内容，通过自己的学习和理解，获得某些方面的发展。它是学生个体的独立活动，在目标确定、内容选择、时间进度安排、学习资源获取、结果评价等方面，都由学生自己决定和实行。

尽管当代学生都进入正规的学校，接受系统的知识学习，但是在学生的学习生活中，也不乏会出现学生的自学活动。一些学生可能会超前学习学校规定的学习内容，学生学习之前也有对所学知识的预习阶段。以学生的预习为例，学生对即将学习的新内容进行预先的学习，了解基本知识点，掌握新内容，并通过自学后进行习题演练。此外，学生还可能根据自身兴趣特点，自学一些学校课程外的自己感兴趣的内容。不可否认的是，教学离不开学生的自学，无论是在课堂中还是课外，都会有学生自学的现象。学生的自学活动，无疑会有助于学生自我知识和能力水平的提升，也会提高其学习的自主性和能动性。学生在自学过程中面对知识、问题，要自己去想办法理解，并找到各种方式来解决问题，这也会提高学生收集信息、归纳整理、解决问题、思维创新的能力。但是，自学看似是一个完整的过程，学生通过这种方式对知识的掌握程度如何？对知识的理解和迁移运用能力如何？整体知识结构框架的重新构建如何？这些还是有局限的。

三、学生自学效果

无论是何种学习行为，都会产生一定的结果。学校教学有目的、有计划、有系统地进行组织和安排，并以教学目标作为评判学生学习结果的标准，其效果是要面向全体学生，使全体学生都能达到预期的目标要求。学生自己的学习活动也会产生一定的效果，学生可能在知识、能力、思维、态度、情感等方面发生诸多变化。这种变化因人而异，学习同样的内容，不同的学生在学习方式、解决问题的方法上有所差别，因此在学习的最终结果以及素养能力的提升上会有不同的表现。也就是说，学生自学的效果是客观存在的，没有哪种学习不会产生结果，只要是学习，都会带来个体某些方面的变化，这是毋庸置疑的。但是这种效果的程度和水平在不同个体身上会表现出差别，也与学生接受的正规的学校课堂教学产生的结果有所不同。

所谓学生自学效果，就是指学生通过自己的独立学习，在知识、能力等方面所取得的结果。这样的结果可能是有效的，也可能是效果不明显的。一方面，学生通过自学对新事物或者对原本认识的事物有了新的认识或理解，这样的自学就是有效果的。另一方面，学生通过自学没有认识、发现新事物或对原本认识的事物还停滞在一开始对该事物的认识上，通过自己的学习没有新的认识或收获，那这样的自学就是无效果的。

第二节 教学效果超过学生自学效果的样态

学习最终是通过学习主体的自主建构而实现的,历史上也不乏自学能成才的例子。但这终究是少数,我们面向的却是更为大量的学生。要使更多的学生能够获得良好的发展,学校教学发挥着不可替代的作用。而教师的教学效果则是学校的生命线,对学生的素质培养和发展有重要影响。根据相关资料的收集、整理以及团队对课堂进行观察研究后,我们认为,教学效果超过学生自学效果的样态主要包括以下几个方面:

一、学生所学知识的系统化

人类区别于其他动物的最大特点就是学习。人类自产生以来,之所以发展到今天高度发达的程度,与人类善于学习的天性密不可分。教育史上的、赫尔巴特等著名教育家都对人类的学习进行了研究,提出了关于教学的理论,并对后世产生了积极的影响。一些学者继承前人的研究热情和学术启发,在人类的学习方面提出了众多有价值的理论。比如奥苏贝尔(D.P.Ausubel)运用了皮亚杰(J.Piaget)最早提出的“同化”理论，于20世纪60年代提出“有意义学习”的教学思想。他认为，学习者的认知结构是一个不断建构、不断从纵横两方面联系的过程，知识获得过程就是个体不断充实、完善和建构其认知结构的过程，不断地把外部的知识结构转化为内部的认知结构的过程，学习就是认知结构的组织和重新组织。意义学习是通过新信息与学生认知结构中已有的有关概念的相互作用才得以实现。由于这种相互作用的结果，导致了新旧知识的意义的同化，从而形成一个分化程度更高的认知结构。

教学过程实际上就是教师帮助学生重组认知结构的过程。教学是教师的教与学生的学双边互动的活动，教师的教是为了帮助学生的学。教学过程一般包括新知识的学习和旧知识的复习。在新知识的学习过程中，教师就好似一个脚手架，在学生和新知识之间搭建了一个桥梁，为学生提供了向上前进的支柱，帮助学生一步步走向顶点。教师所拥有的专业技能知识决定了教师能够有序地安排教学活动，并且通过自身的主导和辅助，帮助学生了解新知，掌握新知，解决疑难，运用新知。复习也是教学过程中必不可少的重要环节，帮助学生全面了解所学知识，弄清楚知识间的关联，对所学知识加以整合，提高学生综合运用所学知识解决实际问题的能力。教师的主要任务就是引导学生按属性和特点对知识进行整理，沟通知识之间的内在联系，使所学知识条理化、系统化，把较为零散的知识提纲挈领，在学生头脑里逐步形成一个比较完整的、相对稳定的知识体系。

学生在自学过程中，通过自己的学习能够获得部分知识，但由于学生当前身心发展水平以及所学知识的局限性，不一定能够把所学知识很好地同化到已有的认知结构中，知识的整体性和关联性较为欠缺。而教学活动相较于学生自学活动,能够系统地传递知识内容,条理性地安排教学内容,周期性地巩固所学内容,对于学生知识的理解与掌握、整体知识结构的把握、知识的巩固与运用起着其他学习形式不可替代的作用。

根据以上分析,教学效果超过学生自学效果的样态包括:学生所学知识的系统化。教师引导学生对所学的知识进行系统的整理,把分散的知识综合成一个整体,使之形成一个较完整的知识体系,相较于自学中零散的知识学习,知识的整体性掌握有助于学生深层的理解。

二、联系学生生活实际,达成复杂水平的理解

学习的内容包括多方面,事实、概念、定理、定律、法则、规律等都是其主要内容。有些知识内容学生容易理解和接受,但是由于学生的身心发展规律和特点以及个性差异,不同教育阶段需要教师采取不同的教学策略。一些抽象的、难以理解的知识,需要教师想办法来设置情境,搭建“脚手架”,采用学生熟悉的情境或内容来帮助学生理解。在中小学阶段,理论联系实际是一个常用的和必需的教学原则,将所学知识或理论与学生看到的、接触到的和亲身经历到的生活内容相联系,用以调动学生的学习积极性,更好地解释和说明知识或理论,从而帮助学生理解和掌握知识和理论。比如,有教师在讲课时,首先提出了这样一个问题:“当公共汽车拐弯时,站着的人不自觉地向原来前进着的方向倾倒。人们一定会觉得很奇怪,没有人碰他、推他,为什么他会倒?”这几句生动的开场白,把学生们吸引住了。教室里一片寂静,学生们一个个全神贯注、聚精会神地进行着思索,等待着教师的进一步分析和讲授。这些看起来十分熟悉,甚至天天接触的事物,人们并不一定明白其中的科学道理。

因此，学生对这样既熟悉又生疏的事情产生了浓厚的兴趣，听起来也是意味盎然，必然会有助于学生学习积极性的调动，提高学习的意识和主动性。又如一数学老师讲到异面直线这一概念时，一些学生往往会怀疑这样的两条直线是否存在？这时教师就举出实例告诉学生说：在日常生活中所遇到的两条直线，大部分是属于异面直线。如“教室一面墙和天花板的交线与另一面墙和地面的交线”就是异面直线。然后指出：“不在同一平面内的两条直线叫作异面直线；它们既不相交，也不平行。”通过以生活中的实际场景和例子进行联系，学生就很容易理解知识内容了，对知识的印象也会更加深刻。

在课堂教学过程中，可以充分利用理论联系实际的教学原则，在重点及难点内容的讲解上结合青少年学生的具体生活经验展开，增强学生对教学内容的兴趣，加深其对教学内容的理解和掌握。充分利用学生熟知的生活经验，可以把教学内容化繁为简、化难为易，最终促成学生对复杂知识的理解，达成对知识的掌握和运用。相比学生自学，教师在教学过程中通过创设与学生实际生活相关的情境学习知识，使书本上晦涩难懂的意义符号变成生活中熟悉的印记，学生更容易理解所学内容。而学生自学相关知识，由于知识经验的缺乏，不能够很好地找到与之有关的生活现象或是例子，知识仍然是书本上冷冰冰的符号，不利于将其同化到自己已有的知识结构之中，也不利于深入地理解知识。

根据以上分析，教学效果超过学生自学效果的样态包括：联系学生生活实际，达成复杂水平的理解。相较于学生自学，教师从学生已有生活经验和知识背景出发，帮助他们在自主探索的过程中真正理解和掌握知识和技能，同时获得广泛的经验，让学生更好地理解所学知识，使学生的发展更大程度地接近最近发展区。

三、同伴互助

苏联著名心理学家维果茨基(Lev Vygotsky)提出了“最近发展区”理论。指出,至少应确定儿童的两种发展水平——“现有发展水平”与“最近发展区”,不了解这两种水平就不可能查明每一个具体场合中儿童的发展进程与教学可能性之间的正确关系。“最近发展区”是指儿童独立解决问题的实际发展水平与在成人指导下或在有能力的同伴合作中解决问题的潜在发展水平之间的差距。相近年龄儿童的学习可能处于对方的最近发展区,因此同伴的合作学习可以提高他们的认知水平。

“最近发展区”概念强调了教学在发展中的主导性、决定性作用,解释了教学的本质特征不在于“训练”“强化”业已形成的内部心理机能,而在于激发、形成目前还不存在的心理技能。在这个过程中,教学活动除了教师对学生发展的主导作用外,学生之间的互助合作也具有促进发展的极大价值,这也是我国新课程改革倡导合作学习、探究学习等新型教学活动方式的原因之一。同样的知识内容,不同学生的理解方式、思维角度和拓展空间等是不一样的,如果学生自主学习,收获的只是自己一人的知识理解方式,而如果学生共同探讨问题,则可以同时获得多人的思维成果。这些成果可能是知识的理解上的,可能是思维角度方面的,也可能是知识的延伸和进一步发展。因此,在同伴之间的互相交流、沟通、探索和表达中,学生收获的是对知识的全方位解读和思考,不仅在知识方面收获丰厚,同时也提升了其合作意识和参与能力。

根据此观点我们提出,教学效果超过学生自学效果的样态包括“同伴互助”。相较于学生自学,同伴互助给予了学生思考知识、探索知识的空间和机会,学生在与同伴的交流中能够更积极地调动自己的思维,产生新的碰撞和冲击,不仅对知识的理解增强了,思考和探索的欲望和能力也会逐步提高。而学生自学仍然限于个体单独的思考和探索，缺少众多思想的碰撞和激发，在理解知识的深刻性和探索精神上相较同伴互助有诸多欠缺。

四、教师的即时评价

“评价”是指运用一定的标准，对事物的价值进行讨论、评判、认定的过程和结果。教学活动中，评价也是必不可少的重要环节之一。在评价理论上，布卢姆(B.S.Bloom)的教育评价理论为现代教育评价开创了一个新的阶段，该理论要求用适应并且能够发展每个人的能力和能力倾向，以目标达成度为中心的教育评价，去替代传统的、以分等级与筛选为主的评价。布卢姆从职能角度将教育评价分为三种类型：诊断性评价，形成性评价，总结性评价。三者分别对应教学前、教学过程中、教学结束后的评价，在评价目的、步骤、结果的利用等方面都各不相同。

形成性评价是布卢姆教育评价理论的精髓，可划分为三个层次：教学进程中的形成性评价，以单元为单位的形成性评价，以学期、学年为单位的形成性评价。我国新课程改革的开展，如前述提及，除了注重学生预期学习目标的达成之外，教学过程的生成性也备受关注。同样，在评价上，除了必要的总结性评价之外，教学过程中的形成性评价也被提到了重要高度。按照布鲁姆的观点，教学进程中的形成性评价主要是通过观察学生的表情、态度和确认举手的状况，使用活动表、应答分析器等，对学生的学习情况作出即时反馈，根据是否达到了每节课的教育目标、教学进展和展开的方向是否适宜于学生的能力和兴趣等修正教学进程，从而反馈并调节教学的进度和方向。同样，对于学生而言，这种形成性评价，或者说是即时评价，对于其学习的方向和效果起着重要的导向和激励作用。它贯穿于课堂教学活动的每一个环节，需要教师即时关注和判断，发现学生学习中存在的问题，及时给予引导和帮助，指引学生朝着正确的方向迈进。

根据以上分析，教学效果超过学生自学效果的样态包括：教师的即时评价。一方面，教师的及时肯定。当学生表现出良好的学习行为时，教师给予相应的认可，学生就会产生某种心理上的满足，形成愉悦的心境，受到激励和鼓舞，使同类行为继续向更高层次发展。另一方面，教师的及时否定。当学生在学习过程或学习结果中出现错误时，教师通过适当的方式给予及时的否定，可以对学生的学习思路和方向进行纠正和引导，使学生及时进行反思，转变思路，纠正错误。而在自学活动中，学生思维往往固化于对知识单方面的理解，在出现方向偏差或者思路不清时，不能得到及时的指导和帮助，因此学习的效果和效率会受到极大影响。因此，相较于学生自学，具有专门职业素养的教师在正规的教学活动中能够更及时、更深刻地发现学生学习活动中出现的问题，并予以正确的处理，帮助学生转变思维，重新作出正确的选择，确保学习内容的准确理解和掌握。

第三节 教学效果超过学生自学效果的案例

案例一：小学语文“我们做朋友”

师：咱们现在啊是一个班的孩子，但我们之间还不太熟悉。不过，课前呢，老师对大家做了一个了解，发现大家的爱好都非常广泛，还有不少同学有相同的爱好呢。来，我们来看看这(PPT呈现)，这个柱子越高，说明喜欢这个项目的同学越多，我们一起来看一看大家最喜欢哪几个项目呢？

生生：画画、跑步、看动画、做游戏。

师：同学们手上拿着相同颜色的卡片，就代表你们有一个相同的爱好，那到底是什么呢？那待会我们一起来聊一聊。现在，拿着红色卡片的孩子，挥挥手。拿着绿色卡片的孩子，请起立。很好，坐下。拿着黄色卡片的孩子拍拍手。拿着紫色卡片的孩子，跺跺脚。很好。

师：孩子们，咱们在一起学习已经快两个月了，刚开学的时候，同学们有没有做自我介绍呢？

生生：有。

师：那做自我介绍的时候，都说了些什么呢？

生生:我叫什么名字。我几岁了。我喜欢什么。

(老师黑板版贴)

师:通过自我介绍啊,让别人认识了你。那今天呢,我们要让别人了解你、喜欢你。

(板书:我们做朋友)

师:小朋友们,你们愿意有很多朋友吗?

生生:愿意。

师:那我们平时都是怎么交朋友的啊?

生:先自我介绍。

师:先自我介绍让别人认识自己。

生:先要问好。

师:向别人问好。最后那位女同学。

生:要主动微笑,看着别人的眼睛问好。

师:要态度友好。看来同学们对于交朋友都有自己的想法了,我们来看看这三位孩子能成为朋友吗?(播放视频)

(片段1:小女孩和大姐姐

小:你好,姐姐,你喜欢魔方啊?

大:对啊。

小:我也是。我是一年级2班的XXX,我们做朋友吧。

大:好呀。)

(片段2:小男孩和大姐姐

小:咦,你也喜欢玩魔方啊?这个有趣的魔方转起来最顺手了,既然咱俩都喜欢玩魔方,咱俩交个朋友吧?)

师:小朋友们,你们觉得大姐姐愿意跟谁交朋友啊?

生：小妹妹，因为她面带微笑，眼睛也睁得大大的，也看到对方。

师：你的想法很好。那你的想法呢？

生：我感觉那个男生不盯着那个姐姐，感觉心里不舒服一样。

师：啊，这是你的想法，那你的想法呢？

生：就是我感觉那个姐姐会跟小女孩交朋友，因为那个小女孩很有礼貌。

师：有礼貌、态度好的孩子更讨人喜欢。再说说你的想法吧。

生：那位大姐姐不跟那位大哥哥交朋友，因为他没有看对方。

师：大家都觉得大姐姐会跟小女孩做朋友，那大家想一想，大姐姐为什么不会跟小男孩做朋友呢？你来。

生：因为他（小男孩）的手靠在桌子上。

师：这样的行为……

生生：不太礼貌。

师：你的想法呢？

生：他靠着桌子扭来扭去的。

师：哎呀，说话的时候还……

生生：扭来扭去的。

师：说说你的想法？

生：他没看着大姐姐，而是看着魔方。

师：他没看着大姐姐，而是看着魔方，也许他不够真诚。你的想法呢？

生：他没有主动问好。

师：（出示小女孩图片）孩子们，这样一双眼睛看着你，而且表情也是笑眯眯的，她啊想和你做朋友，你有什么感受呢？

生：我很想和她做朋友。

师：哦，她让你觉得愿意和她做朋友。

生：心里很高兴。

师：所以愿意……

生生：和她做朋友。

师：那你的想法呢？

生：觉得她来找我交朋友，我一定答应。

师：你会答应她。嗯，你的想法呢？

生：我的想法是我喜欢她，因为她对着我，有礼貌。

师：所以就会和她……

生生：交朋友。

师：（出示另外一张图片）那这位男孩子呢？像这样看都不看着你，还想跟你做朋友，你又有什么样的感受呢？

生：很难受。

师：心里面很难受，觉得他这样做不太……

生生：不太礼貌。

师：你的想法呢？

生：我心里很不高兴，很难过。

师：所以你不会……

生生：和他做朋友。

师：你的想法呢，孩子？

生：觉得心都碎了。

师：那说明我们在交朋友的时候啊，就要……

（老师版贴人物形象，描述交朋友时应该怎么做）

师：那我们现在一起来玩交朋友的闯关游戏吧！（同桌演练）

……

分析：

本节课是在重庆市沙坪坝区某小学课堂观摩的一节课。一年级口语教育的主要任务是让学生完整、准确地说自己想说的话，有表达的自信心。语文课程标准中关于口语交际教学的建议指出，“口语交际是听与说双方的互动过程。”口语交际是一种行为，也是一种能力，学习口语交际，一定要养成良好的听说态度和语言习惯。该节课中，教学效果超过自学效果主要表现在以下几个方面：

1.联系生活实际，创设交际场景

一定的情境是学生增强生活体验、激发思维与口语表达的环境条件和动力源，和谐民主的氛围则是大胆进行口语交流的前提。口语交际是在“特定的环境”里进行的。情景对话是口语交际教学中最为常用的一种教学方式。教学中，老师通过给出两个小朋友交朋友的例子，让孩子们从例子找到交朋友时应该做什么、不应该做什么，让学生了解应该怎样交朋友，达到了对这个内容的理解。同时，及时运用课堂所学内容，同桌之间实战演练，通过这样的情境创设，学生真正融入了交际情境，并主动地成为交际中的角色，积极地加入听说互动的过程中去。这个过程实现了同伴之间的互动和互助，双方在口语对话中各自促进了口语表达能力的提升。如果是学生自学，或者自行了解相关内容，一方面学生对于选用何种资源和素材可能把握不好，不容易找到切合主题的材料，并且这个寻找过程会花费学生大量时间。另一方面，交朋友需要至少两个人之间的互动，学生自学也无法演示和锻炼与他人交朋友的过程，学生的口语表达能力不能得到有效的锻炼和提高。

2.学生勤互动，教师即时评

口语交际能力是在口语交际实践中发展的，口语交际教学应做到让每个人都有话可说，每个人都有机会说话。如何让孩子开口说话呢？教师营造的氛围有不小的激励作用。为了达到“人人参与”的目标，教师实行“点面结合”的组织形式。比如在导入时，就通过版贴带领学生回顾自我介绍时要表达的内容，还通过视频进行讨论，这些都是面向全体学生的；在后面的交朋友游戏中，则是同桌之间进行交朋友的实际演练，锻炼学生的口语表达和交际能力，这个是面向具体学生。这些过程中，学生在讨论时相互补充观点，展开了互助和互动；在交朋友游戏中相互交流和配合，也实现了同伴之间的互动。此外，本节课上，教师对每个孩子的回答都有及时的评价，给孩子的心灵上形成了一个可回答问题的安全环境，孩子们参与的积极性也就变高了，学习效果也就更好了。从这些层面来看，如果是学生自学，就缺少同学之间的互动，学生无法进行交朋友的实际演练，其对内容的理解和交往能力的提升较教学过程所获得的发展会有较大差距。而整个过程中教师对学生回答的即时评价也起到了肯定和引导作用，能够激发和鼓舞学生思考和回答问题的热情，增进学习动力，活跃课堂氛围，引领学习方向，这些作用都是学生自学所不能达到的结果。

案例二：小学数学“认识小数”

师：孩子们，我们学过哪些数，大家还记得吗？(比举手的动作)

生：我们学过分数。

生：我们学过自然数。

师：看来大家对我们之前学过的一些数掌握得不错，那今天老师要给你们介绍一个新的数，猜一猜它是谁？

生：小数。

师：啊，你们都知道它的名字了啊。那今天我们就一起来认识小数。之前啊，老师收集了一组数据，谁能发现有小数的句子，请大声地读出来？看一看小数在哪里？

（出示含有整数、分数和小数的图片）

生：我发现钢笔的售价是小数，钢笔的售价约25.25元。还有，橡皮的价格是小数。橡皮售价0.1元；书签售价0.85元；铅笔售价2.5元。

师：大家同意吗？

生生：同意。

师：是的，像这些数我们称作小数。那剩下的两个数我们叫作什么数啊？

生生：整数。

师：那现在我们看一看，小数和整数之间有什么不一样的地方呢？同桌讨论，一会儿我们集体交流。

（小组同学相互讨论）

师：好，大家想好了吗？

生：想好了。

师：我们请一组同学来分享一下。XXX同学，你代表你们小组分享一下你们发现了什么。

生：我发现整数就直接读作30或4，而小数要读作点几。

师：噢，老师明白了。你发现小数跟整数的读法不同，还有其他的发现吗？XXX同学。

生：还有写法不同，整数是自然数中提取的，小数要写作几点几，中间有个小数点。

师：你观察得真仔细啊，我们的小数中间有小数点。是的，我们的小数中间有小数点，小数点把小数分成了两个部分，左边部分我们称为整数部分（齐答），右边部分我们称为小数部分（齐答）。

师：大家真棒，我们一起来看一下小数与整数的区别。首先就是我们的小数有小数点，我们已经探究了。第二点就是XXX同学说的，他们的读法不同。哪有同学能读一读这四个数吗?(0.1, 0.85, 2.5, 25.25)

生：第一个小数是零点一、第二个是零点八五、第三个是二点五、第四个是二点二五。

生生：不同意。

师：你纠正一遍，最后一个数怎么读?

生：二十五点二五。

师：现在大家同意吗?

生生：同意。

（学生举手）

生：老师我知道了，整数部分就是我们平常读整数的读法，小数只是它的数字是几，不是把它变成整数的读法。

师：XXX同学说得非常好，我们掌声鼓励一下。他已经发现我们小数读法的秘密了。整数部分就是按照整数的读法来读，而我们的小数部分是几就读几。那现在我们再一起来读一下这几个小数。

生生：零点一、零点八五、二点五、二十五点二五。

师：你们真棒，现在我们已经会读小数了，那现在我们一起来看一下这个数是小数吗？我请一个同学来读一下。（刘翔2008.8参加北京奥运会。）

生：刘翔2008年8月参加北京奥运会。

师：你为什么读2008年8月啊。

生：因为它这个表示的是时间，不是表示的小数。

师：你真棒，这里的点是我们的小数点吗？

生生：不是。

师：是我们年月的缩写，所以说，虽然小数点是我们小数的重要标志，但不是有点的数就是小数，大家清楚了吗？

师：好，刚才我们已经会读这几个小数了。如果这几个小数主要表示物品的价格，那你们知道这几个小数具体表示多少钱吗？想一想。

师：XXX同学。

生：我觉得0.1元应该表示的是1角。

师：表示1角，大家同意吗？

生生：同意。

师：0.85元呢？

生：0.85元表示的是8角5分。2.5元表示的是2元5角。

师：（出示PPT）2元5角，大家同意吗？

生生：同意。

生：25.25元表示的是25元2角5分。

师：好，请坐。你说得非常准确。

分析：

《认识小数》这部分内容是在学生学习了整数和初步认识了分数的基础上进行教学的，它是学习小数的起始阶段，是对数的认识的再一次扩展。其中，小数的意义是一节概念教学课，是在学习了"分数的初步认识"的基础上认识并学习小数的意义。该节课中，教学效果超过学生自学效果主要表现在以下几个方面：

1.联系学生生活实际,达成复杂水平的理解

小学三年级的学生对小数并不是全然不知,在日常生活中已经有所接触,但由于小数是分数的另一种表现形式,其意义具有一定程度的抽象性,学生要深刻理解小数的意义,还有一定的困难。在这节课的教学中,教师充分考虑学生的生活经验,利用生活与数学知识的契合点,重视直观方式引导,注重启发,利用小数与元、角、分之间的联系,让学生亲历小数的形成过程。让原本生硬难嚼的数学知识变成了生活中常见的例子,晦涩难解的数学知识也能被学生理解、掌握。根据学生现有的认知发展水平,让学生自学该篇章内容,可能会被小数的意义给弄糊涂,但在教学过程中,老师通过把数学知识与学生日常生活经验相结合,联系学生生活实际,把复杂问题简单化,学习内容更好地被学生掌握。

2.同伴互助

基于动手实践、自主探究与合作交流是学生学习数学的重要方式的理念,本节课教师通过出示图片,让学生主动发现哪些是小数,这个是“认小数”;在此基础上,让学生来读出各个小数,这个是“读小数”;最后通过刘翔参加奥运会的时间和物品价格的理解,达到对小数意义的把握,这个是“理解小数”。这个过程中,有学生之间的讨论,也有学生回答有误时其他同学的补充。通过同伴之间的交流和互动,学生能够吸取多种观点和看法,能够在集体的氛围中和同伴的配合中获得更多的信息和更大的发展,这些都是个人自学所不能收获的。

3.教师即时评价

课堂教学是在师生相互对话和交流中进行和完成的,只要有师生之间的交流,自然就存在着评价。即时评价能对学生的行为表现给予及时评判从而调控及引导教学活动,它贯穿于教学过程的始终。整节课中,

教师基本上是以提问和对话的方式开展课堂教学，对于学生的回答都能给予及时的反馈，有时是重复一遍学生的观点，以加深学生对该问题的理解，有时是对学生的回答给予肯定、鼓励和表扬，进一步激发学生回答的热情，调动学生学习和参与的积极性。这样宽松活跃的课堂氛围，能够让学生把握住和准确理解教学内容，体验到学习的成功和愉悦，这较学生自学具有更大的鼓舞和启发作用。

案例三：初中语文“论证要合理”（常凯，2019）

一、论点论据巧勾连

课堂镜头一：

材料1：好奇心是促进人们不断探索、不断进取的动力。对世界充满好奇，并努力探索，可以使梦想生根发芽，开出美丽的花朵。面对这个神奇美妙而又复杂多变的世界，有的人漠不关心，得过且过，不思进取；有的人充满幻想，鼓足干劲，孜孜以求。无数的历史事实证明，前者都一事无成，后者却根植梦想，创造出辉煌灿烂的明天。

师：材料1论证是否合理？为什么？

生：不合理。材料1论题为“好奇心”，而后文选用的事实论据从正反两方面对比论证，强调了只有进取方能创造一番事业，这与论题不符，将“好奇心”的概念偷换为“进取心”，犯了逻辑错误。

师：由此可见，论证合理需注意哪些？

生：论证要符合逻辑，观点论证要一致，概念要统一，选用论据要能支持论点。

材料2：所以在讲演正文以前，先要说说有业之必要。孔子说：“饱食终日，无所用心，难矣哉！”又说：“群居终日，言不及义，好行小慧，难矣哉!”孔子是一位教育大家,他心目中没有什么人不可教诲,独独对于这两种人便摇头叹气说道:“难! 难!”可见人生一切毛病都有药可医,唯有无业游民,虽大圣人碰着他,也没有办法。

唐朝有一位名僧百丈禅师。他常常用两句格言教训弟子,说道:“一日不做事,一日不吃饭。”他每日除上堂说法之外,还要自己扫地、擦桌子、洗衣服,直到八十岁,日日如此。有一回,他的门生想替他服务,把他当天应做的事悄悄地都做了,这位言行相顾的老禅师,老实不客气,那一天便绝对地不肯吃饭。

(选自《敬业与乐业》)

师:材料2论证是否合理? 为什么?

生:合理。材料2围绕有业之必要的分论点,选取与之一致的论据,引孔子之言,举佛门之例,兼有道理与事实论据,从正反对比,充分有力地论证了分论点。

师:材料2中画线句能否删去?

生:不能。该句在阐释名言的基础上重点剖析了所引名言的意义,紧扣论点“人要有业”,从反面有力论证了论点。如此概括行为,揭示意义,说明价值,从事件或所引名言中提炼意义的方法属于意义剖析法。

师:论据分析可使论据与观点有机粘连,使论证更透彻。在已学课文中,论据分析的方法也是多样的。例如,《创造宣言》中“割草的也可以一变而成为种树的老农,如果他肯迎接创造之神住在他的心里。我承认就是东山樵夫也有些微的创造作用——为泰山剃头理发,只是我们希望不要把我们的鼻子或眉毛剃掉”,假设东山樵夫拥有创造之心将会有什么结果,从事例的反面进行假设性论证,属于假设分析法;《论教养》中“一个有教养的人,必定从心里愿意尊重别人,也善于尊重别人。对他来说,礼貌待人不仅习以为常,轻松自然,而且能让他心情愉快”,探究分析有教养者尊重他人这一现象产生的原因属于溯因分析法。下列哪则事例可以论证材料1的论点“好奇心是促进人们不断探索、不断进取的动力”?

(1)年仅20岁的海森堡认为著名科学家玻尔的原子模型存在重大缺陷,自己发明了一套算法,后来将其发展成矩阵力学。

(2)美国自由女神像翻新后,现场存有200吨废料难以处理。一个名叫斯塔克的人主动承包清理,他将废料分类整理,将其改铸成各种小纪念品,本来难以处理的一堆垃圾顿时身价百倍,很快被抢购一空。

(3)鲁班在被野草划伤后对小草为何如此锋利非常好奇,仔细观察后他发现小草的叶子上有许多锋利的细齿。后来在看到蝗虫啃吃草叶时,他又好奇地细察蝗虫,发现其大板牙上也排列着许多细齿。由此顿生灵感,经过反复实验,最终发明了锯。

生:事例3。鲁班的例子证明了好奇心能够促进人们探索与进步。事例1可证明不迷信权威的怀疑精神能推动新学说、新发明的产生,事例2中斯塔克成功的原因在于他勇于创造。只有事例3能证明材料1的论点。

师:试着选用两种论据分析法为已选论据写100字左右的分析。

(生写作。)

生:鲁班何以能发明锯?主要原因在于他保有强烈的好奇心。这驱使他不断探索进取,创造发明。(溯因分析法)假若少了这份好奇心,这种探索发明也必遭阻碍。(假设分析法)

生:这则故事也启迪我们:人需要有好奇心,因为它可以促使我们不断地探索进取。(意义分析法)

二、方法多样更有力

课堂镜头二：

师：为了使论证更具有说服力，我们通常使用哪些论证方法？

生：举例论证使论证更具体有力；道理论证增强论证的说服力和权威性；比喻论证使论证生动形象，浅显易懂；对比论证使论证更鲜明有力；类比论证使论证更令人信服。

师：请用两种以上论证方法写一段文字对材料1加以合理论证，100字左右。

（生写作。）

生：哲学家亚里士多德说："哲学起源于好奇。"物理学家爱因斯坦也曾说："好奇心是科学工作者产生无穷的毅力和耐心的源泉。永远保持好奇心的人是永远进步的人。"可见人们一旦被激起好奇心，其点燃的思维火焰将照亮人类文明前进之路。科学家牛顿正是因为对"苹果为什么会从树上落下来"心生好奇，因而努力探索钻研得出"万有引力定律"，推动人类自然科学的进步。作家亨利·戴维·梭罗也因为对生命与大自然的好奇，用大量时间探索生命的意义，为现代环境保护主义奠定了深厚基础。设若人们丧失了好奇心，人类文明前行之路将永久地陷于黑暗。因此，好奇心是一种良好的心理状态，引人探究复杂的未知领域。

三、论证严密思路明

课堂镜头三：

师：试回顾《敬业与乐业》的论证思路。

生：整体而言是"总分总"结构：先提出中心论点，接着将论点分解为"有业""敬业""乐业"三个分论点，从多角度论证文章的中心论点，末尾总结全篇。

师：三个分论点之间是逐层递进的关系，后一个论点派生自前一个论点，环环相扣，共同为中心服务。我们称其为纵式论述结构。

生："要敬业"部分也是纵式论述结构，先提出分论点"要敬业"，然后解释何为敬业，接着论证为何要敬业、怎样才是敬业，最后总结。

生："要有业"部分首先提出分论点，再论证有业之必要，最后得出结论。以对比形式论证更鲜明有力。

师：这种横向正反对照式展开的我们称其为横式论述结构。我们学过的课文还有哪些是这种结构？

生：《怀疑与学问》《谈骨气》也属于这样的结构。

师：《怀疑与学问》是围绕论点探明其产生的条件或原因，可以概括为追问原因式；《谈骨气》从不同角度阐释论点的含义，可以称之为阐释含义式；还有一种情况是围绕论点表明该如何做，是推行做法式。总的来说就是：纵式——论证层层深入；横式——并列论证，正反论证。

四、延展训练，化散为聚

课堂镜头四：

师：好奇是一种良好的心理状态，引人探究复杂的未知领域，但也有人在探究过程中因太执着而迷失自我。你们怎么看？请自定立意，拟写论证提纲，可以选择立论或驳论。

生：我选择横向并列式立论，先提出论点，再论证分论点：好奇心让我们不停追寻真理，领悟科学真谛；好奇心让我们不停探索，推动历史进步；好奇心让我们不停思考生命，收获人生硕果。最后归纳总结。

生：我选纵向层进式立论，首先提出问题什么是好奇心，接着分析为什么需要有好奇心，最后解决问题，论述如何充分利用好奇心以实现其价值。

生：我选择先驳论“好奇心总是有利的”，再纵向层进式立论“好奇心未必有利”。首先提出自己的论点，接着论证为什么，最后论述该如何辩证对待好奇心。

师：课后请同学们以“好奇心”为题，结合本课习得的写作知识写一篇不少于600字的议论文。

分析：

议论文指导课是初中语文的单元教学内容，本节课主要是以指导学生掌握“论证要合理”的写作教学为例，探微议论文写作的序列化，使学生掌握议论文写作的规范和方法。该节课中，教学效果超过学生自学效果主要表现在以下几个方面：

1.知识系统化

初中阶段的议论文学习与写作长期以来充满着随意性和散漫性，一直为广大师生所畏惧甚至逃避。该教师认为议论文写作是有序可循的，并由此展开了基于议论文写作序列的写作教学。总体上看，本节课教师授课思路清晰，规范严整，从论据与论点的关联，到论证方法的多样性，到论证结构的分析，到片段整合全篇实练，体现出了极强的严谨性和系统性。在教师的深刻分析和指导下，学生对论证的合理性有了清晰的认识，掌握了论证的规范和方法，在课堂的问题回答和实际练习中取得了较好的成效。这些规律和方式的总结，是教师经过长期的深入思考和教学经验获得的，能够避免学生零散、片面地理解和学习议论文写作，达到了事半功倍的效果。而学生自学，由于缺少层层递进的教学环节设计，思路上未必有如此清晰，欠缺有效、系统的规律引领及深刻的实例实做分析，学习效果必定不如教师教学的效果。

2. 同伴互助

本节课是一堂理论性较强的写作课，教学中主要采取的是教师引领、学生回答，学生实作的形式。在问题回答阶段，学生基于教师的启发和讲解，说明了论证方法（举例论证、道理论证、比喻论证、对比论证、类比论证）、论述结构等基本问题。在实作练习阶段，学生进行了自己写作思路的阐述，以及写作内容的呈现。通过这样一些环节，学生不是自己孤立地进行学习，而是可以在课堂教学中与其他同学一起激发思维，碰撞火花，多方了解其他同学的写作思路和意图，可以相互取长补短。这较之学生自己的自学，学生所获得的收获更大，思路更为清晰，理解更为深刻。

3. 即时评价

基于对所学内容及初中学生认知特点的分析，本节课教师的教学偏重于理论层面的解释和学生的实作练习，因此在评价方面教师主要是针对学生的回答给予及时的补充和引申。比如，在问及学生“材料2中画线句能否删去？”，学生回答后，教师进一步对该问题进行总结，指出“论据分析可使论据与观点有机粘连，使论证更透彻”，并对论据分析法（假设分析法、溯因分析法）进行了举例和说明。在讨论《敬业与乐业》的论证思路时，教师及时针对学生的回答进行总结，帮助学生归纳出纵式论述结构和横式论述结构两种做法，并对其进行了进一步说明。因此，实际上教师是肯定了学生的回答，对其进行的是正面即时评价，并进一步补充和完善了学生的答案。而学生自学过程中，就缺少这样的环节，学生对自己关于学习内容理解的正误和深刻程度不好作出判断，不利于调整学习方向，效果不及教师教学效果好。

第十章 教学活动让学生获得切实收获

一切教学活动的最终目的都是为了促进学生在某些方面的发展，这是教学活动的特殊任务和职责。然而即使同样的内容，不同的教师在自己的教学活动中带给学生的收获是不一样的，有着或多或少的差别。教师的教学活动如何带给学生各方面的实际收获，需要教师深刻把握教学的实质和要求。同时，教师也需要了解真正有效的教学能够带给学生哪些方面的实实在在的收获，学生应该发生怎样的实质性变化，这样才能在教学中有针对性地把握自己的教学活动，发挥师生的教育合力作用，为学生的发展提供最好的机会和条件。

第一节 学生的切实收获

学生在参与教学活动过程中以及教学活动结束后，在诸多方面都会发生这样或那样的变化，这些可以说是学生的实际收获。学生要想获得真正的收获和发展，需要教师的教和自身的学紧密配合，保证二者教和学的有效性。对于教师来说，要真正促进学生获得切实的收获还需要运用多种策略和手段来规范和完善自己的教学活动。

一、学生切实收获的内涵

“切实”是指切合实际，实实在在，而“收获”比喻获得的成果。因此，结合语境，观测指标“教学活动让学生获得切实的收获”是指，学生在教学活动中应获得实实在在的“成果”。

关于学习，学术界有多种解释，而学习的结果基本聚焦于学生获取知识、理论，获得能力的发展。学生在教学活动中的切实收获就等同于学生通过教学要达到一定的学习结果。所谓学习结果，简而言之，就是学生在阅读、听讲、研究、实践中获得知识与技能、学习与思维方法、情感态度价值观等。由此，教学活动让学生获得切实收获，在知识方面，可以分为四种类型：一是原有知识的拓宽和加深；二是新知识的获取和增加；三是原有知识的修正和校正；四是原有知识的重构。在方法方面，是学生掌握各类知识与技能的学习方式与策略，掌握学科的思维方式和解决问题的方式，形成运用学科知识理论解决问题的能力。进一步说，是学生能够学会学习，学会思考，学会创造。在情感态度价值观方面，学生达到多元化、层次性、多维度的情感目标，能够形成符合主流的世界观、价值观和人生观，成为一个积极向上、健康乐观的青少年。

二、学生获得切实收获的条件

学生要在教学活动中获得切实收获，有两个基础条件，一是教师实施的是有效教学，二是学生进行的是有效学习，两者缺一不可。

（一）有效教学

对有效教学的界定一般都是从教师的教学活动、教学行为、教学过程等方面进行，因为教学是教师的活动，这在一定程度上忽视了对学生的关注，忽视了学生的学习活动、学习行为和学习发展。由于教学的最终目的是促进学生的有效学习，促进学生多方面的发展，因此有效教学是指教师在教学过程中通过统筹各种要素，运用适合的教学策略，促进学生获得预期的、应有的和持久的发展。这个发展包括三个维度，即新课程改革提出的三维目标，这是有效教学必须实现的目标要求。同时，这个发展还包括三个层次，即通常提及的学生发展的基础性学力、发展性学力和创造性学力。也就是说，有效教学除了要促进学生三个维度目标的实现外，还应当通过教学帮助学生形成自我学习、自我发展以及创新创造的能力。有效教学,其根本目的是诱发学生有效学习行为的生成,促进学生达成甚至超越教学目标要求,其核心是关注学生的可持续进步和终身发展,帮助学生获得必需的知识技能、方法、情感态度与价值观。

(二)有效学习

从目前已有的研究看,对有效学习的理解主要有这样几个层面。一是有效学习要在教师的指导下进行。教师作为具有专业能力的教育教学工作者,其对学生的指导和引领可以使学生的学习获得事半功倍的效果。二是有效学习要在最小投入下获得最大的学习效果。这个过程需要学生运用恰当的方法策略,有效地对学习内容进行加工。三是有效学习要达到教学目标要求。这要求学生在一定时间内较好地完成学习任务,取得最佳的学习结果。

结合学者们的观点,有效学习应该从学生这个学习主体进行思考。因此,有效学习是学生基于自己的发展需要,在教师指导下,运用恰当的方法策略等对学习内容进行加工、内化,从而达到学习目标要求,自身获得发展的学习活动。它强调的是学生自主的、内发的、自我提高的学习,是学生基于自我发展的内在需要而投入精力和心思的学习。

在教育教学活动中,教师面对的群体是学生,教师教学的对象也是学生。促进学生积极有效的学习,改变或改善学生的学习态度,应成为每一位教师追求的根本目的和毕生努力的方向。学生进行有效学习,对知识的态度应是有兴趣的,在内在动力的推动下,想要主动接受知识,获得发展。这样,学生在教学活动中才能够对所学内容抱有学习热忱,真正获取并掌握这些内容,丰富自己的认知结构,学习各种不同的技能和方法,形成和发展自己的情感态度价值观,学生的各方面才能获得良好的发展，才能带来切实的收获。从这个意义上讲，学校和教师的一切教育教学活动都应是为了学生的有效学习。因此，要想学生在教学活动中获得切实的收获，教师的教学必须有效，再在有效教学的推动下，让学生进行有效学习。

三、学生获得切实收获的教学要求

学生通过教学获得的收获有些是积极的，但有些也可能由于学生存在误解而产生消极影响，因此，学生要获得切实的收获对教师的教学也有一定的要求。

（一）促进学生认知及复杂思维技能的发展

学校教学的首要目标是促进学生知识技能的发展，这也是三维目标的第一个维度。知识技能是学生发展的最基本的能力，每门学科的教学内容都是以知识技能，尤其是知识为重点，因此，知识学习是学校教学的主要和核心任务，也是学生不断发展的根基。知识学习并不是一般意义上的知识记忆与背诵，这些是其最基本的任务，它还涉及知识理解、知识应用、知识创新等更高层次的能力。在现时代下，知识经济的产生为人们的学习提出了新的挑战和要求，知识的应用和创新成为生产力发展、社会进步的最重要的推动力，未来人才应该具备这样的能力和素养。因此，教会学生知识，发展学生运用知识进行思考、解决问题、创新的能力，是教师教学面临的全面任务。

具体来说，教师需要熟悉学生的知识掌握情况和能力水平，了解所教学生的整体特点；根据对这些方面的了解，确立学生学习的具有挑战性的目标，并告知学生目标要求；有针对性地提供给学生有认知挑战的情境和任务，引发学生的思考和理解知识的欲望；设计教学，帮助学生在更复杂的水平上理解知识；时刻与挑战性的标准对照，对学生的学习有一个清楚的、直接的反馈。通过这些环节，教师就可以帮助学生加深对知识的理解和掌握，并进一步发展学生复杂的思维技能。

（二）教学与学生的生活实际相联系

以往的教学中，教师多注重基本知识和技能的讲解和传递，按照教科书上的教学内容和知识点进行教学，教学中多是看重学生对知识的掌握。学生学习到的是符号化的、抽象的知识、概念、定理、法则、理论等，与现实的经验缺少必要的联系，因而出现了“高分低能”的现象。新课程改革以来，教材设计发生了极大变化，教学内容与生活的联系更加紧密，注重知识在生活中的体现和应用。对于教师的教学，也提出了与学生生活相联系的要求。可以想见，如果仅仅是教材的设计上发生变化，而实际教学中教师的行为不发生变化，仍然按照以往的方式进行，不重视与学生经验的联系，那教材的改变也就失去了其本意。因此，教师的教学要与学生的真实生活联系起来，以此加深学生对知识的理解，了解知识的应用场景和作用。

关于这一点，教师可以从两个方面来进行。一是在知识的讲解上联系学生生活经验，对于较为抽象，或者学生理解起来有难度的知识，教师除了必要的基于知识本身的讲解之外，可以运用一些与学生生活联系紧密的现实例子来呈现知识的意义，帮助学生理解知识。二是在知识的应用上联系学生生活经验。学生对知识的掌握和理解是一个方面，很多知识还有应用的要求。这种应用可以是单纯的知识的运算、计算和解题，也可以是知识在现实生活中的运用。因此,教学中教师可以针对知识本身设计一些现实生活中的问题,让学生运用知识来解决这些问题,从而帮助学生认识到知识在真实生活、社会中有何用处,同时也加深了学生对知识的理解和掌握。

(三)鼓励学生的探究及创造性活动

从学生的发展来看,在层次上有基础性、发展性、创造性三个方面的要求,在三维目标的设计中,教师会基于三个维度提出不同层次的教学目标,因此教学目标实际上能够比较好地涵盖学生的各方面、各层次的发展要求。以往教师的教学侧重教师讲授,力求将知识理论等讲解清楚、透彻,教师的工作占主要地位。新课程改革提出课程实施的变革要求,倡导学生勤于思考、乐于探究,因此教师的教学也要随之发生改变,新的要求和元素应该进入教学过程。

具体来说,就是在教学过程中,教师要更多地注重学生学习的自主性,鼓励学生探究意识和探究能力的发展。教师可以依据教学内容和教学进度,设计适合的探究学习环节,鼓励学生进行探索发现,培养其解决问题的能力和创新思考能力。教师可以创设一定的情境引发出探究任务和问题,然后运用合适的标准将学生群体进行分组,学生展开小组合作探究和讨论,最后进行汇报和展示。小组的学习活动是生生之间的交流,在这个过程中,教师不能成为旁观者,要积极参与学生的创造性活动,可以加入某个组与学生一起进行研究,设计解决问题的方案等,也可以在巡视过程中参加多个小组的探究活动,协助学生解决疑难。当师生为一个共同的目标协同努力时,能够激发师生、生生之间的互助,能够产生更多的思维碰撞和新的思路,教师的教学和学生的学习才会是最有效的。

(四)运用教学对话与学生进行有效沟通

传统教学一般是教师独白的授课方式,教师处于权威地位,运用自身的讲解来达到学生对知识的掌握。整个过程成了教师个人的“舞台”,学生的参与微乎其微,师生之间的交流也仅限于提问的形式。而事实上,思维的形成、表达与观点交流最好的方式是通过对话、提问、分享来进行。在这个过程中,教师仔细倾听、揣摩学生的观点和问题,对学生的回答给予反馈,有助于了解学生对知识的理解情况,能够将学生有问题的、偏离知识的观点纠正过来。并且,通过与学生的对话,教师能够对学生的学习情况加以了解,并据此及时调整自己的教学,使之能够更好地帮助学生学习。

具体来说,教师在教学设计时要有清晰的对话目标,清楚对话的目的是什么,并对在教学的哪个环节进行对话、以什么形式对话等进行预先设计;教学中与学生对话时要确保学生比自己有更多的表达机会,教师仔细倾听;善于归纳和总结学生发言的要点并作出概括和阐释,使之更为清晰,便于其他学生了解;根据实际情况让尽可能多的学生参与交谈,鼓励学生表达自己的观点和见解;对学生交谈所表达的观点进行评价和分析,使学生明确什么是正确的,认识到错误之处及其产生的原因;对交谈的主题进行观点总结和说明,让学生了解对主题应该如何认知,从而掌握教学内容。

第二节 教学活动让学生获得切实收获的表征

在新课程改革的理念下，学生通过教学活动主要为实现三个方面的发展，这也是对教学目标的新要求，即知识与技能、过程与方法、情感态度与价值观。学生通过教学活动获得实实在在的收获，主要体现在这几个方面的发展上，因此，也应该重点从这三个方面来考查。

一、个体知识的发展

个体对知识的掌握不仅仅是对知识的认识和理解，还包括一些更为高级的层面，比如知识的迁移和创新等。这里主要借鉴国内学者的观点（喻平，2018），从这三个层面探讨学生的知识发展，以便于教师把握教学过程，明确学生的知识学习要求和方向。

(一)知识理解

知识学习是学校教育的核心任务,因为学生一切能力的发展都基于对知识的理解、掌握基础上。各门学科都有大量的本门学科的基本知识需要学生掌握,实际教学中教师也花了大量的功夫来进行知识教学。知识理解是学生获得知识的第一个环节,教师的教学通常首先帮助学生了解和掌握知识的本质,然后能够应用知识。因此,知识理解不仅仅是掌握知识,还有应用知识的含义。

知识理解的第一层含义是指学生对知识的本质的把握。通过教学和学习,学生理解知识是什么,它是做什么用的,与其他知识之间有什么关系等。这个过程是一个新知识的同化和顺应过程,学生接触新知识后,利用头脑中已有的知识经验来理解新知识,把握新知识后将其与旧知识进行重组和再构,重建自己的认知结构。正是不断经历这样的过程,学生的认知水平和认知能力才不断获得发展。

知识理解的第二层含义是指基本技能的形成和发展。学科基本技能,就是掌握和应用学科专门知识的能力。知识的理解不仅仅是指学生理解了知识的本质、作用,将其重新组织进自己的认知结构,还包括学生能够将新的知识进行应用,解决具体问题,形成具体方法。这种能力常常表现在学生解题上,比如说在学习了圆的面积公式$S=\pi r^2$之后,要学生求一个给出已知半径的圆的面积或者已知圆的面积求圆的直径,这是要求学生利用对知识的掌握来解决问题,属于基于知识而形成的基本技能。因此,知识应用的本质,是解释与知识相关的现象,解决与知识相关的问题,个体的学科基本技能就是在知识应用过程中不断生成和发展的。

可以说,对知识的把握是知识理解的基础环节,对知识的应用是知识理解的提高环节。从知识的认知到知识的应用再到对知识新的认知,只有通过不断循环的过程,才能达到对知识的真正理解。

(二)知识迁移

知识迁移是指学生能够将所学知识在解决新问题或者学习其他知识的过程中进行提取,用这些知识来助力解决新问题、学习新知识。知识理解的水平,要求学生理解和掌握知识,并能够基于知识进行相对简单、直接的问题解决。而知识迁移的水平,要求学生能够解决复杂情境的问题,考查的是学生的知识调动、思维广度和深度的问题。

知识迁移包括两种情况,一是将理解的知识、形成的基本技能迁移到新情境中去,解决新情境中的问题。新情境是指不同于学习这个知识时的情境。一般说来,面临一个新情景,学生会在原有认识结构中去提取相关知识,将其调动起来来解决新情景中的问题。比如,同样是学习了圆的面积公式,如果给出一个问题:有一个圆饼和一个正方形饼,它们的厚度相同,圆饼的半径为10cm,售价为3元,方饼的边长为10cm,售价为4元,请问买哪一种饼更划算?这个问题就不是直接让学生运用圆面积和正方形面积公式进行解题,而是面对情境要分别计算出单位面积的价格进行比较方能解决问题,学习者需要把圆面积公式、正方形面积公式、单位面积概念、价格以及生活经验等知识,迁移到这个现实情境中进行综合分析,此时表现出来的就是考量知识的迁移水平。知识迁移是知识的综合应用,很多情境问题有多种解决方法,需要学生将各种知识、资源和方法进行调动提取,来最终解决情境中的问题。

知识迁移的另一种情况是,将理解的知识迁移到新知识的学习中去,助力新知识的学习。各科教科书的编写要考虑众多因素,知识本身的发展逻辑和脉络,学生身心的发展特点,社会的需求等。对于知识本身而言，每门学科的知识发展都经历了一个长期积累的过程，教科书内容的选取必须遵循知识由简单到复杂，由低级到高级这样一个发展脉络和逻辑。因此，知识的难度是不断上升的，且后续知识与先前知识之间的联系十分紧密。学生在学习新知识时，如果割离了与之前学习知识的联系，就知识而学知识，其对知识的整体把握就显得欠缺。如果学生能够将之前学的知识进行即时的提取和调动，来辅助理解新知识，并及时巩固旧知识，则学生的学习是系统而有效的。

（三）知识创新

知识创新是指学生能够超越教材规定的知识，对问题进行变式，或者提出富有见解的思想、猜想等。知识创新是个体知识发展的较高阶段，不同于其他领域形成新思想、产生新成果等所谓的从无到有的创新，学生的知识创新主要是指学生能够超越教学内容、提出有见解的思想和猜想、提出解决问题的新思路等。

知识创新的第一层含义是学生能对教学内容作适当的拓展与延伸。学生在学习新知识时，在基于以往旧知识的基础上，以及自己思考的结果上，会有一些对超越所学知识的新的见解和想法。这些想法有时会超越学生当时所学的知识内容，可能是教材中后面内容会涉及的，也可能是教材中没有涉及的。无论何种情况，学生的这种探究、思考过程都应该是一种知识创新的表现，应当被鼓励和提倡。当然，对于不合理的知识生成，教师也应当予以指出，帮助学生找到正确的方向，重新以合理的方式来思考知识，而不是一味漫无边际地鼓励。

知识创新的第二层含义是学习者能形成问题解决的新思路和新方法。如前述所说，问题解决是一个较为复杂的过程，很多问题涉及诸多知识点和诸多领域，需要学生调动自身的知识、资源，采用有效的方法来解决。教学中也时常出现这样的情况，在一些题目上，标准答案中会给出多种解题方式，但是有的学生却能够用一种新的方式解决了这个问题，而不是采用答案中的解决方式。这种情况就体现了学生的知识创新，找到了问题解决的新思路和新方法，超越了已有的框架和思路。对于这样的情况教师应当及时予以鼓励，并在学生中推广此做法，带动更多学生的思维拓展。

二、个体能力的发展

人的发展是多方面的，教育目的规定了人的五育发展，这是宏观层面的人的发展的维度。但是，具体到个体发展上，每个领域人的发展又都包括三维目标所要求的三个维度，即知识与技能、过程与方法、情感态度与价值观。知识技能、过程方法我们将其归入前面的个体知识发展中，情感态度与价值观将在下一个内容中进行介绍，这里的个体能力的发展主要是指学生在学习过程中还应当具备的更好发展所必需的能力。这些能力同样对学生的学习、成长、发展具有极大的意义和价值。

第一，挑战力。是指学生面对新事物、新问题时所产生的乐于去面对、去解决问题的意识和能力。学校中的教学除了基本知识、基本技能的教学外，还会有一些前述的知识迁移、知识创新的情境和机会，意在进一步发展学生的思维能力和解决问题的能力。面对这样的情境，学生是躲避、畏惧，还是接受、探究，会形成两种不同的结果。能够勇敢地面对难题，积极主动去思考、想办法解决问题的学生，其学习态度和学习结果是积极主动、富有成效的。而遇到难题就失去斗志和信心的学生，则可能面临学习进步空间的局限。因此,不论能否最终解决问题,学生都应该具有面对挑战、接受挑战的勇气,不为困难所吓倒,尝试去解决难题。

第二,好奇力。是指学生具有的新奇、怀疑、困惑等情感而由此推动学习的一种能力。好奇力是一种对待新事物、新问题产生奇怪、疑问等的能力,历史上很多著名理论的产生都是源于学者的好奇力,比如牛顿对苹果落地现象产生了好奇,后来发现万有引力定律;瓦特对开水冲开壶盖产生好奇,后来发明了蒸汽机,等等。如果学生对某事物持有好奇心,在其推动下,为了探究其成因或者结果,会自觉地去收集信息、作出假设、判断结果。这种好奇力可以成为学生学习和研究的动力,作为一种非智力因素同样起着推动学习进步、促进学生发展的作用。

第三,变通力。是指学生突破已有思维框架的限制,尝试多种方式来解决问题的能力。在社会生活中,会遇到各种各样的生活和职业问题,一些问题的解决需要我们打破常规,用新的方式和做法来进行解决,而不能一直沿用惯常的思维方式和处理方法。因此,变通力也是个体需要具备的一种能力。学生的学习也是如此。面对一些新情景或者新问题,是沿用一种解决办法试用到底,还是寻求更有效、更适合的方式来解决,也同样决定了学生学习的效果和发展的程度水平。面对某一问题时,传统思维当然也可能解决此问题,但是如果学生能够从多角度分析思考,能够打破传统思维的束缚,探索多种解决问题的方式,并从中找到最佳的解决方式,这对于学生全面看待和把握问题、思维的广度和深度发展,以及问题解决及创新能力的发展具有十分重要的意义和影响。

三、个体情感态度与价值观的发展

学生在课堂中不仅仅接受的是书本上的知识，还包括其他维度的发展，比如情感、态度和价值观，这也是学生成长的一个重要方面，决定着学生学习、做事的方向。因此，教学过程中情感、态度和价值观的发展是学生的切实收获中很重要的一个组成部分。在情感态度与价值观的发展中，主要表现为两个维度：移情和自知。

（一）移情

从心理学角度来看，移情一般包括两个层面的意思，一是感知层面，即一个人对另一个人的思想、情感、意图等能够认识并察觉；二是反应层面，即感知到别人的思想、情感、意图后能够感同身受地产生共鸣。因此，简单地讲，移情就是一种能够深入感知并理解他人观点、情感并由此产生共鸣的能力。

首先，移情是要站在他人的立场上来理解他人的思想、行为、情感等。他人的思想、行为、情感等都有特定的原因和情境因素，在面对这种状况时，不是要直接去指出别人的问题，而是要从别人的角度出发，了解这些方面形成的真实原因。这样，我们才能正确看待别人的情况，站在他的立场上来考虑问题、认识问题。也就是说，要具备理解他人的意识和能力。学生的情感发展也需要具备这种能力，尤其是在特殊时代，独生子女人数增多，个人中心、独断专行的不良行为对学生的发展和成长的影响也显现出来，因此，学生面对问题、冲突或者其他事件时，应该学会理解他人、尊重他人，而不是狭隘地从自身出发，要求别人服从自己。同样，在学习过程中，学生也需要具备这种理解能力。教科书中很多内容都有情感、态度和价值观培养的因素和培养的要求，在学习过程中，需要学生移情，在教师的讲解和引导下，深刻了解作者的思想、情感等产生的时代背景、时代特点、具体原因、表达意愿等，才能真切了解到作者有如此思想、情感的前因后果，从而认同这种思想、情感。

其次，移情是要对他人的思想、行为、情感等产生共鸣。除了理解他人外，移情还是一种能深入体会他人的情感和观点的能力。也就是说，一个人的感受达到了与他人的感受相匹配的程度，就可以说一个人产生了移情。在学习过程中，学生如果仅限于理解作者所要表达的思想、感情，而不产生与作者同样的感情，还不能说他产生了真正的移情。这与我们知道自己应该做什么，而并没有去做是一个道理。因此，学生学习中的移情除了需要对教学内容进行深入的认识、理解外，还需要产生与内容相符合的同样的观念和思想、情感。这一点上，也体现了学校德育的功能。

（二）自知

自知，是对自己的认识和感知。对于学生的学习而言，自知就是学生对自己的学习情况、思维方式、存在问题等的认识。学生的自知能力不是一开始就有的，而是随着年级的提高而不断形成和发展起来的。

学生对于自己学习情况在班级中的位置一般比较容易认识，但是对于自己思维特点、学习问题则需要持久的感知和总结。在学习过程中，学生每门学科的表现情况不一样，这与学生的个体特征也有关。即使擅长的学科上，也会有知识的短板和容易出现错误之处。学生的学习不仅仅是掌握知识、运用技能、解决问题，同样也需要对自己的学习进行反思和总结。我在哪些方面学得比较好？哪些地方容易出现错误？为什么这些地方容易出现错误？哪些知识还需要去巩固？很多时候，善于反省和总结,能给学生的学习带来极大的提高,能够使其学习更具有方向性。

对于学生自知能力的发展,学校中的日常常规作业,经常性的单元、期中、期末测验等都可以起到对学生学习进行检查的作用,通过这些环节,学生可以发现自己容易出错的知识点和问题,是了解自己学习情况的一个途径。同时,现实中教师也应采用一些有效的方式方法帮助学生进行自我反思、自我总结。比如,让学生建立错题本,将易错题摘录到本子上,重新解题,并经常翻看。通过这些方式,学生能够更加清楚自己的优势和局限,不断地进行自我调整,并向更高的层次迈进。

第三节　教学活动让学生获得切实收获的案例

案例一:小学数学《解决问题的策略》(宋运来,2009)

一、创设问题情境,激活相关经验

(出示两幅天平图,引导学生观察思考)

师:(指图1)这是一架平衡的天平,从图中你能看出1个苹果的质量和1个梨的质量之间有什么关系吗?

生:1个苹果的质量是1个梨的2倍。

生:1个梨的质量是1个苹果的1/2。

师:根据两幅天平图,你能求出1个苹果和1个梨各重多少吗?

生:1个苹果重200克,1个梨重100克。

师:你是怎样推想的?

生:把图2左盘中的1个苹果换成2个梨,就成了4个梨重400克,可以求出1个梨重100克,再求出1个苹果重200克。

生:把图2左盘中的2个梨换成1个苹果,就是2个苹果重400克,1个苹果就重200克,再求出1个梨重100克。

(课件动态演示把1个苹果换成2个梨或者把2个梨换成1个苹果)

师:在解决刚才这个问题时,大家用到了"换"的方法,这是数学中一种非常重要的策略——替换。(板书)其实早在1700多年前有一个叫曹冲的小朋友,就用替换的策略演绎了一个生动的故事,你们听说过吗?

(出示"曹冲称象"的图片)

师:曹冲是如何用替换的办法称出大象的质量的?

生:曹冲是用石头替换大象的。

二、自主探索实践,研究替换策略

(图文呈现例题,引导分析)

例题:小明把720毫升果汁倒入6个小杯和1个大杯,正好都倒满。小杯的容量是大杯的1/3。小杯和大杯的容量各是多少毫升?

师:题中告诉了我们哪些已知条件?

(生答略)

师:怎么理解小杯的容量是大杯的1/3?小杯和大杯容量的关系还可以怎样说?

生：大杯的容量是小杯的3倍。

生：1个大杯可替换成了3个小杯。

生：3个小杯可替换成1个大杯。

师：现在能直接求出小杯和大杯的容量吗？

生：不能。

师：怎样用替换的策略来解决这个问题呢？

（生互相说）

师：选择一种你喜欢的方式进行替换，在老师发给你的纸上画出示意图来，然后根据示意图，再列出算式解答。

（生画图、列式计算，然后同桌交流）

师：谁能把你的方法介绍给大家？

（学生代表在投影仪上展示和介绍）

生：我把1个大杯换成3个小杯，这样就有9个小杯。一共是720毫升，720÷9=80毫升。可以算出一个小杯的容量是80毫升；80÷1/3=240，1个大杯的容量就是240毫升。

生：我是把6个小杯换成2个大杯，这样就有3个大杯，720÷3=240，可以先求出一个大杯的容量是240毫升；240×1/3=80，再求出1个小杯的容量是80毫升。

（师结合学生汇报，逐步形成板书）

三、回顾解题过程，凸显替换价值

师：求出的结果是否正确？我们可以从哪些方面入手进行检验？

（先让学生自由说说，从而体会检验的全面性。交流中明确：要看结果是否同时符合题目中的两个已知条件，即：①看6个小杯和1个大杯的容量是不是一共720毫升；②小杯的容量是不是大杯的1/3。）

师:刚才我们解决这个问题运用了什么策略?

生:运用了替换的策略。

师:刚才解决问题时,大杯和小杯为什么要替换?使用替换这个策略有什么好处?替换前后数量关系有何变化?

(生讨论交流,从而明确:替换的目的就是把两种量与总量之间的复杂数量关系转化为一种量与总量之间的简单数量关系。)

师:我们是根据哪个条件进行替换的?

生:根据“小杯的容量是大杯的1/3”进行替换的。

四、灵活应用,巩固替换策略

生:把1个大杯替换为4个小杯比较简便。

生:这样就变成了10个小杯,720÷10=72,每个小杯装72毫升;72×4=288,每个大杯装288毫升。

师:为什么不把小杯替换为大杯呢?

生:这样替换的话,不能正好得到几个大杯。

生:小杯替换为大杯,一共相当于2.5个大杯。

生:我认为这样替换后虽然大杯个数不能正好得到整数,但是也是可以算出大杯的容量是:720÷2.5=288。

师:大家说得都有道理。替换作为一种策略,不仅可以帮助我们进行实物操作,还可以帮助我们进行推想和计算。如果把题中的条件②改成“大杯的容量比小杯多20毫升”,现在还可以替换吗?

(生小组讨论)

生:我们认为不好替换。因为不是正好装720毫升果汁。

生:我们认为似乎可以替换,就是替换之后有可能720毫升果汁装不下。

生：我们也认为可以替换，不过替换之后也有可能不止装720毫升果汁。

师：是啊！表面上看好像不好替换，但是如果把替换的结果一同考虑，说不定能有新的发现呢。请大家在练习纸上画图试一试，看能否解决问题。不过要特别注意，在替换时，果汁的总量会有什么样的变化。

（生在画图尝试、列式计算、检验交流后明确：把大杯替换成小杯，果汁总量就变为720−20=700毫升；把小杯替换成大杯，果汁总量就变为720+6×20=840毫升。）

（师完成板书）

师：这个题目与刚才的例题在做法上有什么不同？

生：替换的依据不同。例题中，两个数量是倍数关系；改变后的题中，两个数量是相差关系。

生：替换后的总量不同。例题中，替换后总量还是720毫升；改变后的题中，替换之后的总量发生了变化。

师：是啊！由于替换的依据不同，替换后的总量会不一样。如果我们观察替换前后杯子的个数，你有什么发现？

生：倍数关系的替换，替换之后杯子的总个数变化了。

生：相差关系的替换，替换之后杯子的总个数没有变化。

师：同学们观察得真仔细！数学就是这么奇妙！在变与不变中存在着内在的联系。

五、迁移延伸，应用替换策略

1. 六（1）班50名同学和杨老师、杜老师一起去参观机器人科普展，买门票一共用去270元。已知每张成人票的价格是每张学生票的2倍，每张学生票多少元？每张成人票多少元？

想：把它们都看成（ ）票，可以把（ ）张（ ）票换成（ ）张（ ）票。那么270元相当于买了（ ）张（ ）票。

（生独立审题，填写替换的方法，不必列式计算）

2. 在2个同样的大盒和5个同样的小盒里装满球，正好是100个。每个大盒比每个小盒多装8个球，每个大盒和每个小盒各装多少个球？

想：如果把（ ）个（ ）盒换成（ ）个（ ）盒，装球的总个数比原来（ ）（填“多”或“少”）（ ）个。

（生先独立审题，再填空，并列式解答。反馈时，重点是让学生明确替换后总量发生了怎样的变化）

3.（出示图5）你能运用替换的策略解决这个问题吗？

（部分学生看到题后就开始列式，部分学生没有马上列式，少数学生举手发问）

生：这道题似乎缺少什么条件。

生：这道题目没有告诉我们铅笔和钢笔单价之间的关系，因此没法做。

师：如果运用替换的策略，就需要明白替换的依据。那么，要想用替换的策略解决这个问题，可以补充什么样的条件？

生：可以补充倍数关系的条件，也可以补充相差关系的条件。

师：同学们可以课后补充条件，相互解答。刚上课时我们观察了天平图，采用了替换的策略分别求出了两种水果的质量。现在我们继续观察天平图。

（出示图6）

师：第一幅天平图，显示了两种水果之间的质量关系；第二幅天平图，出现了第三种水果——菠萝；第三幅天平图，右边托盘里，如果只放一种水果，可以怎样放？

生：可以放6个梨。

生：可以放3个苹果。

生：可以放1.5个菠萝。

师：如果在右边托盘里放两种水果，可以怎样放？

生：可以放1个苹果4个梨。

生：可以放2个苹果2个梨。

生：可以放1个菠萝2个梨。

师：同学们说得都有道理。如果右边托盘里放了一个600克的砝码，天平保持平衡。你能分别求出1个梨、1个苹果和1个菠萝各有多重吗？

（生答略）

师：其实在我们的生活中还有很多这种替换的现象。老师真心希望同学们能用智慧的眼睛去发现，并能灵活运用替换的策略解决问题。

分析：

从个体知识的发展上看，在导学阶段，教师通过天平图、结合曹冲称象的典故，为下一步的学习做好了认知铺垫。在后续的教学过程中，通过自主探索—回顾品课—变式训练—对比概括等环节，组织学生开展画图、叙述、推想、验证、比较、概括等丰富多样的数学活动，完整地经历了替换策略的形成过程。学生在此次课中，学会了“替换”策略，经历了其形成过程，在回顾反思中逐步建构了替换的数学模型。依据教师“提出实际问题—解决实际问题—回顾解题活动”的课堂组织，采用了回顾与分析、变式与对比、感悟与体验等渠道，对替换策略达到了深刻理解和掌握，从而达到了提升数学思维水平的目的。并且，从物体质量平衡到液体容积平衡，在不同的场景中完成了知识迁移。

从教学过程中能力的发展上看，教学伊始，教师通过引出学生的旧知以及学生们熟悉的"曹冲称象"的故事，调动起了学生的兴趣，催发了学生的好奇力。在进行知识迁移、转换问题情境时，学生能够针对所学的策略进行解答，举一反三，具有了变通力。整个教学过程不断有新的问题和变化出现，需要学生进行知识迁移和转化来解决，调动了学生思考的积极性，培养了学生挑战新问题、解决新问题的能力。

从情感态度与价值观的发展上看，解决问题不是学习的最终目的，让学生不断体验、感受策略的价值才是关键所在。在教学过程中，教师不断引导着学生去经历体验，理解替换的价值在哪里？为什么要进行替换？替换之后数量关系有什么变化？替换的依据是什么？把这些问题抛给学生去思考，一方面让学生再次感受到替换的思考过程，更重要的是让学生明确了替换的真正价值在于使问题简单化。再者，让学生认识到，学知识是为了用知识，数学的真正价值在于发现生活中的问题，并能利用所学的知识去解决问题。这些无论对于学科学习，还是学生生活习惯的养成，都具有较强的现实意义。

案例二：小学《品德与社会》"怎样到达目的地"（节选）（顾卫红，2015）

【教学过程】

一、谈话导入，活跃氛围

教学形式：谈话法　教具：中国地图

1. 出示教师照片：今天，老师带来了几张照片，这是谁？在哪里？请在地图上找一找？（四张图片）

2. 我们的家乡在苏州，他们是"怎样到达目的地"的呢？（同学们简单

回答）

3.今天我们就一起来聊一聊“怎样到达目的地”这个话题。（板书）

二、新课教学

第一部分：了解交通工具的相关知识

1.课前调查单反馈：（见表）

（1）出示：课前，我们做了一份关于“到达目的地交通方式”调查表，我们一起来看看调查结果。你有什么发现？（学生交流）

（2）同学们到达目的地的方式各不相同，有汽车、轮船、飞机、火车，他们有一个共同的名字，叫什么？（交通工具）

2.交通工具相关知识连连看：

（1）同学们选择不同的交通工具到达目的地，和交通工具有关的知识你知道多少呢？请你连连看！

（2）老师这里有三组不同的内容，分别请三位同学到讲台，按照一定的关系将他们贴在黑板上。

（3）其余同学看大屏幕一起做：

交通工具运输方式配套设施

汽车公路运输汽车站

火车铁路运输火车站

轮船水路运输码头

飞机航空运输飞机场

（4）我们一起看看大黑板上同学们做得对不对？非常棒！

第二部分：交通工具各有特点，要合理选择

1.了解交通工具各自的特点：

（1）学生表演擂台赛：（四种交通工具都夸自己的本领强）

(2)教师:我也忍不住要夸一夸:我们苏州有地铁,有电车,地铁方便快捷,从新区到观前街只要十几分钟就够了,有轨电车可以让我们一边舒适乘坐,一边观赏新区的真山真水美景,而且乘坐的人也比普通公交车多得多呢。

(3)汽车、火车、飞机、轮船这四种主要交通工具都认为自己是最棒的,谁也不示弱。你怎么看呢?

(4)同学们说得真好,四种交通工具各有各的作用,各有各的优势。(板书:各有特点)

2.情景选择交通工具:(录音出示)

(1)汽车:苏州津津食品有限公司准备把津津特色食品送到家乐福、大润发等大超市,还要送到各小区附近的全家便利店,你会选择什么交通工具呢?

(2)火车:苏州蠡口家具厂需要大批木材,准备从东北大兴安岭林业公司运送一大批木材到苏州。同学们,你会选择什么交通运输方式呢?(运输成本)

(3)轮船:秦皇岛煤炭交易市场主管要将煤运送至上海,你会帮他选择什么交通工具呢?(地理位置、运输成本)

(4)飞机:南京红十字会要将一批紧急救灾药品运往交通受阻的四川灾区,如果你是红十字会负责人,你会选择火车还是飞机呢?(物品特点)

小结:同学们根据地理位置、物品特点、运费成本等因素为他们选择了最佳的运输方式,不仅满足了他们各自的需求,也节约了成本,充分发挥各种交通工具自身的优点,只要合理的选择与运用,它们都是最棒的!(板书:合理选择)

第三部分:走进生活,学以致用

1.购买火车票问题

(1)难题:顾老师最近要到上海去学习,选择坐火车去,到哪儿去买火车票呢?可是最近单位很忙,抽不出时间,怎么办?(火车站购票,各大网点购票,网络购票)

(2)上哪个网购买火车票:火车票官网12306

(3)一查询发现苏州至上海的火车票信息真多呀,你知道数字前的字母表示什么意思吗?

(4)K快速列车,T特快列车,Z直达列车,D动车,G为高铁。

(5)他们有什么不同呢?出示相关信息。你发现了什么?

(6)火车票里的学问还是蛮多的,2012年实行火车票实名制后,买火车票要带好身份证,小孩也要带好户口本。听别人讲,用过的火车票可不能随便丢的,为什么?(出示火车票)上面除了火车相关信息外,还有什么信息呢?(身份证信息、个人姓名)

2.丁丁旅游出行选择

(1)看来大家都对交通工具以及相关的知识了解得非常多了,下面就请你来帮帮丁丁。

(2)出示:丁丁全家打算去辽宁大连玩几天,你知道我们可以选择哪些交通工具到达目的地——大连呢?为什么?(出示地图)

(3)为此老师搜集了有关苏州到大连的交通信息,请你根据这些信息进行合理选择交通方式前往目的地。

(4)学生根据信息表进行交通方式的选择。(教师课前准备相关信息材料提供给学生)

(5)小组内交流,学生反馈。(你选择的到达目的地的方式是什么?

为什么?)

看来同学们根据交通工具的特点、费用、路途用时、安全性、舒适性等方面来考虑交通出行的方式,各有各的理由。

3.乘坐交通工具相关安全规定:

(1)大家的建议都非常棒,丁丁全家买好机票出发了,来到虹桥机场,却被安检拦了下来,原来丁丁的小旅行包里有问题?那么他到底带了什么不该带的东西呢?

(学生回答)

(2)是的,无论是公路运输、铁路运输还是航空运输,都有关于乘客安全的规定:不准携带易燃、易爆等危险物品乘坐飞机、火车、公共汽车、轮船。这不仅是个人生命安全的保障,更是社会公共安全的保障!作为社会公民都应努力去遵守!

第四部分:反馈延伸

1.学生学习成果反馈

(1)同学们,通过这堂课的学习,你了解到哪些知识和信息?(交通工具、运输方式等)

(2)还学会了什么本领?(学会合理选择交通工具)

2.课后拓展:

(1)"五一劳动节"快到了,你们准备到哪里去呢?

(2)以前可都是爸爸妈妈做出行规划,今天老师布置一个任务,无论这次五一假期是在市内游玩,还是外出旅游,请你来做一次旅游规划,把我们今天学习的"怎样到达目的地"用起来!好不好!

分析:

从个体知识的发展上看,教师利用学生旅游后的照片,让学生尝试着如何“回家”，引入话题，真正做到了“从学生中来，到学生中去”，激起了学生的兴趣，做好了接受知识的准备。接下来第一部分的教学，采用了课前调查单反馈的形式，课堂生成的教学内容就是学生的生活实际，从学生生活出发，又与他们紧密相连，同时教师通过课前调查了解学生对交通工具的掌握情况，有针对性地引入知识点。其次，运用学生喜欢的游戏连连看，让学生在活动体验中了解常用的交通工具，对交通工具相关的知识自然会产生深刻的印象。在第二部分，四年级学生对交通工具的特点已有初步的认识，但对具体特点的理解还不够深入，通过模拟擂台赛的表演形式展示交通工具的特点，富有童趣。在情景活动中，学生已经能够深入理解交通工具的特点。在第三部分，教师还拓展了有关火车票的相关内容，以及交通安全的规定，学生也在活动中了解了这些知识，为在生活中解决实际问题做好知识的铺垫。

从教学过程中能力的发展上看，在教学设计过程中，教师善于根据“学生发展目标”的类型和具体内容，针对性地为学生设计生活化、多样化的学习活动，在第二部分中，教师在学生了解了各种交通工具各有特点的基础上，设置生活情境，引导学生进行交通工具的选择，学以致用，真正体会交通工具各有特点，关键要合理选择，适合的才是最好的。这个过程吸引了学生的注意力和好奇心，引导学生完成现实中具有挑战性的任务，发展了学生运用多种方式解决问题的变通能力。

从情感态度与价值观的发展上看，在“走进生活，学以致用”环节中，教师鼓励学生通过探究，在复杂的信息中搜寻自己所需的内容，选择合适的交通运输方式到达目的地，每一组学生的回答都有其合理性，尊重学生的选择。不仅让学生体会到问题解决不止一种，也肯定了学生的方案，使学生获得成就感，并且引导学生学会合理选择出行方式，倡导低碳出行、文明出行。最后，引导学生树立公民意识，提出作为一个社会公民应该遵守社会规则，保障社会公共安全。品德课教学不是走过场，而是需要在学生心中留下一定的烙印，帮助学生形成正确的观念态度。可以说，本节课教师在注重基本知识、能力的同时，也注重对学生观念态度的培养，比如"根据地理位置、物品特点、运费成本等因素选择最佳的运输方式""用过的火车票可不能随便丢"，以及遵守乘坐交通工具的规定，并进而要求学生保障社会公共安全，成为社会好公民。

案例三：小学科学《认识空气》（余文森、林高明、陈世滨，2008）

出示一组演示：点燃两支同样长短的蜡烛，同时用一大一小两个杯子罩上，观察有什么现象发生？……

师："两个杯子里的蜡烛为什么都熄灭了？"

生："杯子里的空气烧完了。"

师："空气是一种看不见、摸不着的东西，怎么证明你们的想法是正确的呢？"

学生讨论……

生："将杯子连同玻璃片一齐放入水中，然后拿开玻璃片，如果杯内有气泡冒出，说明杯内仍然有空气，如果没有气泡冒出，说明杯内没有空气。"

学生活动，得出结论：杯内有气泡冒出，说明杯子里有空气存在。

生："老师，我不同意这个结论，我觉得我们实验的过程有问题。"

师："继续往下说，好吗？"

生："我觉得在将杯子连同玻璃片移动到水里的过程中，可能空气也跑进杯子里了。"

师:“你们同意他的想法吗?”

学生几乎异口同声地回答:“同意。”

师:“这种想法是老师课前没有预料到的,但它又很有道理,非常值得研究。我们就先来研究这个问题好吗?请大家讨论一下在移动杯子和玻璃片的过程中怎样才能确定空气没有进入杯子?”

学生的兴致一下子高涨起来,自发地与前后座的同学热烈地交谈,叙说他们独特的想法,但最终都被其他的同学否定掉。随着讨论的深入,学生的声音越来越小。

师:“同学们想到办法了吗?”

学生摇了摇头,一副无助的样子。

生:“老师,我想到了这样一种方法,只要在玻璃片上用水抹一下,然后点燃蜡烛,再用杯子罩上,一会儿蜡烛熄灭了,用手拿起杯子,如果玻璃片粘在杯子上不掉下来,就说明空气没有进去,如果掉下来,说明空气进去了。”

……

分析:

从个体知识的发展上看,学生在此次课中,通过教师的实验演示,认识到了空气是存在的。同时,在有学生提出疑问后,经过热烈的讨论,有的学生提出了解决办法,启发了学生的思维。可以说,整个过程中,学生获得了对空气的初步认识,并且了解了如何判断实验设计的精准度问题,有的同学还提出了解决问题的新思路和新办法,一定程度上具有了知识创新的意义。

从教学过程对能力的发展上看,在第一组实验中,学生跟着教师的指导,利用常见的蜡烛等工具证明了空气的存在,激发了学生的好奇心,引起了学生的兴趣。在有学生的质疑下，教师让学生对这一挑战性问题进行讨论和探索，给予了学生解决问题的机会，学生积极地参与进教学过程，想办法来解决这一疑惑和难题。尽管大部分学生最后没有想出解决办法，但是在这个过程中，学生理解问题、探索问题和解决问题的能力得到了锻炼和提高，这也是学生发展的关键环节。有的同学经过思考提出了一些解决办法，尽管不够成熟，但是也说明学生能够突破已有思维的限制，基于对知识的理解，采用新的方式方法解决问题，发展了其变通能力。

从情感态度与价值观的发展上看，本次课堂是师生“共同生成和发展”的课堂，是“教学相长”的过程。教学是师生共同参与的活动，要求教师“倾听学生、关注学生”，这一过程是一群智者对话的过程，在对话的过程中产生互动，各有发展。本案例中，学生提出有价值的问题，教师及时调整教学方向，引导学生自行探究，来解决看似简单却包含着科学精神和科学方法的难题。学生在讨论、发现的过程中，感受到了科学的博大精深，通过这个过程能够意识到尊重科学、严谨求学的重要性。

案例四：初中历史《资本主义世界经济危机》（陆琴芬，2013）

在这一课的教学过程中，要让学生理解这次经济危机的危害之大以及它的特点，光凭教师的讲解，显得苍白无力。教材中有这样三张插图：

英国失业者街头求职

大危机时期美国穷人居住的棚屋区

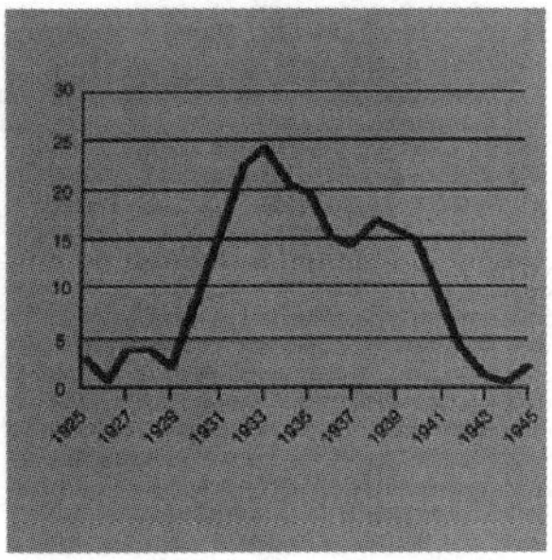

1929-1933年美国失业率

指导学生观察“英国失业者街头求职”的图片，让学生体会这幅图片以人作为背景，却以这块英文广告牌作为主要画面的深刻含义。

师：同学们有没有读懂广告牌上所写英文是什么意思？

生：他拥有3种技能，会说3种语言，与经济危机抗争3年了，有3个孩子，已经失业3个月了，但只想找一份工作。

师：同学们从这五个3中体会到了什么？

生：说明工作非常难找，失业工人非常多。

师：五个3与1份工作形成鲜明对比，在讽刺些什么？

生：想讽刺经济危机，突出其带来的破坏性之大。

师：再看图片中的情景发生在哪个国家？而经济危机爆发于哪个国家？

生：经济危机爆发于美国，但这张图片却发生在英国。

师：对，经济危机虽然首先爆发于美国，但波及整个资本主义世界，说明什么？

生：这次经济危机涉及特别范围广。

师：同学们再看第二张图片，读出什么信息？

生：工人失业，生活不能正常维持，穷困潦倒。

师：这又说明了什么？

生：经济危机中失业工人很多，又一次说明经济危机破坏性之大。

师：再看第三张图片，美国的失业率哪一段时间不断攀高？又说明什么？

生：1929–1933年失业率不断上升，说明这次经济危机持续时间特别长，五年。

师：从我们对以上三张图片的解读中可以总结这次经济危机的特点

是什么？

生：涉及特别范围广、持续时间特别长、破坏性特别大。

……

分析：

从个体知识的发展上看，本部分内容的主要目的是让学生了解资本主义经济危机的特点及其危害。在教学过程中，通过对三个图片的观察和分析，学生在教师的引导下最后总结出了资本主义经济危机的特点，准确地把握住了知识的本质，深刻地理解了知识的含义。同时，通过历史事件的串联、递增，也巩固了以往学习的旧知，并能够将本节课所学新知与旧知整合，整体促进了知识的重构，形成了新的知识系统。

从教学过程中能力的发展上看，教学伊始，教师不是直接通过简短的话语陈述美国经济危机的特征，而是借助三张看似毫无关系的图片，来引发学生的好奇心，激发学生理解的欲望，并一步一步引导学生找好视角，去解读图片，让学生挖掘图片背后的隐含的背景、人物、环境特征，找出之后，通过整个时代的大背景，串联图与图之间的关系，最后得出有效的答案。这个过程激发了学生的好奇心，调动起了学生思考和探究的欲望，也给学生的学习提出了一些挑战，要求学生具备观察图片、解读图片、分析图片、关联信息、得出结论的能力，因此，此教学片段虽然简短，但是方法优异，培养了学生多方面的能力。

从情感态度与价值观的发展上看，了解资本主义经济危机的特征不是本课学习的唯一目的，在分析的过程中蕴含着让学生深刻认识资本主义经济危机的危害及其对人们生活影响的功能，这也是本内容的一个关键问题。在三个图片的观察和解读中，教师不断引导着学生解析图片，发现图片背后的故事，通过图片中人们的无奈和贫困的生活状况认识资本主义经济危机对人们生活造成的极大危害和影响，体验当时人们的困难和无助。这种教学方式很好地激发了学生的情感体验和情感共鸣，使学生产生了移情。

案例五：初中化学“燃烧与灭火”（孙红保，2017）

教学目标：

1. 通过对“火的起源”“火的应用”“火的利与弊”等图片展示，初步体会“火”对人类文明及社会、生产、生活的作用和贡献。

2. 通过还原一次学校野外生存综合实践活动，认识燃烧的条件、灭火的原理，初步学会运用燃烧与灭火的基本知识、原理解释身边发生的某些燃烧现象。

3. 通过游戏及模拟火场自救与灭火活动，了解防火和自救的常识，初步树立防火安全意识和社会责任感。

4. 通过活动与探究，初步学会对身边化学现象或事件进行观察、分析并得出结论的科学方法，意识到“掌握科学原理与规律”能更好地提升人们的生存、生活质量。

教学设想：

该教师借助学校在国庆期间组织学生开展的一次“野外生存综合实践活动”这一真实的情景素材，巧妙地从“燃烧与灭火”的视角，对这一真实事件中的相关“场景”进行了“抽提”“加工”和“模块化串联”，建构出一个以“野外生存与自救”为主题的情景发展线索：“任务一：生火做饭”→“任务二：熄灭灶火”→“任务三：游戏晚会”→“任务四：逃生训练”。

教学环节：

<table>
<tr><th>教学环节</th><th colspan="2">情景线</th><th>问题线</th><th>活动线</th><th>知识线</th><th>学生发展目标线</th></tr>
<tr><td rowspan="4">任务1：野外生火做饭</td><td>情景1：引火</td><td>活动场景展示：搭建简易锅台、拾柴、点火等。</td><td>火是燃烧的一种现象，请根据展示的图片，思考什么是燃烧？燃烧一般都有什么特点？</td><td>观察、小组讨论、归纳总结</td><td>燃烧的定义</td><td>认识燃烧，体会化学就在身边。</td></tr>
<tr><td rowspan="2">情景2：生火</td><td>活动场景展示：有的小组“全是烟”、有的小组“火不旺”、有的小组则“火焰熊猫”。</td><td>1. 为什么在熊熊燃烧的灶火下面，泥土却“安然无恙”，不为火所动？
2. 为什么灶台中的树枝压得太紧，火容易熄灭？
3. 为什么点燃灶火时一般要先引燃细树枝和树叶，而大块木柴不易被点燃？</td><td>观察、小组讨论、归纳、预测</td><td>基于生活经验，初步归纳出“燃烧的条件”</td><td>进一步提升收集和处理信息的能力及小组合作、分享的意识。</td></tr>
<tr><td>实验演示与研究：试管中和水中的白磷、红磷能否燃烧？
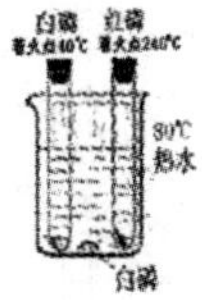
</td><td>1. 试管中的白磷为什么会燃烧？
2. 如何让试管中的红磷和水中的白磷燃烧？</td><td>观察、比较、预测、设计、实验验证</td><td>通过探究得出燃烧的三个条件，且缺一不可</td><td>认识燃烧的条件，初步形成对生活中获得的事实进行分析得出结论的科学方法。</td></tr>
<tr><td>情景3：做饭</td><td>活动场景展示1：做饭时，有的同学用扇子扇火或用嘴吹，火就会越烧越旺；有的小组炊具不够用，有同学建议用厚纸代替锅来烧水。
活动场景展示2：分享劳动成果，吃“大餐”，任务1完成。</td><td>1. 为什么用扇子扇火或用嘴吹，能使灶火越烧越旺？
2. 为什么“纸火锅”的纸烧不起来？</td><td>解释、分析、应用</td><td>深化对燃烧条件的理解及初步应用</td><td>初步形成理论联系实际，解决实际问题的能力，感受合作带来的成功与喜悦。</td></tr>
<tr><td>任务2：熄灭灶火及灭火器的使用</td><td>情景4：熄灭灶火</td><td>活动场景展示：各小组熄灭灶火的方法（水浇、地盖、移走柴火等）</td><td>1. 饭做好了，灶火仍然在燃烧，如何熄灭呢？
2. 用火不当，可能带来哪些灾害？</td><td>预测、分析、讨论、归纳总结</td><td>归纳灭火的原理和方法</td><td>认识灭火原理，初步树立防火安全意识和社会责任感。</td></tr>
</table>

续表

<table>
<tr><th>教学环节</th><th colspan="2">情景线</th><th>问题线</th><th>活动线</th><th>知识线</th><th>学生发展目标线</th></tr>
<tr><td></td><td>情景5:灭火器的使用</td><td>视频展示:介绍灭火器类型及使用方法</td><td>如何针对不同的火情,选择灭火器?你会操作吗?</td><td>观察、比较、分析、总结</td><td>了解常见灭火器的原理及使用范围</td><td>深入理解灭火原理,初步树立具体问题具体分析的科学思想</td></tr>
<tr><td rowspan="3">任务3:篝火晚会的趣味游戏</td><td rowspan="3">情景6:游戏(燃烧和灭火知识大比拼)</td><td>游戏1:人人争当消防员</td><td>出现下列情况,如何灭火?
(1)纸箱着火;(2)炒菜时油锅着火;(3)扑灭森林大火;(4)纸质档案着火。</td><td>思考、抢答</td><td>“灭火原理”的应用与深化</td><td rowspan="3">运用燃烧条件,灭火原理解决实际问题,认识到“火”是可以控制的,体会掌握化学原理与规律的意义。</td></tr>
<tr><td>游戏2:小小成语大道理</td><td>请说出下列“成语”背后的道理:杯水车薪、钻木取火、釜底抽薪。</td><td>思考、抢答</td><td>“燃烧条件”的应用和深化</td></tr>
<tr><td>游戏3:勇敢者的游戏(教师表演“口吞火龙果”;将切块的雪梨,蘸白酒后点燃、吃掉。)</td><td>为什么老师将燃着的雪梨吃下去,却没有被烫伤?</td><td>合作探究,分析回答</td><td>“燃烧与灭火”原理的应用和深化</td></tr>
<tr><td>任务4:逃生训练</td><td>情景7:火警来临巧防范</td><td>活动场景展示;火警时,紧急疏散自救的方法。
探究实验:高,低蜡烛的熄灭。
</td><td>1.火警来临时,应采取以下哪些措施,为什么?
A.用混毛巾捂住口鼻,弯腰往外跑
B.成站立姿势快速跑出
C.迅速爬向门外
D.准备打开窗户跳出
E.将棉被浇湿披在身上后逃生
F.迅速打开门窗,降低室内温度
2.透过演示实验现象,说明如何选择正确的逃生方法及原理?</td><td>合作探究,解决问题</td><td>了解常见的自救常识</td><td>进一步深化和应用“燃烧与灭火”原理,了解安全自救常识,意识到化学原理与方法对人们社会、生产、生活的贡献,激发学习化学的热情。</td></tr>
</table>

续表

教学环节	情景线		问题线	活动线	知识线	学生发展目标线
		播放视频:电影“紫日”的火场逃生片段。	电影中的危急时刻,该如何逃生?请说明理由。			

在教学中,教师通过大量真实的活动场景图片的回放(情景线),引导学生不断地发现问题(问题线)、解决问题(活动线)、自主建构新知(知识线),逐渐达成了本课学生发展目标,取得了很好的教学效果。

分析:

从个体知识的发展上看,教师利用了学生平时的生活经验,并将生产生活中的真实情景素材进行再抽提、深加工,从而融入至教学实践中。这时学生对于知识陌生度下降,好感度提升,进而也为知识的理解做好了心理上的铺垫。例如,上述“燃烧与灭火”一课,学校开展的“野外生存综合实践活动”肯定不是为了学习“燃烧与灭火”的原理而设计的,但教师却巧妙地将其“抽提”“加工”,建构出一个服务于“燃烧与灭火”教学的、生动活泼的“情景线索”。学生在熟悉的情境下,探索新知的兴趣就会上升,自己的生活经验、旧知就会被唤醒,与新知的联系就会增强,学生的获得感也就相应提高。另外,在教学过程中,教师通过生火—灭火—逃生训练等情境式来学习相应的知识,建立起关于“火”的原理关系框架图,在实际场景中运用了知识迁移和知识创新,体会了理论联系实践,以及获得了灭火技能的实际收获。

从教学过程中能力的发展上看,在教学设计过程中,教师善于根据“学生发展目标”的类型和具体内容,针对性地为学生设计多样化、系列化的学习活动,这不仅能有效地激发学习兴趣和探究欲,发掘出学生的好奇力与挑战力,而且有助于发挥各类活动的功能,学生在不同活动情境中，能够突破思考限制，针对问题从多角度思考，使用新观念、新方法解决问题，获得变通力。"燃烧与灭火"这一课中，教师在教学中就有效组织了观察、预测、联想、比较、讨论、设计、实验、归纳、概括、总结等学生学习活动，学生在每个环节，每个活动，积极地转变自己的思维方式，提出有创见性的想法，因而取得了良好的教学效果，学生也获得了切实的收获。

从情感态度价值观的发展上看，教师通过大量真实的活动场景图片的回放（情景线），引导学生不断地发现问题，解决问题的过程中，除了获得了关于"燃烧和灭火"的知识外，还让学生意识到化学原理与方法对人们社会、生产、生活的贡献，认识到自己学好之后能够对社会贡献自己的一份力量，激发起学习化学的热情。同时，在这个过程中，学生学会了移情由己及人、由人及社会，在心中树立起防火安全意识和社会责任意识。

主要参考文献

一、中文图书

1.顾明远.教育大辞典(第1卷)[M].上海:上海教育出版社,1990.

2.金炳华,等.哲学大辞典(修订本)[M].上海:上海辞书出版社,2001.

3.夏征农.辞海[K].上海:上海辞书出版社,2001.

4.李秉德,李定仁.教学论[M].北京:人民教育出版社,2000.

5.徐英俊.教学设计[M].北京:教育科学出版社,2001.

6.陈瑶.课堂观察指导[M].北京:教育科学出版社,2002.

7.周卫勇.走向发展性课程评价——谈新课程的评价改革[M].北京:北京大学出版社,2002.

8.钱梦龙.我和语文导读法[M].北京:人民教育出版社,2005.

9.[美]鲍里奇.教师观察力的培养——通向高效率教学之路[M].么加利,张新立译.北京:中国轻工业出版社,2006.

10.余文森,林高明,陈世滨.有效教学的案例与故事[M].福州:福建教育出版社,2008.

11.宋运来.什么是最有效的教学:教师最需要掌握的问课品课艺术[M].南京:江苏人民出版社,2009.

12.李森.现代教学论[M].北京:人民教育出版社,2011.

13.教育部.义务教育语文课程标准(2011年版)[M].北京:北京师范大学出版社,2012.

14.教育部.义务教育数学课程标准(2011年版)[M].北京:北京师范大学出版社,2012.

15.王陆,张敏霞.课堂观察方法与技术[M].北京:北京师范大学出版社,2012.

二、中文论文

1.教育部.基础教育课程改革纲要(试行)[J].人民教育,2001(9).

2.李如密,苏堪宇.关于教学要素问题的理论探讨[J].当代教育科学,2003(9).

3.周益民.无法预约的精彩[J].人民教育,2004(1).

4.崔允漷.教学目标——不该被遗忘的教学起点[J].人民教育,2004(Z2).

5.蔡海鹏.让"感悟"充盈课堂——王崧舟《长相思》教学赏析[J].教育科学论坛,2006(5).

6.王来润.特级教师于永正《倔强的小红军》教学实录与思考[J].教育科研论坛,2007(6).

7.郑大明.享受有数学营养的快乐估算课——特级教师吴正宪四川都江堰教学纪实[J].教育科学论坛,2009(2).

8.郑进泉.一元一次方程教学案例与反思[J].江苏教育学院学报(自然科学版),2010(5).

9.赵国强.论教学目标的设计与表述[J].当代教育科学,2010(6).

10.周坤亮.指向课堂教学改进的听评课[J].教育理论与实践,2011(9).

11.徐博.《新课程标准》下小学英语备课中教学目标定位之我见[J].成才之路,2012(8).

12.崔允漷.追问“学生学会了什么”——兼论三维目标[J].教育研究,2013(7).

13.吴亮奎.语文课堂教学目标设计的三个基本问题[J].教学月刊•中学版(教学参考),2013(7).

14.祝泳洁,王聚元等.《人类的“老师”》课堂观察——基于“以学定教”思想的实践研究[J].语文教学通讯,2013(9).

15.曹广忠.课堂教学目标表述存在的问题与应对策略[J].中学生物教学,2013(Z1).

16.刘亚琴.先学后教 以学定教——以“百分数的意义”尝试学习单教学为例[J].小学教学参考,2013(32).

17.罗新兵,徐慧玉,恩斯特姆.数学教学目标制定的问题及改进——以初中三维数学教学目标为例[J].数学教育学报,2014(5).

18.梁靖云,吕素巧.教学目标设计初探——如何理解、设定与表述三维目标[J].教育理论与实践,2014(8).

19.倪文锦.以学定教,聚焦语用——评宋运来的语文课堂教学[J].语文建设,2015(4).

20.王丽华.《小数的意义》教学设计[J].内蒙古教育(基教版),2015(23).

21.袁昌仁.优质教案的五个特点——以窦桂梅的《葡萄沟》教学设

计为例[J].辽宁教育,2016(6).

22.葛敏辉."以学定教"三问——记一次同课异构"认识负数"后的分析与思考[J].上海教育科研,2016(6).

23.王建军等.初中课堂教学中的学习机会:表现与差异[J].全球教育展望,2016(9).

24.孙红保.课堂"教学活动"与"目标"一致性模型的建构与实践[J].全球教育展望,2017(3).

25.喻平.学科关键能力的生成与评价[J].教育学报,2018(2).

26.周敏,曾定军.化学课堂:高效实验与微观模型构建——《水分子的变化》课堂实录[J].教育科学论坛,2018(4).

27.常凯.议论文写作教学序列化探微——以"论证要合理"写作指导为例[J].语文教学通讯,2019(11).

28.范毅登."印度"教学设计[J].中学地理教学参考,2019(16).

29.陈林生.基于数学核心素养下的数学课堂教学——"二元一次方程组"教学实录与反思[J].数学教学通讯,2020(2).

三、学位论文

1.赵宁.中学物理课堂教学目标达成度的评价[D].长春:东北师范大学,2007.

2.王调过.语文课堂教学评价[D].西安:陕西师范大学,2013.

3.陆琴芬.初中历史有效教学策略研究[D].苏州:苏州大学,2013.

4.张建伟.高中语文古典诗词教学案例研究[D].兰州:西北师范大学,2014.

5.顾卫红.小学“品德与社会”课有效教学的策略研究[D].大连:辽宁师范大学,2015.

6.李碧梅.论杜郎口教学模式下初中语文学习目标的设计——以岑溪市梨木镇第二中学语文教学为例[D].桂林:广西师范大学,2015.

7.刘欣欣.小学语文课堂教学目标设计研究——以济南市小学为例[D].济南:山东师范大学,2017.

8.谢异洁.初中语文课堂教学环节的关联性研究[D].苏州:苏州大学,2017.

9.姚春香.指向目标细化的小学数学教学设计的实践研究——以苏教版三年级上册“长方形和正方形”为例[D].扬州:扬州大学,2018.